> social competence
im Projektmanagement

Christian Majer, Luis Stabauer

> social competence
im Projektmanagement

Projektteams führen, entwickeln, motivieren

Alle Rechte, insbesondere das Recht der Vervielfältigung und Verbreitung sowie der Übersetzung vorbehalten. Kein Teil des Werks darf in irgendeiner Form (durch Fotokopie, Mikrofilm oder ein anderes Verfahren) ohne schriftliche Genehmigung der Autoren reproduziert werden oder unter Verwendung elektronischer Systeme gespeichert, verarbeitet, vervielfältigt oder verbreitet werden. Autoren und Verlag haben dieses Werk mit höchster Sorgfalt erstellt. Dennoch ist eine Haftung des Verlags oder der Autoren ausgeschlossen.

Der Verlag und seine Autoren sind für Reaktionen, Hinweise oder Meinungen dankbar.
Bitte wenden Sie sich diesbezüglich an verlag@goldegg-verlag.at

ISBN: 978-3-902729-31-6

© 2010 pmcc consulting GmbH
Telefon: +43 (662) 24 33 07, E-Mail: office-salzburg@pmcc-consulting.com

Verlag:
Goldegg Verlag Wien, Telefon: +43 (0)1 5054376-0, E-Mail: office@goldegg-verlag.at, www.goldegg-verlag.at

Layout:
BUERO R Design- & Werbeagentur GmbH, www.bueror.com

Inhaltsverzeichnis

	Vorwort	11
	Vorspann	14
>	**A. Soziale Kompetenz**	17
>	**B. PM-Coaching**	29
>	**C. Wahrnehmen – Kommunikation**	39
	1. Wahrnehmen	44
	Dimensionen von Beobachtungsrastern	45
	Wahrnehmungseffekte in Projekten	46
	Die Innere Landkarte	47
	2. Kommunikation in Projekten	47
	Einweg-Kommunikation	48
	Zweiweg-Kommunikation	49
	Kontrollierter Dialog	51
	Moderation	51
	Mediation	52
	Kommunikation als Drehscheibe in Projekten	52
	Metakommunikation	54
	3. Axiome der Kommunikation	54
	4. Das Vier-Ohren-Kommunikationsmodell	56
	5. Sprachspiele – Kommunikations-Nachgedanken mit Ludwig Wittgenstein	58
>	**D. Führung**	61
	6. ProjektleiterInnen sind Führungskräfte	67
	7. 6 Grundsätze wirksamer Führung	70
	8. Projekte verwalten oder führen	71
	9. Führungsstile	73
	10. Führungsmodelle	76
	Managerial Grid (Verhaltensgitter) nach Blake/Mouton	76
	Situative Führungstheorie nach Hersey/Blanchard	77
	Transaktionales und transformatives Führungsmodell	78
	11. Menschenbilder	80
	12. Schwierigkeiten beim lateralen Führen in Projektteams	81

Inhaltsverzeichnis

	13. Dilemmata der Führung	82
	14. Management by … – pragmatische Ansätze im PM	83
>	**E. Teambildung und Teamentwicklung**	97
	15. Gruppe – Team – Projektteam – Hochleistungsteam	104
	Funktionen im Team	106
	Zusätzliche Besonderheiten von Projektteams	107
	Teamkultur und Teamgeist	107
	16. Teamentwicklungsphasen	109
	17. TZI – Themenzentrierte Interaktion	111
	18. Transaktionsanalyse	114
	Die drei unterschiedlichen Ich-Zustände	115
	Wer ist o.k.?	117
	19. Feedback	118
	JoHarl-Fenster	119
	Der blinde Fleck	120
	Feedback-Regeln	121
	Methoden	123
>	**F. Motivation**	127
	20. Motivation	131
	Grundmodell der Motivation	132
	Werte, Visionen, Verhalten	133
	21. Motivationstheorien im Überblick	135
	Bedürfnispyramide nach Maslow	135
	Zwei-Faktoren-Theorie nach Herzberg	136
	Gleichgewichtstheorie nach Adams	138
	Job Characteristics Theory nach Hackman/Oldham	140
>	**G. Konstruktivismus und Systemtheorie**	149
	22. Zwei Theorien – ein Ansatz	155
	23. Unsere Wirklichkeit ist kein Abbild der Realität	156
	24. Nicht Menschen stehen im Mittelpunkt von Systemen	157
	25. Soziale Systeme sind nicht für alles offen	159

Inhaltsverzeichnis

26. Nicht die Systemausschnitte sind wichtig 160
27. Soziale Systeme können nicht direkt gesteuert werden 162

> **H. Konflikte** 167

28. Konfliktbegriff, Konfliktarten, Konfliktstufen 173
    Die drei Dimensionen in Projektkonflikten 173
    Konfliktlatenz durch unausgeglichene Funktionsaufteilung 176
29. Konfliktkultur 178
30. Konflikte aus systemischer Sicht 178
31. Konfliktausprägungen: heiße und kalte Konflikte 179
32. Konfliktverhalten und Strategien 179
    Konfliktverhalten 180
    Konflikt-Eskalationsstufen mit einem Projektteammitglied 182
    Klärung des Einflussbereichs in Konflikten 183
    Effekte von Konflikten 185
33. Das Drama-Dreieck als Konfliktmodell 186
34. Konfliktbewältigung 188
    Vier Schritte zur Lösung bei einfacheren Konflikten 188
    Fünf Schritte zur Lösung bei komplexeren Konflikten 190
35. Bewältigung unter Berücksichtigung der Beziehungen im Projekt 193
36. Ansätze zur Konflikt-Deeskalation 194
37. Checkliste zur Zieldefinition für Konfliktlösungen 195
38. Empfehlungen für das Ausverhandeln von Konfliktlösungen 196
39. Konfliktursachen in Projekten erkennen und lösen 197
    Im Projektdreieck 197
    Im Team 198
    In den Beziehung nach außen 198
    Unterstützung, wenn die Konfliktlösung im Team nicht gelingt 198

> **I. Interventionen** 203

40. Die Definition im Großen 205
41. Die Definition im Zusammenhang mit Führen 206
42. Teambildungsinterventionen 206

Inhaltsverzeichnis

43. Einzelinterventionen	208
44. Fragetechniken	209
45. Spezielle Interventionsmethoden	210
Das lösungsorientierte Gespräch	210
Projekt-Café	211
Strategische Projektvision	215
Projektaufstellungen	216
Die SWOT-Analyse im Projektmanagement	218
Dreiergespräch zur Relationalen Rollendefinition	218
Ziele des Gesprächs	218
Vorgehen für Rollenübung	218
Skalierungen	219
Reframing	220
Metapher	221
> **J. Lernen**	**223**
46. Lernen in Projekten	227
47. Action Learning und Die Lernende Organisation	229
48. Changemanagement	230
> **K. Sonstige relevante Soziale-Kompetenz-Themen**	**237**
49. Selbstmanagement	242
50. Meetings managen	243
51. Burnout	244
52. Diversity und Interkulturalität	245
53. Ethik	246
> **L. Was weiter geschieht**	**249**
Abkürzungsverzeichnis	252
Stichwortverzeichnis	253
Abbildungsverzeichnis	258
Literaturverzeichnis	260
Bücher, die Walter Punkt besonders gut gefallen haben	263
Anmerkungen	264

Vorwort

Projekte sind überall: Unternehmen, Institutionen, Vereine und die öffentliche Verwaltung wickeln oft Teile ihrer Aufgaben in Projektform ab. Trotzdem wird dafür nur selten professionelles Projektmanagement eingesetzt. Allzu oft wird „vergessen", dass einer der Erfolgsfaktoren im Projektmanagement die Teamarbeit ist. Die Basis dafür, Kommunikation, Führung, Motivation, Teamgeist und Konfliktmanagement, sollen in diesem Buch in vielfacher Weise nähergebracht und verständlich gemacht werden.

Vor dem Hintergrund unserer Erfahrungen als Projektmanager, Trainer, Berater und Coaches sind wir davon überzeugt, dass Projekte nur dann erfolgreich abgewickelt werden können, wenn ProjektmanagerInnen über entsprechende Soziale Kompetenzen verfügen.

Lehrbuch, Nachschlagwerk oder Roman?
Etwas von allem. Sie halten hier drei Bücher in einem in der Hand.
Der Projektmanagement-Roman präsentiert Ihnen eine praxisorientierte Fallstudie. Parallel zu den Kapitelinhalten illustrieren wir die relevanten Themen zur Sozialen Kompetenz literarisch und berücksichtigen dabei die beiden internationalen Standards zum Projektmanagement, International Project Management Association (IPMA) und Project Management Institute (PMI).
Die Story: Katharina Berghof, Beraterin und Coach, bereitet den gestandenen Projektmanager Walter Punkt auf dessen neue Aufgabe als Programmmanager und auf eine PM-Zertifizierung vor. Mit den Erfahrungen aus den Coachings und den in Kapiteln portionierten Vorbereitungstexten von Katharina Berghof entwickelt sich Walter Punkt vom Social-Competence-Muffel zum sensiblen und reflektierten Programmmanager.
Walters Erfahrungen und Erkenntnisse sind in jedem Kapitel als verdichtete Tipps und Tricks abgebildet, was das Buch auch zu einem Nachschlagewerk macht. Das Stichwortverzeichnis schließlich erleichtert die Suche nach relevanten Modellen und Methoden zur Sozialen Kompetenz, wodurch vorliegender Band auch zu einem sehr brauchbaren und übersichtlichen Lehrbuch wird.

Walter und Katharinas Geschichte ist im Buch grau hinterlegt. Die Story vertieft die wesentlichen Themen zu Sozialen Kompetenzen und beleuchtet immer wieder Aspekte der Umsetzung. Beim Nachschlagen oder zur Vorbereitung auf PM-Zertifizierungen kann die Story natürlich auch übersprungen werden.

VORWORT

Unser Ansatz

Den praxisorientierten Problemstellungen und den Impulsen für die tägliche Programm- und Projektarbeit liegt unsere systemisch-konstruktivistische Haltung zugrunde. Selbstverständlich ist nicht jede vorgestellte Methode für jede Situation geeignet. Wer versucht, alles möglichst auf einmal umzusetzen, wird bei Teammitgliedern und AuftraggeberInnen eher Unverständnis und Ablehnung ernten. Eine kluge Auswahl und eine an den Wissens- und Entwicklungsstand des Teams angepasste Dosierung sind dabei das Erfolgsgeheimnis für den Methodeneinsatz. Sowohl für die Anwendung Sozialer Kompetenz in der Praxis als auch für die Zertifizierungen sind breites Wissen und profunde Methodenkenntnisse eine wichtige Voraussetzung. Mit unserem Werk „Social Competence im Projektmanagement" wollen wir den Werkzeugkoffer der ProjektleiterInnen mit Bedacht packen, keinesfalls aber überfüllen.

In Zeiten schnell wechselnder Methoden und Konzepte der Unternehmensführung liegt uns gerade für die Projektarbeit Stabilität am Herzen. Wir sehen sie vor allem durch die Stärkung der Teamarbeit aus systemischer Perspektive. Die reflektive Herangehensweise und die daraus abgeleiteten Lernprozesse können so zu einer Projektkultur werden, die zwar neue Strömungen zulässt, aber nicht alle methodischen Modeerscheinungen um jeden Preis mitmacht.

Danksagung

Kein Buch entsteht nur durch eine, auch nicht durch zwei Personen. Viele Menschen waren direkt oder indirekt beteiligt, ohne sie gäbe es dieses Buch nicht. FreundInnen, Familienmitglieder, GeschäftsführerInnen und KollegInnen von pmcc-consulting sowie externe FeedbackleserInnen und LektorInnen haben mit ihren engagierten Rückmeldungen die Qualität des Buchs wesentlich beeinflusst.

Insbesondere bedanken wir uns bei:

> Stefan Kutzenberger – durch seine literarischen Augen wurde unsere Story griffig und rund;
> Marlen Schachinger – sie hat uns ganz zu Beginn bei der Entwicklung der Figuren unterstützt;
> Elmar Weixlbaumer und Birgit Groß, Goldegg Verlag, für ihre konstruktive Beratung und Durchführung, für das Lektorat und das Korrektorat;
> Christian Rinner und Christoph Reichl – durch ihre engagierten Arbeiten an Grafiken und Layout wurde das Buch auch optisch schön;
> Wolfgang Ammer – für seine Karikaturen, sie sind eine zusätzliche und humorvolle Darstellung unserer Themen.

Lesen Sie das Buch, wie es Ihnen gefällt. Als Sachbuch zur Vertiefung und Reflexion, als Nachschlagwerk bei auftretenden Praxisfragen, zur schnellen Orientierung die Tipps für die ProjektleiterInnen (kurz: PL) oder als Lesebuch zu einem spannenden Coachingprozess. Wer nur die Geschichte lesen will, kann dies tun – dann aber bitte nicht nur einzelne Kapitel, der Handlungsbogen würde so verloren gehen. Wir verwenden im Projektmanagement übliche Abkürzungen, diese sind im Anhang erläutert.

Soziale Kompetenz leben heißt auch die Geschlechterrollen zu berücksichtigen. Wir verwenden das große „I" beziehungsweise Anredeformen für beide Geschlechter.

Weiterführende Diskussionen
Viele Themen aus unserem Buch entwickeln sich ständig weiter oder können je nach Praxisanwendung unterschiedlich beurteilt werden. Um die Diskussionen dazu weiterzuführen, haben wir auf „XING" ein Diskussionsforum eingerichtet:

https://www.xing.com/net/pric959b9x/socialprojectcompetences/

Wir freuen uns über Rückmeldungen und Anregungen.

Christian Majer, Luis Stabauer

Vorspann

Walter Punkt findet es ja durchaus positiv, dass die Jugend kreativ ist, doch warum musste dieses komische Studenten-Krippenspiel seines Sohns gar so lange dauern? Er war alleine unterwegs, seine Frau blieb daheim in Purkersdorf, sie wollte noch den Weihnachtsschmuck im Haus fertig aufhängen.
Als er endlich im Leopold Museum im Wiener Museumsquartier ankommt, ist das große Atrium schon leer. Die Führungen durch die Kunst des Wiener Jugendstils als erster Teil der diesjährigen Weihnachtsfeier haben schon begonnen. Nicht, dass dies Walter Punkt allzu sehr stört. Doch er hasst es, zu spät zu kommen. Seit 25 Jahren achtet er in seinen Projekten auf vereinbarte Zeiten. Zum 53. Geburtstag gratulierte ihm sogar kürzlich eine Kollegin liebevoll mit „Herzlichen Glückwunsch, Walter Pünktlich".

Im nur durch ein paar Weihnachtslichter schummrig beleuchteten Atrium bereitet ein Cateringunternehmen gerade das Buffet für das Abendessen vor. Bei der Schenke steht eine hübsche Kellnerin und blättert in einem Museumskatalog. Kunststudentin wahrscheinlich, denkt Punkt. „Und, gute Bilder?", fragt er sie, um sich mit einem Gespräch die Zeit, bis die anderen von der Führung zurückkommen, zu vertreiben. Das Mädchen schaut auf und grinst ihn freundlich an. „Ja, sehr gute. Ich war schon oft hier. Das Museum hat die größte Schiele-Sammlung der Welt." Walter Punkt nickt, mehr fällt ihm zu Schiele nicht ein. „Ich war noch nie da", gesteht er dann, um das Gespräch in Schwung zu halten, „und jetzt sind die Führer schon alle weg." „Kunstvermittler und Kunstvermittlerinnen", korrigiert ihn die Studentin. Punkt schaut sie fragend an. „Führer gibt es in Museen nicht mehr", klärt sie ihn auf, „wegen des historischen Zusammenhangs." Wieder nickt Punkt, schon verstanden, sie hat es schließlich nicht mit einem Idioten zu tun. „Man vermittelt Inhalte, statt eine Herde durch das Museum zu führen. Ist doch schöner, nicht?", ergänzt sie. Walter Punkt bleibt nichts übrig, als noch einmal zu nicken.

Die Kellnerin beginnt wieder im Katalog zu blättern, doch Punkt ist nach Konversation. „Kannst du mir ein Glas Sekt einschenken?", fragt er. Sie schaut ihn etwas verwirrt an. „Ich weiß nicht, ob ich das darf", sagt sie. Gönnerhaft zwinkert ihr Walter zu, „sicher darfst du das, meine Hübsche. Ich erlaube es dir." Das Mädchen zuckt mit ihren schönen, ärmellosen Schultern, geht hinter die Schenke, füllt eine Sektflöte mit Perlwein und überreicht Punkt das Glas mit einem zauberhaften, etwas ironischen Lächeln. So, als will sie sagen, eigentlich bin ich ja Kunstgeschichte-Studentin und nicht Kellnerin, denkt Punkt und muss auch grinsen. Er hebt sein Glas, zwinkert wieder, was er sonst eigentlich nie tut, und nimmt einen Schluck prickelnden Sekts, der ihm sogleich angenehm im leeren Magen kitzelt, doch das Mädchen achtet nicht mehr auf ihn und liest bereits wieder im Katalog. Gerne hätte Walter noch geplaudert, doch plötzlich ist er gehemmt, es fällt ihm nichts mehr ein. Das Schweigen scheint sie nicht zu stören. Langsam beginnt sich das Atrium zu füllen, die Führungen sind anscheinend zu Ende. Schmolz kommt mit einem breiten Grinsen auf Punkt zu: „An der Bar stehst du, da passt du auch besser hin. Die Kunst ist wohl nichts für dich?" Was wollte dieser junge Schmolz nur von ihm? Seit ein paar Monaten erst im Konzern, sofort Abteilungsleiter geworden und scheinbar immer aggressiv, bereit für sinnlose Sticheleien. Punkt beschließt ihn zu ignorieren, was leicht geht, denn Hans Fornach ist auch bereits im Atrium.

Hans, den er vor 15 Jahren als Praktikant gleich nach der Uni angestellt hat. Nun ist dieser PM-Office-Leiter und sein Chef. Es stört ihn normalerweise nicht, dass Hans ihn überholt hat, er ist ja wirklich gut. Und dabei immer fair und freundschaftlich zu ihm. Doch manchmal spürt er trotzdem den Stachel in ihm: Warum er und nicht ich, warum der junge Studierte und nicht der Ältere, Erfahrenere? „Servus Walter, schön, dass du da bist", begrüßt ihn Hans warmherzig. „Ich sehe, du hast dich schon mit Frau Dr. Berghof bekannt gemacht." Punkt schaut sich verwirrt um. Die Kellnerin legt schelmisch grinsend den Katalog zur Seite und begrüßt Hans mit einem Kuss auf die Wange. „Hallo Hans", haucht sie. „Kathi", sagt er nur und schaut sie bewundernd an. Punkt ist fassungslos, die Kellnerin und Hans? Obwohl sie offensichtlich ja keine Kellnerin und auch keine Studentin ist, wie er wohl oder übel zugeben muss. Vielleicht hätte er genauer aufs Gesicht und weniger auf die nackten, zarten Schultern schauen sollen. Im weihnachtlich gedimmten Licht wirkt Katharina Berghof allerdings tatsächlich sehr jung. Doch bei genauerer Betrachtung sieht Punkt nun, dass sie schon etwas älter ist, mit einer heiteren, jugendlichen Ausstrahlung zwar, aber doch keine ganz junge Studentin mehr, wahrscheinlich sogar schon klar über dreißig, im Alter von Hans vielleicht. Wie unangenehm. Hat er sie tatsächlich „meine Hübsche" genannt? Wie unerträglich. Das ist doch sonst so überhaupt nicht seine Art. Was ist nur in ihn gefahren? „Walter, schau doch her", sagt Hans, „ich möchte dich noch offiziell mit Frau Dr. Berghof bekannt machen. Es könnte sein, dass ihr im nächsten Jahr öfter miteinander zu tun haben werdet." Walter versucht, den neckisch lächelnden Blick Frau Berghofs zu entgehen. Was kann Hans mit seiner Bemerkung bloß meinen? Er hat keine Ahnung, ist sich jedoch sicher, dass es nichts mit Catering zu tun haben wird. Bevor er etwas sagen oder auch nur vor Scham im Boden versinken kann, hört er die Stimme des Personalvorstands Hannes Ruhs aus den Lautsprechern: „Hallo, hallo? Meine Damen und Herren, ich bitte um Ihre Aufmerksamkeit …"

ABSCHNITT A

SOZIALE KOMPETENZ

Eine neue Herausforderung

Wieder einmal bringt ihn sein Sohn zur Weißglut: Walter Punkt wollte an diesem Jännermorgen vor 8:00 im Büro sein, weil er da die Mails am besten aufarbeiten kann, doch musste er eine viertel Stunde auf den Herrn Sohn warten und kommt daher erst gegen 8:30 an seinen Schreibtisch. Jeden Tag dasselbe: 15 Minuten, bis sich der Laptop mit allen Sicherheitseinstellungen des Firmennetzes synchronisiert hat, und um 9:00 soll er bereits das erste Meeting leiten.
Und was ist das? Eine Terminladung für 9:30 mit hoher Priorität und streng vertraulich von Personalvorstand Hannes Ruhs an ihn und in cc an seinen Chef:

Betreff: Besprechung
Von: „Hannes Ruhs" <hannes.ruhs@konzernwien.at>
Datum: Fr, 15. 01. 2010, 07:34
An: walter.punkt@konzernwien.at

Werter Herr Walter Punkt,
gestern wurden im Vorstand die Weichen für die Zukunft unseres Unternehmens gestellt. Bisher sind nur wenige Personen eingeweiht, daher erwarte ich von Ihnen strengste Verschwiegenheit, auch im Hinblick auf den Inhalt dieser Mitteilung. Unser PM-Office-Leiter, Hans Fornach, hat Sie in der Vorfeldplanung für eine enorm wichtige Aufgabe vorgeschlagen.
Ich ersuche Sie daher, zu einer kurzen Erstbesprechung in mein Büro zu kommen.
@ Hans, wenn du Zeit hast, bitte komm gleichfalls. Hannes Ruhs

„Das hört sich ja wichtig an", denkt sich Walter. „Jetzt muss ich noch schnell das 9:00-Meeting absagen – schade, dass im Projektteam niemand in der Lage ist, Meetings ordentlich zu führen – und wie begründe ich meine Absage?"

Minuten später sendet Walter eine Mail-Nachricht an das Projektteam, ein dringender Projektauftraggeber-Termin muss als Grund herhalten, und noch während er auf die Empfangsbestätigung wartet, versucht er Hans zu erreichen. Endlich erwischt er seinen Chef; der weiß wieder einmal von nichts. Nach einer kurzen Erklärung Walters sagt er nur: „Aha, ist es jetzt soweit? Klar, ich komme. Treffen wir uns fünf Minuten vorher bei der Assistentin, du weißt schon, im 9. Stock, wo die Terrassen sind."

EINE NEUE HERAUSFORDERUNG

Alles andere als locker überfliegt Walter noch die weiteren Mails. Die Gedanken sind schon bei dieser mysteriösen Einladung und der Ärger über seinen Sohn kommt nochmals so richtig hoch. Obwohl er schon 19 ist, hat Walter ständig Probleme mit ihm, jetzt haben sie ihm zu allem Übel noch den Führerschein abgenommen, daher muss er ihn täglich von Purkersdorf nach Wien mitnehmen. „Das wird dem Ruhs aber egal sein", murmelt er halblaut vor sich hin.

Walter steckt sein Handy ein und wirft noch einen Kontrollblick in den Spiegel: Der alte Anzug mit der bereits zu engen Hose, die blaue Uraltkrawatte, es gab Tage, da war er schon besser gekleidet, und die Haare werden auch immer weniger! Was solls, der Ruhs will etwas von mir, nicht ich von ihm. Mit dieser Erkenntnis kauft er sich noch einen Mocca vom Automat und greift zu seinem Notizbuch, um danach in den 9. Stock zu fahren.

Er wartet auf Hans vor der Tür und ist froh, schon seit 15 Jahren gut mit ihm zusammenzuarbeiten, es macht ihm nichts aus, dass ihn Hans im Hinblick auf Karriere überholt hat. Immerhin ist er Diplom-Ingenieur und auch wenn im Konzern keine Titel verwendet werden, in Österreich zählen sie ja doch. Hans kommt rechtzeitig, sie tauschen einige Worte aus und melden sich im Vorzimmer an.

Hannes Ruhs kommt selbst heraus, begrüßt beide beinahe freundschaftlich und bittet sie in sein Büro. Eine schwere Ledercouch, ein riesiger Schreibtisch und ein modernes Bild in kräftigem Orange dominieren den Raum. Während die Assistentin allen Kaffee bringt, weist Ruhs nochmals auf die Vertraulichkeit hin und richtet das Wort direkt an Walter Punkt:

„Herr Punkt, ich habe viel Gutes von Ihnen gehört und nicht zuletzt hat Hans Fornach Sie vorgeschlagen. Vielleicht ahnen Sie schon, worauf ich hinaus will. Sie können Ihrem Namen jetzt alle Ehre machen und gemäß unseres gestrigen Vorstandsbeschlusses, den Österreich-Standort mit den 8.642 Beschäftigten völlig neu organisieren, die Sache quasi auf den Punkt bringen."

Herzhaft muss Ruhs über seinen eigenen Scherz lachen. „Im Ernst: Nach einer ersten Voranalyse haben wir Sie für die Leitung des Programms dieser Umorganisation vorgesehen. Ich ersuche Sie daher, Ihre jetzigen Projekte im nächsten halben Jahr, spätestens aber bis 15. Mai 2010 abzuschließen oder zu übergeben. Zu diesem Zeitpunkt werden wir mit den intensiven Programmvorbereitungen beginnen, selbstverständlich werden Sie ab sofort in die Programm- und Projektplanungen eingebunden."

social competence

A EINE NEUE HERAUSFORDERUNG

Allgemein erklärt er noch, warum die Umorganisation notwendig wird. Auf Fragen von Walter kann er kaum Antworten geben. „Wir haben es gestern erst beschlossen, es muss noch vom Aufsichtsrat und von der Konzernleitung in München freigegeben werden." Mehr konnte Walter Punkt nicht in Erfahrung bringen. Eines wurde jedoch für ihn klar: Er hatte jetzt ein sehr wichtiges Organisationsentwicklungs-Programm zu leiten. Mit Freude über die Anerkennung und gleichzeitig einem mulmigen Gefühl kehrt er wieder in sein Büro zurück.

Das war es dann auch mal fürs Erste. Es gab keine weiteren Informationen. Nur Hans hat Walter im Vertrauen die sechs Namen der künftigen Projektleiter verraten.

Mitte Februar hat Hans Fornach in seiner Funktion als PM-Office-Leiter das Programmteam für 10. März 2010 zu einem Workshop in das Gartenhotel Altmannsdorf eingeladen. *„Vertiefung der Programmidee und erste Schritte zur Programmteambildung"* mit Katharina Berghof als Moderatorin ist der einzige Agendapunkt. Die Anmerkung, dass die Moderatorin Projekt- und Programmmanagement-Coach ist und zur Vorbereitung dieses Workshops noch einen Artikel an die Teilnehmer schicken wird, liest Walter und es ist ihm, als würde ihm jemand mit der Faust in den Magen boxen.

Seit der Weihnachtsfeier hat er versucht, nicht mehr an sein peinliches Auftreten dort zu denken. Wie er diese Frau Berghof mit einer Studentin verwechselt hat, geduzt hat, „meine Hübsche" genannt hat. Ist ja eigentlich ein Kompliment, versucht er sich nun einzureden. Doch er weiß, dass es unangenehm sein wird, ihr wieder gegenüberstehen zu müssen. Noch dazu, wo sie anscheinend dazu auserkoren worden ist, ihm etwas beizubringen. Wozu bitte brauchte er nach so vielen Jahrzehnten im Beruf einen Workshop zur Programmteambildung? Das konnte auch nur Leuten wie Hans Fornach einfallen. Aber war da nicht irgendetwas zwischen Hans und dieser Frau Doktor? Er glaubt sich erinnern zu können, dass er eine Spannung gespürt hat, als sich die beiden im Atrium des Leopold Museums begrüßt hatten. Ein Knistern in der Luft, als ob die beiden eine erotische Beziehung hätten oder so. Am besten wäre es wohl, wenn er einmal mit Hans bei einem Bier darüber spricht, unter Männern. Da könnte er dann auch gleich einbringen, dass er nicht besonders viel von Workshops und Coaching hält, dass sich die Firma das Geld und er die Zeit sparen könnte.

Bereits am 1. März kommt folgender Artikel als Anhang einer Mail:

„Werte ProjektmanagerInnen,
Ihr PM-Office-Leiter, Hans Fornach, hat mich informiert, dass Sie in nächster Zeit spannende Projekte innerhalb eines Programms zur Restrukturierung des Unternehmens leiten werden. Ich gratuliere Ihnen herzlich, dieser Vertrauensvorschuss des Managements ist keine Selbstverständlichkeit.
Sie alle sind meines Wissens nach qualifizierte ProjektmanagerInnen mit langjähriger Praxiserfahrung. Bei Ihren neuen Aufgaben geht es um einschneidende Veränderungen, und Sie werden sehr vertrauensvoll und eng mit Ihren Teams arbeiten. Kleinere und vielleicht auch größere Konflikte sind daher erfahrungsgemäß in allen Projekten und im Programmteam zu erwarten.

Von Ihrem Vorstand wurde ich mit der Moderation eines Workshops zum Thema „Soziale Kompetenzen" beauftragt und ersuche Sie, beiliegenden Artikel zur Workshop-Vorbereitung zu lesen. Bitte schreiben Sie auf 2 – 3 Kärtchen in Schlagworten Ihre Anmerkungen zum Text (Kritik, Aha-Erlebnis, Anregung, Frage …), bitte mit Filzschreiber und gut leserlich, damit wir es zum Arbeiten an die Pinnwand hängen können. Bitte zum Workshop mitbringen.
Wir werden mit Ihren Punkten beginnen.

Falls jemand Ideen für den Programmnamen hat, bitte ebenfalls notieren – wir werden auch darüber diskutieren. Ich freue mich auf die Arbeit mit Ihnen, mit freundlichen Grüßen,

Mag[a] Dr[in] Katharina Berghof
Senior Consultant, Internationaler Projekt- und Programmcoach
pmcc consulting GmbH
project management competence center
Peter-Jordan-Straße 117 – 119/2
A-1180 Wien
Tel.: +43 (1) 8900510
E: katharina.berghof@pmcc-consulting.com
I: www.pmcc-consulting.com
FN 313098p, LG Salzburg
pmcc consulting – setting milestones
Graz | Salzburg | Wien | Bonn | München | Ljubljana

A SOZIALE KOMPETENZ

Kompetenzen und Soziale Kompetenzen:

Kompetenz sehen wir als die abrufbare Fähigkeit, die weder allein genetisch angeboren, noch ausschließlich das Produkt von Reifungsergebnissen ist. Kompetenzen sind daher Dispositionen[1] reflektierten Handelns und zeigen sich als Zuschreibungen auf Grund von Beobachtungen (von anderen und/oder von mir selbst). In Ergänzung dazu sind Qualifikationen und Fachwissen (normierte) Wissenszustände, die nicht notwendigerweise durch Handeln ausgedrückt werden müssen. In der Praxis wird Kompetenz auch manchmal für Zuständigkeit, Befugnisse und Berechtigung verwendet. Diese Bedeutung meinen wir hier nicht.

Soziale Kompetenzen im Projektmanagement (kurz: PM) sind daher alle Fähigkeiten,

> die zur Kommunikation im weitesten Sinne und zur Bearbeitung von Störungen der Kommunikation benötigt werden,
> die Sie zur Förderung, Reflexion und Entwicklung des Einzelnen, des Teams und von Ihnen selbst gezielt einsetzen können,
> mit denen Sie die ausreichende Motivation des Einzelnen und des Teams zur Zielerreichung sicherstellen,
> mit denen Sie die Vielfalt im Team nicht nur wertschätzen, sondern auch zusätzliches Potenzial nützen können, und
> mit denen Sie die Veränderungen in Systemen (Projektorganisation, Stakeholder etc.) erkennen, Handlungsvorschläge daraus ableiten sowie die notwendigen Interaktionen controllen und steuern können.

In diesem Sinne heißt Soziale Kompetenz im PM zu haben, vor allem kommunikativ, kooperativ und selbstorganisiert zu handeln, sich mit anderen kreativ auseinander- und zusammenzusetzen, sich gruppen- und beziehungsorientiert zu verhalten sowie neue Pläne, Aufgaben und Ziele im Team zu entwickeln und umzusetzen.

Voraussetzung dafür ist die Selbstkompetenz:

Sich selbst einschätzen zu können, reflexiv und eigenverantwortlich zu handeln, produktive Einstellungen, Werthaltungen und Motive zu entwickeln, eigene Begabungen, Motivationen, Leistungsvorsätze zu entfalten und sich im Rahmen der Projektarbeit und außerhalb kreativ zu entwickeln und zu lernen.

Nach Holtz[2] wurden Soziale Kompetenzen psychologisch in aufsteigendem Schwierigkeitsgrad wie folgt definiert:

1. **Ausdruck:** ich kann mich verständlich machen, mein eigenes Wissen, Meinungen und Wünsche einbringen;
2. **Empfang:** ich kann zuhören, andere Gruppenmitglieder beobachten, Ereignisse und gruppendynamische Prozesse wahrnehmen;
3. **Offenheit:** ich bin offen für Anregungen, kann Kritik akzeptieren und bin bereit mich mit anderen auseinanderzusetzen;
4. **Kooperation:** ich kann eigene Handlungsmöglichkeiten und Verantwortlichkeiten erkennen und wahrnehmen, mich auf Handlungen von anderen einstellen und mich anpassen;
5. **Gestaltung:** ich kann Beziehungen aufnehmen und gestalten, mich in einer Gruppe zurechtfinden, situationsadäquat kritisieren, eine Lernsequenz oder ein Gespräch leiten, mich angemessen in gruppendynamischen Prozessen verhalten;
6. **Identifikation:** ich kann mich auf andere einstellen und Konflikte situationsgerecht angehen, behalte eine gute Balance zwischen Engagement und Abgrenzung und habe das Bewusstsein über die eigenen Möglichkeiten und Grenzen.

Diese Punkte können durchaus bei der Selbstanalyse und bei der Analyse für die Teamzusammenstellung als Basis dienen. Anforderungen für das Teammitglied wären danach 1. bis 4., idealerweise auch 5. Der/die Projekt- und ProgrammleiterIn sollte jedenfalls 5. und darüber hinaus die Identifikation (6.) als Kompetenz mitbringen.

Selbstverständlich paaren sich Kompetenzen in der PM-Praxis ständig mit notwendigen Qualifikationen, z.B.:

> Wenn Sie noch so gute kommunikative Kompetenz haben, aber die im Projektteam vereinbarte Kommunikationsstruktur über neue Medien nicht bedienen können, kommen Sie mit Ihren vorhandenen Kompetenzen zu keiner Aktivität, zu keinem Handeln.
> Wenn in einem Organisationsentwicklungs-Projekt auch die Prozesse im Unternehmen neu festgelegt werden sollen und Sie noch nie etwas von einer Prozesslandkarte gehört haben, werden Ihnen Ihre Sozialen Kompetenzen in Bezug auf Gruppendynamik nur sehr begrenzt weiterhelfen.

A SOZIALE KOMPETENZ

Soziale Kompetenz sollten alle in einer Projektorganisation haben. Da Projekt- und ProgrammleiterIn zusätzlich Vorbildwirkung haben und für die Teamentwicklung verantwortlich sind, benötigen sie vor allem:

> **Selbstreflexion:** In der Team- und Einzelführung haben Sie als PL kaum Linien-Befugnisse (= hierarchisch). Trotzdem sollen Ziele, Zeiten, Ressourcen- und Budgetvorgaben eingehalten werden. Die zyklischen „Controllingschleifen" Planung – Durchführung – Kontrolle – Steuern – Neuplanung erfordern permanente Selbstreflexion, um effizient führen zu können. Es ist die Fähigkeit gefragt, zu handeln und sich dabei zugleich zu beobachten, die eigene emotionale Betroffenheit wahrzunehmen, sie zu berücksichtigen, um sie auch hinterfragen zu können.

> **Soziale Diagnosefähigkeit:** Die Fähigkeit, soziale Situationen beobachten und differenziert wahrnehmen zu können, ist eine Grundvoraussetzung, um auch erfolgreich zu handeln. Wie steht es um die Arbeitsfähigkeit eines Teams? Wodurch wird sie gerade jetzt gefördert oder blockiert? Welche Unterschiede (Diversität) gibt es im Team? Welche Unterschiede bewegen das Team? Welche Themen werden vermieden?

> **Gesprächsführung:** Die meisten von uns hetzen von einem Meeting zum anderen. Umsomehr hängt die Qualität der Arbeit von der Fähigkeit ab, unterschiedliche Gesprächssituationen professionell zu führen. Dazu braucht es jeweils die passenden Formen der Gesprächsführung: für ein Feedback-Gespräch eine andere als für ein Konfliktgespräch. Für das Vertreten strategischer Interessen andere als für ein Beratungs-, Motivations- oder Problemlösungsgespräch.

> **Teamfähigkeit:** Die Fähigkeit, sich selbst im Team inhaltlich zu positionieren, kreative Ideen einzubringen, Wissen an passender Stelle zur Verfügung zu stellen, sichert Ihnen die gruppendynamische Teamzugehörigkeit. Für die Teamfähigkeit müssen Sie sich aber auch auf die Gruppe beziehen: auf Vorschläge anderer aufbauen, zuhören, für die Beteiligung aller sorgen, Unterschiede deutlich machen und vermitteln, Konflikte ansprechen und Lösungen anbieten sowie für Entlastung sorgen.

> **Steuern von Projekt- und Programmabläufen:** Hier kommt noch die Kompetenz dazu, Phasen und Arbeitsprozesse in Einzelschritte und passende soziale Kontexte zu strukturieren, Designs für alle Arten gemeinsamen Arbeitens zu entwickeln und soziale Prozesse zu moderieren. Soziale Prozesse im Sinne sozialer Kontexte zu strukturieren und zu moderieren, heißt im PM vor allem die Zusammenarbeit in den Arbeitsabläufen im Team und auch bilateral zielorientiert, aber trotzdem sozial verträglich zu gestalten.

> **Organisationskompetenz:** Organisationsfähigkeit hat in den temporären Organisationen enorme Bedeutung gewonnen. Die Zielerreichung ist in hohem Maße von der Leistungsfähigkeit der Projektorganisationen (kurz: P-Organisationen) abhängig. Wie sieht die bestmögliche P-Organisation für die Zielerreichung aus und wie können Sie sie mit initiieren? Welche P-Organisations-Veränderungen sind zu welchem Zeitpunkt notwendig und wie können Sie sie erreichen? Welche fachlichen und sozialen Kompetenzen benötigen Sie im P-Team und wie können Sie diese integrieren? Für die permanente Teambeobachtung und Organisationsanpassung ist hohe Soziale Kompetenz eine notwendige Voraussetzung. Über die Projekt-Stakeholderanalyse[3] (auch als Umweltanalyse bekannt) und die daraus folgenden Maßnahmen ist die Organisationskompetenz auch für Beobachtungen und Veränderungsinitiativen außerhalb der eigenen Projekt- und Programm-Organisation notwendig.
> **Durchsetzungskompetenz:** ProjektmanagerInnen bewegen sich am schmalen Grad zwischen allzu bescheidener Zurückhaltung und einsamen, autoritären Entscheidungen. Die Durchsetzungsstärke hängt sowohl von der Akzeptanz der Entscheidungen im Team als auch von der Beurteilung der Ergebnisse der AuftraggeberInnen ab. Wie viel Entscheidungs- und Durchsetzungskompetenz ein/e PL hat beziehungsweise umsetzen kann, ist auch davon abhängig, wie viel dieser Verantwortungen der/die AuftraggeberIn abgeben will.
> **Vorbildfunktion:** Schließlich und ganz entscheidend zeichnet Projekt- und ProgrammleiterInnen in ihren Sozialen Kompetenzen aus, ob sie diese auch selbst vorleben und in ihren Handlungen als authentische Personen wahrgenommen werden.

Um die Führungsaufgaben in Programmen und Projekten erfüllen zu können, benötigen wir Verhaltensweisen, die bei den Teammitgliedern sozialen Mehrwert (Belohnungswert) auslösen.

Wir benötigen die

> Fähigkeit, Einfluss kooperativ, überzeugend und konsultativ auszuüben;
> Fähigkeit, sich in die Rolle des anderen zu versetzen;
> Fähigkeit, adäquat zu reagieren (z.B. klar zu kommunizieren, was in der Planung noch veränderbar ist und was nicht);
> Fähigkeit, zu motivieren, InteraktionspartnerInnen zuversichtlich zu stimmen, und
> Sensitivität, die Reaktionen der InteraktionspartnerInnen im Projekt-/Programmzusammenhang beurteilen zu können.

A — EINE NEUE HERAUSFORDERUNG

Eine neue Herausforderung (Fortsetzung)

Zwei Tage vor dem Workshop treffen sich Hans Fornach und Walter Punkt zu einem „After-Work"-Bier.
„Walter", sagt Hans nach dem ersten kräftigen Schluck, „dieses Programm wird die vorläufige Krönung deiner beruflichen Karriere. Aber das wird nicht leicht. Hast du den Artikel von Katharina gelesen?"

„Ich bin schon drübergeflogen, das ist alles zu theoretisch für mich", meint Walter.
„Deine bisherigen Erfahrungen in Bezug auf das Führen von Teams wird für diese Programmleitung nicht ausreichen. Du wirst Bereichsleiter und Vorstandsmitglieder in den Teams haben, und es wird mit hoher Wahrscheinlichkeit Krisen und Konflikte geben, die sich gewaschen haben. Denke nur an die Vorgaben bezüglich einer Reduktion der Personalkosten. Ich habe vom Vorstand die Freigabe, dass du jedenfalls bis Herbst Coaching in Anspruch nehmen kannst. Katharina wird damit beauftragt. Es ist eine Riesenchance für dich, nutze sie."

„Das mach ich schon, keine Sorge, ich kümmere mich darum. Den Aufsatz, den muss ich mir mal in Ruhe ansehen, wenn das Produkt-Projekt abgeschlossen ist. Über Coaching hab ich noch nicht nachgedacht – macht das Sinn? Ich kenne diese Dr. Berghof doch gar nicht."

„Du wirst nicht mehr alles selber machen können und musst dich auf deine Teams verlassen können, dafür gibts eine Reihe ganz spezieller Werkzeuge und Methoden. Und ich sag dir ganz offen, ich würde eine Ablehnung dieser Coachingbegleitung im Vorstand nicht unterstützen. Darüber hinaus sollst du ja bis zum Herbst die Senior-PM-Zertifizierung machen. Kathi ist eine Spezialistin in Sachen Soziale Kompetenzen und im Projektmanagement. So mancher Manager wäre froh, wenn er mit ihr arbeiten könnte."

Walter wiegt nachdenklich den Kopf: „Ist schon in Ordnung, vielleicht ist es tatsächlich eine gute Möglichkeit, einmal die Meinung von jemand Außenstehenden zu hören. Erzähl mir ein wenig von der Frau, du scheinst sie zu kennen?"

„Du wirst es schon gehört haben, wir standen uns vor einigen Jahren einmal auch privat etwas näher. Sie ist wirklich eine starke Frau, Ende dreißig und ihre Ausstrahlung, na, die wirst du im Workshop ja bald mitbekommen. Philosophie und Wirtschaft hat sie parallel studiert, in kürzester Zeit, und nun ist sie Buchautorin, Lehrbeauftragte an der WU und Starcoach mit internationalen

Erfahrungen. Walter, lass dir diese Chance, Katharina als Begleitung zu bekommen, nicht entgehen. Du wirst mir spätestens nach den ersten Sitzungen dankbar sein."

„Gut, Hans", Walter nimmt den letzen Zug aus dem Bierglas, „ich schau mir diese Überfrau einmal an. Jedenfalls Danke für deine Informationen. Wir sehen uns dann übermorgen im Workshop."
„In Ordnung, Walter, und halt die Ohren steif." Sie schütteln sich noch die Hand und eilen dann zu ihren Autos.

Der Workshop mit Katharina Berghof hat wie geplant stattgefunden. Walters Verhalten lässt sich dabei als eher lethargisch bezeichnen. Der Tag kam ihm wie ein Erholungstag mit Spielsequenzen vor. Die von den TeilnehmerInnen mitgebrachten Kärtchen zu den offenen Fragen aus dem Artikel wurden aber tatsächlich besprochen und mit den Ergänzungen von der Moderatorin fotografiert:

Workshop Soziale Kompetenzen I

ihre Kärtchen	meine Bemerkungen
Was mache ich, wenn mein PAG keine Soziale Kompetenz hat?	Spezielle Gesprächsvorbereitung, eigene Gesprächsführung, wird noch tiefer behandelt.
kann man das nicht einfacher schreiben?	Vielleicht, ich konnte es nicht besser, ohne Inhalte zu vernachlässigen.
Was mach ich, wenn jemand nicht will - Motivation?	Mein Tipp: Versuchen, die Gründe zu finden (nicht Können, nicht Wollen, nicht Dürfen) und dort ansetzen. Wenn das nicht hilft, Veränderung der Teamzusammensetzung mit PAG anstreben.
Super, das kann ich für meine Zertifizierung brauchen!	Danke, freut mich!
Nach dem Lesen freue ich mich auf den Workshop!	
Bin gespannt auf den Workshop und freue mich auf die Programmarbeit.	

Workshop Soziale Kompetenzen II

ihre Kärtchen	meine Bemerkungen
Was ist ein OE-Projekt?	Ein Organisationsentwicklungsprojekt. Es geht dabei um die Neuausrichtung der Organisation an veränderte Anforderungen, bzw. deren Weiterentwicklung.
Gibt es für die Selbstreflexion auch Unterstützung?	Coaching ist ein Begleitprozess dafür, das erbetene Feedback eine wichtige Methode - darauf gehen wir später noch genauer ein.
Jetzt sind mir die unterschiedlichen Begriffe für Kompetenzen klar, danke!	Das wird uns im Workshop helfen 😊
... bisher als Befugnisse gesehen	
Jetzt ist mir der Unterschied zwischen Fertigkeit und Kompetenz klar.	
Danke, ein wichtiger Anstoß mich wieder mehr mit dem Thema zu beschäftigen.	
Bei der Teamzusammenstellung habe ich keine Mitsprache	auch dafür gibt es Methoden und Wege, wir werden sie gemeinsam suchen
Klingt recht schön, die Zeit dafür habe ich aber nicht	Hm, ganz ohne Aufwand wird es nicht gehen!

ABSCHNITT B

PM-COACHING

Wozu brauche ich das?

Der Hals kratzt und der Kopf schmerzt auch. Walter Punkt hat gestern mit ein paar Kollegen aus dem Programmteam den Start-Workshop reflektiert. Er hat auch etwas mehr getrunken als gewöhnlich, denn er war verstimmt, weil diese Berghof bei allen so gut angekommen ist. Selbst bei seinen engsten Freunden. Vor allem weil sie ihn als Programmleiter aus dem Rampenlicht gedrängt hat. Auch beim Bier ging es nur um das Thema Soziale Kompetenz. Beim Verlassen des Lokals hat er seinen Schirm stehen gelassen.

Heute Vormittag ist sein erster Coachingtermin angesetzt. Von Freiwilligkeit keine Spur, nachdem Hans Fornach ihn dazu gedrängt hat. Walter ist verärgert, weil er sich bevormundet vorkommt. Die erste Euphorie bezüglich seines neuen Aufgabenbereichs als Programmleiter ist auch bereits verflogen. Geehrt fühlt er sich immer noch, aber die Sache mit dieser Sozialen Kompetenz kommt ihm schon sehr übertrieben vor. Und dann noch das unnötige Coaching mit dieser „Superfrau". Obendrein soll er sich dieser Projektmanagement-Zertifizierung stellen. Seit mehr als 30 Jahren hat er keine Prüfung mehr abgelegt und nun das. Traut man ihm das Programm also doch nicht ganz zu? Wozu sonst das Ganze?

Als Walter Punkt ein paar Minuten vor acht Uhr sein Büro betritt, begrüßt ihn sein neuer Programmassistent Roman Krone mit den Worten: „Frau Dr. Berghof ist schon hier. Ich habe sie gleich mal hereingelassen, damit sie sich ein wenig vorbereiten kann." Punkt zieht die Augenbrauen zusammen und tritt energisch in sein Zimmer. Er begrüßt seinen ungebetenen Coach kalt und mürrisch, um seine Verlegenheit zu verbergen. „Fangen wir doch gleich an, ich habe noch viel zu tun. Roman, bringen Sie uns bitte einen Kaffee. Für mich Milch und zwei Stück Zucker."

„Einen schönen guten Morgen, Herr Punkt. Es freut mich sehr, Sie nun auch beruflich näher kennenlernen zu können." War das eine Anspielung? Wollte sie damit sagen, dass sie sich bei der Weihnachtsfeier privat kennengelernt hätten? Auf jeden Fall scheint sie es professionell zu nehmen, ist per Sie und macht keine blöden Bemerkungen. „Im Workshop hatten wir ja leider keine Zeit für ein Vier-Augen-Gespräch, aber Ihr Ruf eilt Ihnen voraus", fährt sie fort, „ich bin gespannt auf die Arbeit mit dem Menschen, der diese große Verantwortung auf sich genommen hat." Sie lächelt Walter Punkt freundlich an. Keinerlei Ironie in ihren Augen, sie meint, was sie sagt. Walter ist erleichtert. Vielleicht hat sie die kleine Vorweihnachtsanekdote ja vergessen. Oder

WOZU BRAUCHE ICH DAS?

er war damals gar nicht so peinlich wie in seiner Erinnerung, nur ein paar undeutliche Sätze im Halbdunkel des Museums, vergessen, schon bevor er ihr von Hans dann vorgestellt worden ist. Er ist beruhigt und versucht sich auf die Sache zu konzentrieren, auch wenn Katharina Berghof auch heute wieder strahlend schön und jugendlich vor ihm sitzt.

„Es ist, wie Sie sagen, eine große Verantwortung und viel zu tun." Walter Punkt setzt sich ihr gegenüber. „Was sollen wir in diesem Coaching besprechen? Was muss ich lernen?"

„Nun, lernen im schulischen Sinn, nein, darum geht es hier nicht. Die zentrale Frage ist: Was wollen Sie erreichen, verändern? Sie kennen das ja, es ist wie in einem Projekt: der erwünschte Soll-Zustand."

„Verändern? Ich? ... Eigentlich nichts. Mein Boss war der Meinung, ich bräuchte dieses Coaching als Unterstützung für mein Programm und darüber hinaus als Vorbereitung für diese Zertifizierungsprüfung."

„Hm, wenn ich das richtig verstehe, dann sind Sie nicht so ganz davon überzeugt, dass Coaching irgendwie hilfreich für Sie sein könnte."

„Ja, so kann man das durchaus formulieren", sagt Walter Punkt mit einem süffisanten Unterton. Leicht will er es ihr keinesfalls machen, darüber ist er sich jedenfalls im Klaren. „Also, wie ist das genau mit dem Coaching? Meiner Meinung nach ist das bloß ein neues Modewort für Nachschulung – verschärft in Einzelhaft."

Katharina Berghof lacht. „Auf das kann es schon hinauslaufen, wenn Sie in ihrem Schneckenhaus bleiben." Als die erwartete Reaktion auf ihren kleinen Scherz ausbleibt, erläutert sie in sachlicherem Ton: „Projektcoaching ist nach meiner Auffassung ein partnerschaftlicher Zugang, um KlientInnen oder KundInnen bei der Bewältigung eines Problems oder einer Herausforderung zu helfen bzw. ihn oder sie zu unterstützen." Sie geht zum Flipchart und blättert um.

social competence

B — WOZU BRAUCHE ICH DAS?

Projektcoaching...

„... ist eine zielorientierte Kommunikation, um den Coachee (Klient) bei der Lösung eines Problems* im Rahmen eines Projektes zu unterstützen."

*oder zur Reflexion einer Situation

1. Coaching

Projektcoaching II

Formen der Interaktion:
- Reflexion, Diskussion
- Probehandeln und Simulationen
- Fragen, Fragen, Fragen
- Gemeinsames Erarbeiten von Lösungen

„Ich habe kein Problem. Es könnte aber sein, dass ich bald eines bekomme, wenn ich mich nicht genug um mein Programm kümmern kann. Das mit dem Coaching ist mir ehrlich gesagt zu theoretisch." Ein Handy läutet. „Entschuldigen Sie, bitte." Walter Punkt drückt auf den grünen Knopf seines Handys und steht auf. Es vergehen mehr als zehn Minuten, bis er sein Gespräch beendet hat. „Tut mir leid", sagt Walter Punkt. „Es ging ums Programm, wie Sie sich vielleicht schon gedacht haben. Können wir für heute Schluss machen? Ich muss etwas Dringendes erledigen."

Katharina Berghof sieht ihn ganz ruhig an: „Herr Punkt, wir können die Coachingeinheit auch abbrechen, bevor sie richtig begonnen hat. Eine unverzichtbare Voraussetzung für Coaching ist Freiwilligkeit. Wenn die bei Ihnen nicht gegeben ist, macht es keinen Sinn. Ich mache Ihnen einen Vorschlag: Wir nutzen die für heute vereinbarten zwei Stunden, um zu klären, was Coaching und Zertifizierung sind. Dann können Sie in Ruhe nachdenken, ob das für Sie hilfreich ist oder nicht."
„Ich wollte Sie nicht beleidigen, aber ..."

„Kein Problem. Ich bin nicht beleidigt. Ich verstehe, dass Sie viel zu tun haben und dass ein gewisser Erwartungsdruck auf Ihnen lastet. Geben Sie mir einfach eine Chance, Ihnen Ziele und Ablauf unserer geplanten Zusammenarbeit zu erläutern."

„O.k. Versuchen wir es. Womit sollen wir beginnen?" Walter Punkt setzt sich wieder zum Besprechungstisch und nimmt einen Schluck Kaffee, den sein Assistent mit einem unschlüssigen Blick hereintrug, während er telefonierte.
„Wir beginnen damit, dass wir uns Spielregeln für das Coaching ausmachen. So wie ich Sie einschätze, vereinbaren Sie solche auch regelmäßig mit dem Team in Ihren Projekten." Katharina Berghof sieht Walter Punkt herausfordernd mit einem leichten Lächeln an.

„Nein, das mache ich nicht. Dazu habe ich üblicherweise keine Zeit. Recht viel mehr als ‚nicht rauchen' und ‚kein Handy' kommt dabei ohnehin selten heraus …"
„Genau, keine Handys." Sie schreibt das mit blauer Farbe unter die Überschrift: Spielregeln für Projektcoaching. Herr Punkt, es gibt einige empirische Untersuchungen, warum Projekte scheitern. Welche Gründe vermuten Sie?"

Walter Punkt denkt kurz nach, nimmt seine Brille ab und fährt sich mit der linken Hand etwas gelangweilt übers Gesicht. „Weil die Ressourcen fehlen oder zu wenig technologisches Know-how vorhanden ist."

„Ja, diese Gründe werden genannt. Insgesamt machen diese Ursachen in Summe weniger als 10% aus. Was glauben Sie, ist sonst noch erfolgskritisch?" Gelassen wartet Katharina Berghof auf die Antwort.
„Keine Ahnung. Sagen Sie es mir", antwortet Walter leicht gereizt.
„Mehr als 67%, immerhin 2/3 der Projekte, scheitern an einem Mangel an Sozialer Kompetenz.[4] Die Ziele sind dem Projektteam nicht klar. Die Kommunikation ist unzureichend. Die Projektteammitglieder wissen nicht genau, was sie tun sollen, und die Zusammenarbeit ist nicht geklärt."
„Warum sagen Sie mir das jetzt?"

„Vereinbarungen und Kommunikation sind die Basis jeder Zusammenarbeit. In diesem Sinne würde ich gerne mit Ihnen Spielregeln für unsere Coachings vereinbaren. Egal wie oft die nun stattfinden werden. Tun wir doch mal so, als ob. Zumindest für heute." Katharina Berghof blättert um und schreibt auf einem neuen Flip.

B
WOZU BRAUCHE ICH DAS?

Wozu Spielregeln?
- eine gemeinsame Basis für die Zusammenarbeit schaffen
- Projektkultur entwickeln
- Präventive Konfliktvermeidung
- Commitment, Akzeptanz aller schaffen
- Sorgen und Befürchtungen ausräumen

Spielregeln für Projektcoaching
- Handy aus
- Fragen sind erlaubt und erwünscht!
- Vertraulichkeit
- Jede Coachingeinheit hat zumindest ein konkretes Ziel
- Absage von Terminen mindestens 24 h vorher
- ????

Walter nickt und sagt: „Das gefällt mir. Dieses ‚So-als-ob'."

Katharina Berghof erläutert jede Regel, sieht Walter an und erklärt: „Herr Punkt. Das ist mein Vorschlag. Das würde ich mir an Vereinbarungen wünschen. Ist das für Sie o.k.?"

„Ja, das ist o.k. für mich. Nur würde ich mein Handy gerne auf lautlos stellen. Falls etwas Wichtiges aus dem Programm anliegt."

„Wäre es auch möglich, dass Sie Ihr Handy Ihrem Assistenten geben oder die Anrufe auf ihn umleiten, damit Sie nicht immer auf Ihr Display schauen müssen? Wenn es wirklich wichtig ist ... also der Programm-Auftraggeber Sie unbedingt sprechen will und nicht eine Minute warten kann, dann wird Herr Krone uns informieren. Was meinen Sie dazu?"

„Sie haben recht. Ich muss nicht immer und andauernd erreichbar sein. Einverstanden. Ich schalte mein Handy jetzt aus."

Katharina fragt Walter Punkt, ob ihm für konstruktives, zielorientiertes Coaching noch etwas Wesentliches abgeht. Er setzt sich aufrecht hin und holt tief Luft. „Wenn wir da wirklich weitermachen – mal angenommen –, dann möchte ich auch vorab wissen, was wir bearbeiten bzw.

ob ich auch so etwas wie kleine Hausaufgaben zur Vorbereitung bekomme. Aber bitte nichts Aufwendiges. Wenn ich mich vorbereite, kann ich, glaube ich, am besten lernen."

Lächelnd nickt sie: „Das ist ein prima Vorschlag." Sie ergänzt Walter Punkts Idee auf der Liste. „Wollen wir die verbleibende Zeit dafür nutzen, um zu klären, was eine PM-Zertifizierung bringen kann und welche Varianten es gibt?"

Die folgende Stunde verläuft wie im Flug, und als sich Katharina Berghof verabschiedet, bleiben drei weitere Flips zurück. Und die Vereinbarung, dass Walter Punkt sich bis Anfang nächster Woche, konkret Montag früh, überlegen wird, ob er das Projektcoaching fortsetzen möchte oder eben nicht. Projektcoachingauftrag hat Katharina Berghof das genannt. Walter Punkt wirft noch einen Blick auf das Blatt mit dem Coachingauftrag, blättert danach weiter und überfliegt noch schnell die anderen Flips.

Individueller Nutzen

- Neutrale Bestätigung der PM-Qualifikation
- Führen eines international anerkannten Titels
- Steigerung des persönlichen Marktwerts
- Karriere im Projektmanagement

Nutzen PM-Zertifizierung für das Unternehmen

- Reduziert Reibungsverluste durch gemeinsames PM-Verständnis
- Einheitlicher und vergleichbarer Qualitäts- und Qualifikationsstandard für Projektbeteiligte
- Wettbewerbsvorteil durch den Nachweis von PM-Kompetenz
- Beitrag zur betrieblichen Personalentwicklung (Karriere im PM)
- Image Gewinn

B WOZU BRAUCHE ICH DAS?

Walter Punkt sieht auf die Uhr. Kurz vor 12.00. Er packt seine Unterlagen zusammen und macht sich auf den Weg zu einer Projektübergabe. Im Aufzug denkt er nochmals über seinen ersten Coachingtermin nach. Eigentlich ist sie doch ganz okay, diese Berghof. Für ihr gutes Aussehen kann sie nichts; höchstens dafür, wie sie sich kleidet. Aber daran soll es nicht scheitern. Er sieht im Spiegel ein kleines Lächeln über sein Gesicht huschen. Die hat schon was drauf, das muss man ihr lassen. Und eine Engelsgeduld. Ich an ihrer Stelle hätte schon längst das Handtuch geworfen. Aber nachgeben und unterordnen, so weit sind wir noch lange nicht. Dann hätte sie ja gewonnen! Jetzt muss ich mir überlegen, ob und wie es weitergehen soll …

Katharina Berghof sitzt in ihrem roten Cabrio und ärgert sich über den Mann mit Hut, der im Schneckentempo vor ihr herfährt. Zum Öffnen des Dachs ist es noch zu kühl. Schade, denn das hilft immer gut zum Auslüften. Das war jetzt echt mühsam mit diesem Punkt, denkt sie. Ich bin total erledigt. Der kann sich vielleicht stur stellen. Aber zumindest gibt es einen Teilerfolg. Er überlegt, welchen Nutzen ihm das Coaching bringt. Und wenn er nicht mehr weitermachen will, habe ich auch nichts dagegen. Ich brauche jede Minute für das neue Buch. Am Nachmittag muss ich das Kapitel Umgang mit Widerständen in Projektteams fertigschreiben. Wenn das heute Vormittag nicht die perfekte Einstimmung war … Sie lächelt und überholt die Schnecke vor ihr mit Genuss. Wenn mich der Hans nicht so bekniet hätte, würde ich den Auftrag von mir aus abbrechen. Mal abwarten, wie die Entscheidung von Walter Punkt ausfällt, vielleicht bleiben mir weitere Einheiten mit Mister Sturschädel ja schon bald erspart. Am Abend muss ich unbedingt eine Runde laufen gehen. Das brauche ich. Bin ich froh, dass ich keinen Mann zu Hause habe, der auf das Abendessen wartet, damit er dann in Ruhe sein Bier trinken und Fußball schauen kann!

Sie genießt die Autofahrt, doch unwillkürlich kehren ihre Gedanken wieder zu Walter Punkt zurück. Hans hatte ihn so positiv charakterisiert, erinnert sie sich. Er muss schon von seinen Fähigkeiten überzeugt sein, sonst hätte er ihn sicher nicht für diese Verantwortung als Programmleiter vorgeschlagen. Und auf Hans kann ich mich verlassen. Ein Lächeln huscht über ihr Gesicht. Wahrscheinlich muss ich endlich auf den Punkt kommen. Ich schicke ihm noch eine kurze Zusammenfassung über Coaching, vielleicht kann ich damit eine offenere Atmosphäre schaffen.

Coaching ist zu einer Modeerscheinung geworden. Von Sport über Einrichtung bis zur Ernährung wird alles gecoacht.

Dabei soll Coaching die Balance zwischen Ihren vielfältigen Anforderungen und unterschiedlichen Rollen in Beruf und Privatleben fördern. Neue Räume für eine neue Leichtigkeit, neue Sichtweisen, neue Strategien und Lebensfreude werden dabei in gemeinsamen Sitzungen erarbeitet.

Coaching ist eine lösungsorientierte Form der Beratung von Einzelpersonen oder Gruppen in Veränderungsprozessen und/oder Konfliktsituationen.
Projektcoaching[5] bezeichnet die spezielle Coachingsituation im Kontext mit Projekten und Programmen. Auf Basis eines Projektcoachingauftrags werden im Rahmen von Projektcoachingeinheiten als Teil eines Projektcoachingprozesses maßgeschneiderte Lösungen für die Anliegen und/oder Problemstellungen im Zusammenhang mit Projekten oder Programmen konstruiert.

Die Anliegen des/der Coachee (KundIn, KlientIn) in Bezug auf eine oder mehrere Projekte werden im Rahmen des Projektcoachingauftrags grundsätzlich geklärt. Die jeweils aktuellen Anliegen und Ziele werden in diesem Rahmen zu Beginn jeder Coachingeinheit konkretisiert und dann abgearbeitet.

Der Coach gibt dem Coachingprozess durch Interventionen (Fragen, gemeinsames Erarbeiten von Inhalten, Aufgaben, …) die Impulse. Andere Formen der Unterstützung sind das Diskutieren von möglichen Szenarien und Ausprobieren bestimmter Situationen (Konfliktgespräch mit einem Projektteammitglied – kurz: PTM – oder mit einem/einer ProjektauftraggeberIn – kurz: PAG). Der Projektcoach kann den Coachee auch in der Vorbereitung von Projektstart-Workshops oder Controlling-Meetings unterstützen sowie vor Ort moderieren, um den/die PL zu entlasten.

Voraussetzungen für erfolgreiches Coaching sind:

> Freiwilligkeit, Bereitschaft
> partnerschaftlicher Zugang, Ebenbürtigkeit
> Nutzung der Ressourcen (Erfahrungen, Wissen) des Coachees
> Wertschätzung und Respekt vor dem Menschen und den gesetzten (und unterlassenen) Handlungen
> Offen sein in der Sache (was hilfreich ist, entscheidet der/die Coachee) und konsequent in der Methode (Lösungsorientierung)

ABSCHNITT C

WAHRNEHMEN – KOMMUNIKATION

Das Coaching beginnt

6. Mai 2010 – Mein erster Tagebuch-Tag
Wenn mir vor zwei Wochen jemand gesagt hätte, ich würde ein Tagebuch schreiben – ich weiß nicht: Wahrscheinlich hätte ich es für einen schlechten Scherz gehalten oder ich hätte mich geärgert, weil mir dieser Jemand typisch weibliche Anwandlungen unterstellt.

Tatsächlich sitze ich jetzt vor meinem Firmen-Weihnachtsgeschenk, das ich auf der Weihnachtsfeier zusammen mit einer Flasche Sekt von unserem Personalvorstand Hannes Ruhs bekommen habe. Nun funktioniere ich den Buchkalender in ein Tagebuch um und beginne zu schreiben.

„Setzen Sie sich an einen Lieblingsplatz, schalten Sie ab. Nehmen Sie die Gerüche wahr und hören Sie auf Ihre Atmung. Greifen Sie langsam zum bereitgelegten Papier und zur Feder ... Sie werden sehen, die Worte rieseln nur so aus Ihnen heraus." So oder so ähnlich lautete die Anweisung von Katharina Berghof. Warum konnte sie mich damit zum Schreiben motivieren?
Gibt es in mir eine versteckte Lust zu schreiben?
Ist es der Reiz an der Schreibmethode oder dem Prosa-Lernen, wie es Katharina nannte, bei dem über das Schreiben innere Zustände aktiviert und so die wesentlichsten Lernschritte angestoßen werden?

Warum ist mir ihre Person gerade jetzt so intensiv präsent? Bilder tauchen da auf, ich bin überrascht – die schreibe ich lieber nicht auf. Ich hatte mich auf jeden Fall damals im Leopold Museum nicht geirrt. Frau Berghof ist tatsächlich verwirrend hübsch. Obwohl sie, laut Hans, schon Ende dreißig ist, hat sie etwas Jugendliches, Studentisches an sich. Nicht nur im Aussehen, auch im Wesen, denke ich. Sie scheint offen für alles zu sein, ständig bereit, von anderen zu lernen, auf den anderen einzugehen, und doch ist es ganz klar sie, von der ich am meisten lerne. Ich habe wirklich das Gefühl, dass Hans recht hat, dass es blöd wäre, nicht vom Wissen der Berghof zu profitieren. Das würde ich so natürlich nie jemandem sagen.

Am Abend in meinem Arbeitszimmer in Purkersdorf
Genug herumgeeiert, jetzt mache ich die Tagesnotizen zur vorgeschlagenen Aufgabe: *Führen eines Lerntagebuchs zur Selbstreflexion und zur Bearbeitung der offenen Fragen in den Coachingsitzungen,* das haben wir als Vereinbarung auf das Flip geschrieben.

DAS COACHING BEGINNT

Der Vormittag begann mit einer Irritation, einer falschen Annahme, was allerdings am Ende zu mehr Klarheit führte – aber langsam, schön der Reihe nach:
Als ich zum vereinbarten Termin bei meinem Chef Hans auftauchte, der damals, als er in die Firma kam, auch ein wenig mein Zögling war, begrüßte er mich mit „Walter, mein bockiger Freund, komm herein, wir müssen ein paar Dinge klären."

Was will er klären, hat das etwas mit der letzten Coachingsitzung zu tun?, waren meine ersten Gedanken; und außerdem: Bockig, so hat er mich noch nie genannt.

Hans kennt Katharina von früher, hat sie ihm über unseren letzten Coachingtermin berichtet? Ja, das wird es sein, warum sonst sollte Hans mich so nennen? Um die Wahrheit zu sagen, mich machte das wütend, ich meine, sie war es doch, die Vertraulichkeit als Teil unserer Vereinbarungen vorgeschlagen hat, also sollte sie sich auch daran halten.

Dann landete ich mit beiden Pfoten im Fettnäpfchen: Ich sagte ihm auf den Kopf zu, dass das nicht die feine Art sei, mich zu einem Termin zu laden, um mir Vorwürfe über Dinge zu machen, die laut Vereinbarung vertraulich sind.
„Sehr interessant", das war seine Antwort, zu der er dann noch hinzufügte, ernster dieses Mal: „Ich habe Katharina seit dem Teamworkshop weder gesehen noch gehört, aber du scheinst ein schlechtes Gewissen zu haben."

Klar, jetzt wollte er wissen, was beim letzten Termin los war. Bockig hat er mich angeblich nur genannt, weil ich im Teamworkshop kein einziges Wort mit Katharina gesprochen habe.
Mir blieb nur der Rückzug.
Folgende Worte von Hans habe ich noch im Ohr, sie waren alle nicht besonders angenehm: Nicht zuhören können, interpretieren statt beobachten, nicht kommunizieren können, die Programmleitung nicht wirklich machen wollen, fehlende Soziale Kompetenzen und sicher noch einiges mehr. Ich weiß, er ist mir wohlgesonnen, heute allerdings konnte ich seine Enttäuschung und Verärgerung klar hören und spüren.

Etwas zerknirscht gestand ich Hans meine Aversionen gegen Menschen, die glauben alles besser zu wissen und dies dann noch mit hochgeistigen Theorien belegen. Hans fragte, ob es vielleicht auch an meinen Vorurteilen gegenüber Frauen liegen könne …

Bevor ich noch antworten konnte, bemerkte er, dass ich auf Verteidigung aus war, und machte nur eine beruhigende Handbewegung. Dieses „slow down"-Zeichen half mir. Ja, vielleicht ist da was dran, manchmal können mich Frauen in Rage bringen, dabei konnte ich immer wieder auch sehr positive Erfahrungen mit selbstständigen Frauen sammeln. Ausschließen kann ich meine Abwehrhaltung nicht ganz und soll ich mir wegen dieser Frau jetzt einen Konflikt mit Hans anfangen?

Ich nahm einen Schluck Kaffee, dann noch einen aus dem Wasserglas. Hans ließ mir die Zeit und ich konnte zur „Beichte" ansetzen:

„Ja, Hans, du hast recht, ich habe unbewusst abgeblockt. Dein Verdacht, dass es mir schwer fällt zu akzeptieren, von einer Frau Informationen und Anleitungen für die Programmarbeit entgegenzunehmen, hm, ich denke, das stimmt. Es gibt keinen wirklichen Grund dafür, ganz im Gegenteil, beim ersten Coachingtermin schon hat sie mir durchaus in einigen Punkten Anerkennungen abgerungen. Und klar: Das Konzernprogramm will ich schon leiten."

Hans war offensichtlich erleichtert, sein typischer breiter „Grinser" folgte und er meinte nur: „Ich wusste es doch, dass du auch über dich selbst kritisch nachdenken kannst. Ich freue mich und bin gleichzeitig gespannt, wie sich eure Treffen weiterentwickeln werden."

Wie zwei Youngsters nach einem gelungenen Volleyball-Punkt klatschten wir uns noch ab; und ich versprach ihm, spätestens morgen früh eine Mail an meinen Coach zu schreiben, in dem ich ihr die weitere Zusammenarbeit vorschlage.

Das Mail schreibe ich noch schnell, bevor meine „bessere Hälfte" mich zum Abendessen holt:

Betreff: meine Entscheidung
Von: „Walter Punkt" <walter.punkt@konzernwien.at>
Datum: Do, 06.05.2010, 18:25
An: „Coach Katharina" katharina.berghof@pmcc-consulting.com

Werte Frau Berghof,
nochmals danke für das Erstgespräch. Wie vereinbart habe ich alles nochmals sickern lassen.

Unser erster gemeinsamer Termin hat positiv nachgewirkt.
Ich glaube, Sie können mich in einigen Punkten gut unterstützen, und ich würde gerne mit Ihnen weitere Coachingtermine vereinbaren.

Vor allem möchte ich von Ihren Erfahrungen zur Organisationsentwicklung und von Ihrem Wissen zur PM-Zertifizierung profitieren. Laut Internet-Information muss ich die Anmeldung zur Zertifizierung bereits in 2 Wochen abschicken, um bis zum 30. September abschließen zu können. Es wäre daher hilfreich, wenn wir vor diesem Termin noch eine Coachingsitzung vereinbaren könnten.
Inzwischen sind unsere im Workshop erarbeiteten Vorschläge für Programmnamen im Vorstand diskutiert worden. Unser Programm wird SPIRIT 2012 heißen und soll am 10. 10. 2010 mit einem großen Kick-off gestartet werden. Wir müssen daher das Konzeptionsprojekt mit der Programmplanung bis Ende September abgeschlossen haben.
Bezüglich der von Ihnen angesprochenen Sozialen Kompetenzen sind mir unsere künftigen Arbeitsthemen noch nicht so klar. Da Sie aber letztes Mal „Wahrnehmen und Kommunikation" als möglichen Themenkomplex erwähnt haben, werde ich dazu recherchieren und schicke Ihnen die Ergebnisse noch rechtzeitig vor dem nächsten Termin. Vielleicht können Sie vorher noch „drüberschauen".

Ich erwarte Ihre Terminvorschläge und bin schon gespannt auf unsere gemeinsame Arbeit.
Mit freundlichen Grüßen,
Walter Punkt, Ing.

Nachsatz: Da es bei mir im Büro recht viele Störungen gibt, greife ich Ihre Idee auf, die künftigen Termine bei Ihnen im pmcc-Büro durchzuführen.

7. Mai 2010 – Es macht mir tatsächlich Spaß

Die Mail-Nachricht an Frau Berghof habe ich in der Früh abgeschickt – bin gespannt, wie schnell sie antwortet. Ich suche ein wenig im Internet zu den Themen, die ich aufbereiten soll. Da gibts ja jede Menge: Metaprogramme, das 4-Ohren-Modell, die 5 Axiome der Kommunikation, Paul Watzlawick ist mir auch untergekommen, Einweg-/Zweiweg-Kommunikation, Kontrollierter Dialog, Sender-Empfänger-Modelle, ich habe jedenfalls genug Material fürs Wochenende. Da ohnehin schlechtes Wetter vorhergesagt ist, sollte ich meine Hausübung übers Wochenende schaffen.

10. Mai 2010 – Langsam gehen Lichter auf

Neun Seiten sind es geworden, da wird sie überrascht sein, die Frau Doktor. Beim Lesen und Zusammenstellen hatte ich das eine oder andere „Aha-Erlebnis". Wie oft hatten wir etwas im Projektteam besprochen und als ich später nachfragte, hatten alle etwas anderes verstanden. Wir praktizierten keinen Kontrollierten Dialog, oder jeder hörte eben mit seinen Ohren genau das, was zu seinem Typ passt. Ich kann mir – langsam, aber sicher – vorstellen, wie ich diese Themen in meinen Coachingsitzungen praxisnah aufarbeiten kann, ganz zu schweigen von dem Warum, denn diese ewigen Missverständnisse haben mich schon immer geärgert – ja, ich freue mich auf den nächsten Termin am 18. Mai. Das überrascht mich jetzt selbst.

Gut und aus für heute. Die Nachricht an Frau Berghof mit dem Anhang schicke ich auch an Hans; er soll sehen, dass ich unser letztes Gespräch ernst nehme, und schließlich will ich ihn auch nicht enttäuschen.

1. Wahrnehmen

Kommunikation ist der Austausch von Informationen durch Zeichen. Die Vermittlung von Zeichen aller Art geschieht durch Senden (Ausdruck) und Empfang (Wahrnehmung) zwischen KommunikatorIn und AdressatIn.

Kommunikation ist neben den Stoffwechselfunktionen ein Kennzeichen des Lebens. Kommunikation ist darum ein Grundbedürfnis des Menschen. Die biologische und soziale Existenz des Menschen wäre ohne Kommunikation nicht möglich (Kaspar-Hauser-Syndrom)[6].

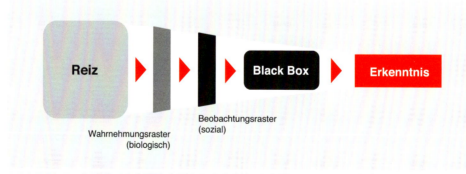

Abb. 1: Wahrnehmung

WAHRNEHMEN – KOMMUNIKATION

Der biologische Wahrnehmungsraster: Bereits im Kleinkind wachsen Gerhirnzellen je nach Umwelteinflüssen (Hautkontakt, Gerüche, Klänge, Stimmen etc.) unterschiedlich. Die biologischen Vorgänge im Gehirn erzeugen Wahrnehmungen und damit ein subjektives Bild der Welt. Bestimmte Gerüche können z.B. ein Glücksgefühl auslösen.

Im Unterschied zur sinnesspezifischen Wahrnehmung steht die Interpretation oder Bewertung einer Beobachtung. Die Wahrnehmung „Seine Augenbrauen sind hochgezogen" kann mit „Er ist arrogant" interpretiert und bewertet werden, aber auch mit „Er ist aufgeregt oder besonders interessiert". Die Beobachtung „Das Projekthandbuch enthält keinen Projektstrukturplan" kann zur Bewertung führen „Das Projekt ist nicht sauber geplant". Eine Vermischung von Wahrnehmung und Bewertung wird meist als Kritik empfunden und kann schnell zu Konflikten führen.

Die sozialen Beobachtungs- und Wahrnehmungsraster werden zusätzlich durch die Stellung im sozialen Umfeld (Familie, Gender, Status im Unternehmen oder im Projekt, Kultur des Landes) bestimmt.

Jeder Mensch hat sich im Laufe seiner primären Sozialisation (Eltern, Schule) und der sekundären Sozialisation (Berufsleben) bestimmte Denkmuster, Beobachtungsraster oder Metaprogramme erworben, die seine/ihre Wahrnehmung und Wirklichkeitssicht beeinflussen.

Beispiele (Dimensionen) von Beobachtungsrastern (Metaprogrammen):

a) nach der **Aktivität** im Projekt:
   wird bei Änderungen im Arbeitspaket (kurz: AP) selbst aktiv oder
   wartet, bis der/die PL Anstöße gibt
b) nach der Gesamt-**Orientierung** im Projekt:
   hat fast immer das strategische Ziel, die Vision vor Augen oder
   ist nur mit seiner/ihrer konkreten Detailaufgabe beschäftigt
c) nach dem **Arbeitsstil** in der Projektarbeit:
   entwickelt neue Methoden oder Verfahren bei Problemen oder
   führt Arbeitsabläufe nach Regeln durch, braucht Anweisungen
d) nach **zeitlichen Dimensionen** im Projekt:
   ist tendenziell an der Vergangenheit orientiert oder
   richtet seine/ihre Tätigkeiten an der eigenen und Projektzukunft aus

Diese Beobachtungsraster sind weder gut noch schlecht und sind auch veränderbar. In Projekten ist es daher wichtig zu wissen, dass die Beteiligten unterschiedliche Muster haben können. Es kann sogar sehr sinnvoll sein, ein Projektteam nach unterschiedlichen Orientierungen zusammenzusetzen, um die Vielfalt des Teams zu erhöhen und etwaige blinde Flecken zu vermeiden (Diversität im Projektmanagement).

Wahrnehmungsprozesse in Projekten unterliegen Stereotypenbildungen: PlanerInnen sind grundsätzlich kompliziert, IT-TechnikerInnen begrüßen nicht mit der Hand, ProjektmanagerInnen sind bürokratisch, BetriebsrätInnen schützen nur die SozialschmarotzerInnen usw. Stereotypen können aber auch positive Erwartungen auslösen: Wer aus dem Management kommt, wird das auf alle Fälle lösen können, ProjektleiterInnen sind sozial kompetent usw. Es ist daher nicht das Ziel, die Stereotypen zu verdrängen, sondern sie zu kennen, um mit dem Vorurteil angemessen umgehen zu können.

Wahrnehmungseffekte in Projekten

> **Halo[7]-Effekt:** Ein Projektteammitglied wird aufgrund eines einzigen, hervorstechenden Persönlichkeitsmerkmals beurteilt. Aufgrund dieser positiven oder negativen Eigenschaft werden auch alle anderen Eigenschaften positiv oder negativ angenommen. Persönlichkeitsmerkmale eines PTM (Fleiß, Kreativität, Verlässlichkeit, soziale Kompetenz etc.) spielen bei der Zusammenstellung eines Projektteams eine große Rolle. Den Halo-Effekt, den die Person umgebenden Lichtkreis, sollen vor allem PL und PAG erkennen.

> **Der Primacy-Recency-Effekt** sagt aus, dass die Reihenfolge der Eindrücke einen Einfluss auf das Gesamtbild eines Teammitglieds hat. Die erste Vorstellung eines PTM im Team (interessant, sympathisch, visualisierend und sprachlich hervorragend dargestellt) beeindruckt den/die PL nachhaltig (Primacy-Effekt).
Andererseits kann auch ein letzter Eindruck (ein PTM stellt bereits nach dem offiziellen Ende eines Controllingmeetings die Führungsrolle des/der PL infrage) sehr nachhaltig sein (Recency-Effekt). In diesem Fall bleibt dieses PTM für den/die PL tendenziell ein Querulant.

> **Projektionen:** Wird z.B. dem/der PL vom AuftraggeberInnengremium mit einer Reihe von Argumenten Versagen als PL vorgeworfen, kann dies Schuldgefühle auslösen. Der/die PL kann in solch einer Situation sehr leicht (häufig unbewusst) Gefühle auf andere projizieren. Der „Fehlschlag" wird anderen Stakeholdern oder dem Team zugeschrieben. Eine Wahrnehmungsverzerrung, die nur schwer zu erkennen ist und daher oft „Hilfe" von außen benötigt (Coaching, Mediation, Beratung).

Die Innere Landkarte

Unterschiedliche Wahrnehmungen führen zu Inneren Landkarten – eine Metapher für die Tatsache, dass jeder Mensch seine Erfahrung mit der Realität auf individuelle Weise verarbeitet.

Von Geburt an machen wir eigene, einzigartige Erfahrungen, wie wir jede/r für sich unsere ersten Stunden, unsere Kindheit, die Pubertät, unser Elternhaus, die Schule, die ersten Projekte, … erlebt haben. Im Laufe der Jahre bekommen wir eine Vorstellung davon, wie die Welt funktioniert, und nehmen so die Umwelt unterschiedlich wahr.

Die Innere Landkarte wird von unserem Unbewussten in jedem Moment herangezogen, um die aktuelle Situation interpretieren, bewerten und einordnen zu können.

Wir haben in unseren Köpfen und bei unseren Gefühlen keine objektive Realität, sondern ein konstruiertes Bild der Realität, eine Landkarte, die Orientierung für den Alltag gibt. Diese unterscheidet sich von Mensch zu Mensch.

2. Kommunikation in Projekten

Kommunikation ist der biologische Dünger für die Projektteams und das Schmiermittel für die Projekte. Beispiel eines Kommunikationsproblems: Kolumbus und sein Reiseführer:

Kolumbus war bekanntlich Zeit seines Lebens der Ansicht, tatsächlich nach „Indien" (was im Sprachgebrauch seiner Zeit auch China und Japan umfasste) gelangt zu sein. Was weniger bekannt ist, ist das Ausmaß, in dem diese Vorstellung seine Wirklichkeitswahrnehmung geprägt hat. In diesem Zusammenhang drängt sich das moderne – und vielleicht etwas banale – Bild des Last-Minute-Buchers einer Fernreise auf, der in der Eile das Reiseziel falsch verstanden hat und mit einem falschen Reiseführer (in Kolumbus Fall war es der Reisebericht des Marco Polo über seine Reise nach China) durch ein ganz anderes Land als das darin beschriebene läuft. Ein solcher Tourist wird ganz zwangsläufig die längste Zeit hindurch das tatsächlich Wahrgenommene auf die in seinem Führer beschriebene Wirklichkeit hinbiegen, und das hat Kolumbus, wie man in seinem Bordbuch deutlich sehen kann, tatsächlich getan – was ihm angesichts der Tatsache, dass seine Dolmetscher nur des Arabischen und des Hebräischen mächtig waren und trotzdem den Eindruck erwecken wollten, sie könnten mit den Indios kommunizieren, nicht schwer gefallen sein dürfte. Er sucht nach dem bei Marco Polo erwähnten Land mit den goldenen Dächern (Catay, das heutige Japan) und fragt nach den Untertanen des großen Khan, und alle Antworten deutet er letztlich so, dass sie seine Annahme bestätigen.

Wir haben es daher bei dem Bordbuch des Kolumbus weniger mit einem Tatsachenbericht als vielmehr mit einem ganz frühen Fall einer konstruierten Wirklichkeit zu tun. Das Amerika des Kolumbus (das nicht Amerika sein darf, sondern Indien sein muss) wird somit zum Produkt der Projektion mittelalterlicher Vorstellungen vom exotischen Orient und vom irdischen Paradies auf eine reale Landschaft mit Menschen, die von diesen Bildern und ihren Quellen keine Ahnung haben – was zu traumatischen Erfahrungen führt: das Abschlachten der Indios durch die weniger idealisierenden Siedler.

Ein letztes Beispiel dieser Wirklichkeitskonstruktionen spielt sich ab, als Kolumbus auf seiner zweiten Fahrt mit drei Schiffen nach Westen über Jamaica zur Südküste Kubas fährt, um endlich das Festland (das bedeutet für ihn das Goldreich des Großen Khan) zu finden. Man segelt nach Westen in der Hoffnung, an kein Ende einer Insel zu gelangen – dann wäre das Festland endlich erreicht. Fünfzig Meilen vor der Westspitze der Insel gibt der Admiral der rebellierenden Mannschaft nach und kehrt um, weil die Schiffe leck geworden und die Vorräte aufgebraucht sind. Vorher jedoch lässt er alle schriftlich einen Eid ablegen, dass man nun das Festland erreicht habe; wer je das Gegenteil behaupten würde, verwirke eine Geldstrafe oder es würde ihm die Zunge abgeschnitten. Auch hier schafft also ein Text – die eidesstattliche Erklärung – Wirklichkeit; auch hier liegt ein Missverständnis vor. Es sollte nicht das Letzte bleiben.

Basis aller Kommunikationsmodelle ist das **„Klassische Sender-Empfänger-Modell"** von Claude Shannon und Warren Weaver[8]. Dabei verfügen sowohl SenderIn als auch EmpfängerIn über einen Zeichenvorrat. Beide treten via Informationskanal in Kontakt, mit welchem eine codierte Nachricht übermittelt wird. Information wird in Zeichen codiert und dann an den/die EmpfängerIn übermittelt. SenderIn und EmpfängerIn müssen hierbei dieselbe Codierung zum Verständnis der Nachricht haben.

Einweg-Kommunikation

Die Einweg-Kommunikation wird dadurch erschwert, dass Rückfragen (also eine Paraphrasierung zur Überprüfung der gelungenen Kommunikation) nicht möglich sind. Der Text bzw. das Gesprochene lässt nur Spekulationen darüber zu, was gemeint sein könnte, er spielt mit der Neugier des/der Empfängers/Empfängerin, ohne sie jedoch zu befriedigen, was in einem literarischen Text reizvoll sein kann, in einer projektbezogenen Kommunikation jedoch problematisch ist. Der/die PL informiert das Projektteam per E-Mail und erwartet nicht einmal eine Antwort, er/sie „redet" mit seinem Team wie ein/e RadiosprecherIn.

WAHRNEHMEN – KOMMUNIKATION

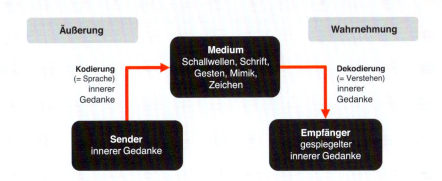

Abb. 2: Einweg-Kommunikation

Beispiel: Der/die PL legt dem Team den Projektstrukturplan (kurz: PSP) vor und geht zu anderen Tagesordnungspunkten über.

Der/die SenderIn geht hier davon aus, dass der/die EmpfängerIn dasselbe versteht, also dieselbe Innere Landkarte, dieselben Raster und dasselbe Decodierungsverfahren anwendet – eine sehr unwahrscheinliche Annahme.

Zweiweg-Kommunikation

Zwischen der Kodierung einer Nachricht durch eine/n SprecherIn (das ist das Sprechen) und ihrer Dekodierung durch eine/n HörerIn liegt eine Distanz, ausgelöst durch die verschiedenen Biografien der Beteiligten, durch deren Erfahrungshintergrund bezüglich der Sprache und der nonverbalen Realität der Situation. Bereits eine Paraphrasierung einer Botschaft durch eine/n HörerIn, der/die sie dekodiert und mit eigenen Worten umschrieben wiedergibt, um zu zeigen, dass er/sie sie verstanden hat, stellt eine geringfügige Veränderung der Bedeutung dar, denn es gibt in der Sprache keine echten Synonyme (selbst wenn derselbe/dieselbe SprecherIn den Inhalt in einen neuen Wortlaut fasst, um ihn seinem/ihrem Gegenüber genauer zu erklären). Jede Dekodierung ist also eine Neukodierung (eine Wiederholung desselben Wortlauts durch den/die HörerIn wird als Unverständnis oder Verhöhnung interpretiert). Sprachliche Kommunikation ist wie ein Tennisspiel mit einem Ball aus Knetmasse, der durch jeden Schlag verformt wird und dadurch immer wieder in veränderter Form über das Netz zurückkommt. Mit diesen Problemen kann man in der Praxis jedoch fertigwerden …

WAHRNEHMEN – KOMMUNIKATION

Der/die PL informiert nicht nur einseitig das Projektteam, sondern lädt das Team zu Rückfragen ein.

Beispiel: Der/die PL stellt einen Erstentwurf des PSP vor, die Teammitglieder diskutieren den Entwurf und schlagen Änderungen/Ergänzungen vor.

Es entsteht ein wechselseitiger Kommunikationsprozess, bei dem SenderIn und EmpfängerIn ihre Rollen wechseln:

Das Nachfragen-Dürfen und -Können erhöht die Wahrscheinlichkeit, die Informationen eher so zu verstehen, wie es der/die SenderIn gemeint hat.

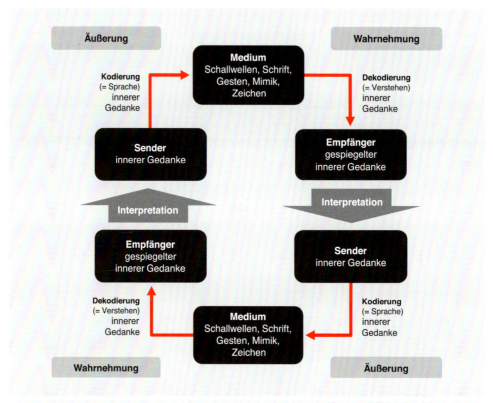

Abb. 3: Zweiweg-Kommunikation

Kontrollierter Dialog

Um in einem Dialog im Projekt das gleiche Verständnis der GesprächspartnerInnen sicherzustellen, ist aktives Zuhören notwendig.

Eine Methode dafür, die auch in der Praxis der Projektkommunikation eingesetzt werden kann, ist der Kontrollierte Dialog, eine Kommunikationsform, bei der es vorrangig um die Wahrnehmung eigener Wahrnehmungslücken geht. Dabei wird dem/der GesprächspartnerIn zuerst dessen/deren letzter Beitrag zum Gespräch als Kontrolle wiederholt, um sicherzustellen, dass dies auch richtig verstanden wurde. Erst danach wird das Gespräch, der Dialog mit neuen Mitteilungen fortgesetzt. Der/die PL könnte während eines Dialogs zwischen zwei PTM BeobachterIn sein, um bei Bedarf einen Kontrollierten Dialog anzuregen.

Beispielbeobachtung des/der PL: Zwei Teammitglieder reden seit einigen Minuten in einer Lösungsdiskussion aneinander vorbei. Der/die PL unterbricht und ersucht jedes PTM, zuerst das Argument des Gegenübers zu wiederholen, um dann die eigene Position zu formulieren. Durch diese Vorgangsweise wird die Diskussion entschleunigt und das gegenseitige Verständnis erhöht.

Um die Methode in der Praxis einsetzen zu können, muss sie entsprechend erklärt werden. Sie erfordert von allen eine hohe Konzentration auf den Inhalt der Mitteilungen des Gegenübers. Es wird so auch verhindert, dass sich ein/e (eventuell schon negativ voreingestellte/r) GesprächspartnerIn bereits während der Argumente des/der Anderen die eigenen Gegenargumente überlegt und gar nicht zuhört.

Moderation

Im beruflichen Umfeld wird unter Moderation oft jede Form der Leitung oder Führung von Gruppen verstanden. Diese breite Definition meinen wir hier nicht.

In der ursprünglichen Wortbedeutung bezeichnet Moderation eigentlich „Mäßigung" oder „Maß halten" und ist schon seit dem Altertum bekannt. Im Alltag ist der Begriff von der Rolle des „Fernseh-Moderators" geprägt, zu dessen Aufgaben es gehört, bei Rundfunk- oder Fernsehsendungen die Gespräche zwischen verschiedenen TeilnehmerInnen entsprechend bestimmter Vorstellungen zu leiten und zu lenken.

Im Projektmanagement kann und soll der/die PL zwischen beiden Rollen (Leitung oder Moderation) unterscheiden und dies auch dem Team mitteilen.

Die Rolle des/der Moderators/Moderatorin ist gerade in Teamdiskussionen sehr wichtig, weil sich das Team dabei entwickeln kann, selbst zu Ergebnissen kommt, die unter Umständen durch eine leitend geführte Diskussion gar nicht zustande gekommen wären.

Damit sich das Team entwickeln kann, zieht sich der/die ModeratorIn auf die Einhaltung der Struktur und der Regeln (Redezeiten, alle kommen zu Wort, Zeitplan, Ziele, Spielregeln, …) sowie auf die Dokumentation (z.B. Ergebnisse am Flipchart festhalten) zurück. Durch das Arbeiten mit den richtigen Fragen hilft er/sie dem Team, zu guten Ergebnissen zu kommen.
Die Moderation kann selbstverständlich im Team wechseln, es ist sogar sehr teamfördernd, wenn mehrere Teammitglieder Moderationen übernehmen. Damit übernimmt jemand anderer als der/die PL die Dramaturgie und den Ablauf eines Meetings, ist für das Team „Leittier" auf Zeit.

Mediation

In der Mediation (Vermittlung) versucht der/die PL als allparteiliche Person mit Fragen und Rückmeldungen zu Beobachtungen eine konstruktive Beilegung oder die Vermeidung eines Konflikts zu erreichen. Die Konfliktparteien – Freiwilligkeit ist eine Voraussetzung – wollen mit der Unterstützung des/der PL zu einer gemeinsamen Vereinbarung gelangen, die ihren Bedürfnissen und Interessen entspricht. Der/die PL als MediatorIn trifft dabei keine eigenen Entscheidungen bezüglich des Konflikts, sondern ist lediglich für das Verfahren verantwortlich (siehe auch Kapitel 8 Konflikt).

Kommunikation als Drehscheibe in Projekten

ProjektmanagerInnen verbringen einen Großteil ihrer Arbeit mit mündlicher Kommunikation. Die meisten Teammitglieder wünschen sich dennoch oft mehr Informationen von ihren PL. Diese PL agieren als temporäre Führungskräfte. Kommunikation und Informationen stellen im Projekt ganz zentrale Formen zwischenmenschlichen Handelns dar. Grundlagen für Kommunikation sind Wahrnehmungen und Interpretationen von Individuen.

Arten der Kommunikation
Kommunikation kann in

> verbale (Schrift und Sprache) und
> nonverbale

aufgeschlüsselt werden.

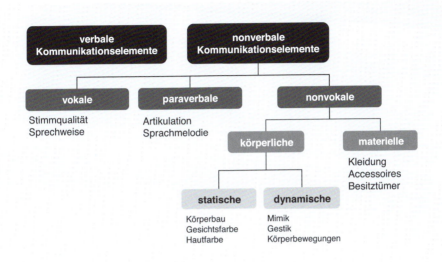

Abb. 4: Verbale / Nonverbale Kommunikation

Die nonverbale Kommunikation unterteilt sich nochmals in

> vokale, paraverbale und nonvokale,
> letztere nochmals in materielle und körperliche

Aspekte.

In all dieser Vielfalt drückt sich Kommunikation aus. Wesentlich dabei ist, dass der verbale Anteil in der Kommunikation bei Weitem weniger ausmacht als der nonverbale. Menschen bilden sich Meinung und Urteil vor allem über Stimme und Sprechweise sowie Körperhaltung und Gestik des/der Sprechers/Sprecherin. Das bedeutet für PL, sich auch in Teamsitzungen oder PAG-Sitzungen Gedanken über die Art des Auftretens und die Präsentation von Projektinformationen (z.B. Fortschrittsberichten) zu machen. Gute sachliche Argumente für sich sprechen zu lassen, ist einfach zu wenig. Präsentations- und Moderationskompetenz sowie eine gezielte Sprechkompetenz stellen ebenfalls ergänzende Elemente von Sozialer Kompetenz dar.

Kommunikation ist sehr oft durch Missverständnisse, Fehlinterpretationen und Anders- oder Nichtverstehen gekennzeichnet. Die folgenden Modelle versuchen die Komplexität von Kommunikation sichtbar zu machen und geben auch Orientierung für „effektive Kommunikation".

Metakommunikation

Metakommunikation ist das „Reden über das Reden" und wird sowohl als rhetorisches Mittel in Diskussionen im Projektteam verwendet, als auch um zu besprechen, wie der Kommunikationsprozess im Projekt verläuft. In einer Art Adlerperspektive wird nicht das „Was", sondern das „Wie" kommuniziert, wird beobachtet und reflektiert. Das ist auch eine wichtige und geeignete Form, um im Sozialen Controlling über die Kommunikationskultur im Projekt zu reden.

3. Axiome der Kommunikation

Paul Watzlawick[9] hat fünf Axiome bzw. Thesen bezüglich Kommunikation und Kommunikationserfolg formuliert. Im Projektmanagement kommen alle fünf vor und sind eine wichtige Basis, um Soziale Kompetenzen entwickeln und praktizieren zu können. Anhand von einem Praxisbeispiel werden die einzelnen Punkte erläutert.

Erstes Axiom[10]: *„Man kann nicht nicht kommunizieren."*
Alles, was man tut oder nicht tut, kann als Kommunikation ausgelegt werden. Übersieht man beispielsweise eine/n MitarbeiterIn oder PTM am Gang, so kann das „Nicht-Wahrnehmen" als bewusstes Nicht-Grüßen, Ignoranz oder gar Arroganz ausgelegt werden. Die Botschaft einer Kommunikation bestimmt der/die EmpfängerIn und nicht der/die SenderIn.
Beispiel: Ein Teammitglied meldet sich während eines Controlling-Meetings nicht zu Wort. Der/die PL unterstellt ihm/ihr „heimlich", dass er/sie Probleme in seinem/ihrem Arbeitspaket hat und daher lieber ruhig ist. Beim/bei der PL ist eine Botschaft entstanden, die das Teammitglied weder ausgesprochen hat, noch ist sie aus seiner/ihrer Sicht richtig: Er/sie fühlt sich krank und ist nur gekommen, um nichts zu versäumen, hat das aber nicht gesagt.

Zweites Axiom: *„Jede Kommunikation besteht aus einem Inhalts- und einem Beziehungsaspekt, derart, dass letzterer den ersteren bestimmt."*
Die Beziehung zwischen zwei Menschen (freundschaftlich, verfeindet) spiegelt sich auf der Sachebene der Kommunikation wider. „Da haben Sie sich aber wieder einmal sauber verschätzt mit Ihren Prognosen", lässt auf eine eher spannungsgeladene Beziehung schließen. Auf Basis einer stabilen Beziehungsebene kann daher mehr an Sachinhalten transportiert und Probleme können effektiver bearbeitet werden.
Beispiel: Wenn die beiden von oben Erwähnten eine gute und stabile Beziehung hätten, würde der/die PL nicht heimlich Schlüsse ziehen, sondern würde das PTM zum Beispiel fragen: „Du bist heute so ruhig, bedrückt dich irgendetwas oder gibt es etwas, das dich stört?" So können falsche Annahmen verhindert oder rasch aufgelöst werden.

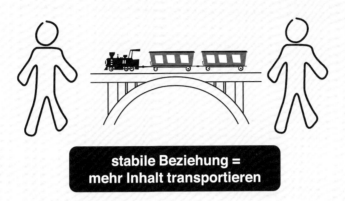

Abb. 5: Kommunikationsebenen

Drittes Axiom: *„Die Natur einer Beziehung ist durch die Interpunktion der Kommunikationsabläufe seitens der Partner bedingt."*
Dieses Axiom erklärt die Frage nach dem „Wer-hat-angefangen?" und den unterschiedlichen Ursache-Wirkungs-Beziehungen. Was ist Ursache und was ist die Auswirkung?
Beispiel: Der/die PL nörgelt im Meeting und beschwert sich über zu geringes Engagement des Teammitglieds. Daraufhin zieht sich das PTM zurück. Folglich nörgelt der/die PL noch mehr. Reaktion darauf ist ein weiteres Zurückziehen usw. Hätte das PTM mit dem Zurückziehen begonnen und der/die PL mit Nörgeln reagiert, könnte derselbe Kreislauf entstehen, die Ursache ist allerdings eine andere.

Viertes Axiom: *„Menschliche Kommunikation bedient sich digitaler und analoger Modalitäten."*
Digital sind ein klares „Ja" oder „Nein", ein „Entweder" bzw. „Oder". Analoge Kommunikation ist unschärfer: „ein wenig", „vielleicht", „eher doch".
Beispiel: Die Aussage des PTM, „ich fühle mich so angeschlagen, dass ich heute nicht mitdiskutieren werde", ist klar und digital. Die Aussage, „ich weiß nicht, ich bin nicht so gut drauf heute und möglicherweise werde ich eher weniger reden, vielleicht gehe ich auch früher weg, aber irgendwie wird es schon gehen", ist eine typisch analoge Aussage, die ganz leicht zu Verunsicherungen bei den anderen Teammitgliedern führen kann.

Fünftes Axiom: *„Zwischenmenschliche Kommunikationsabläufe sind symmetrisch oder komplementär, je nachdem, ob die Beziehung zwischen den Partnern auf Gleichheit oder Unterschiedlichkeit beruht."*

Gleichheit ist unter PartnerInnen und KollegInnen gegeben, die sich als ebenbürtig ansehen. Unterschiedlichkeit kann sich durch die Hierarchie zwischen ChefIn und Untergebenen ausdrücken. Der/die PL ist ein Projektteammitglied, aber ein besonderes, denn der/die PL repräsentiert das Projekt nach außen und führt das Team. Die Frage ist, wie sich diese Gleichheit/Ungleichheit in der Kommunikation ausdrückt.

Beispiel: Nach der Aussage des PTM, „ich fühle mich so angeschlagen, dass ich heute nicht mitdiskutieren werde", nimmt der/die PL die Kommunikation als in dieser Situation gleichgestelltes Teammitglied auf und antwortet: „Fein, dass du trotzdem gekommen bist, aus meiner Sicht können wir heute gut ohne deine Inputs auskommen, wie ist das für euch?"

4. Das Vier-Ohren-Kommunikationsmodell

Nach dem Kommunikationsmodell nach Schulz von Thun[11] hat eine Nachricht vier Aspekte:

> **Sachebene:** Informationsgehalt
> **Selbstoffenbarung:** Aussage, Urteil über eigene Werthaltung und Motive
> **Beziehungsseite:** Verhältnis zwischen SenderIn und EmpfängerIn
> **Appellebene:** Aufforderung an Adressat/in, etwas zu tun

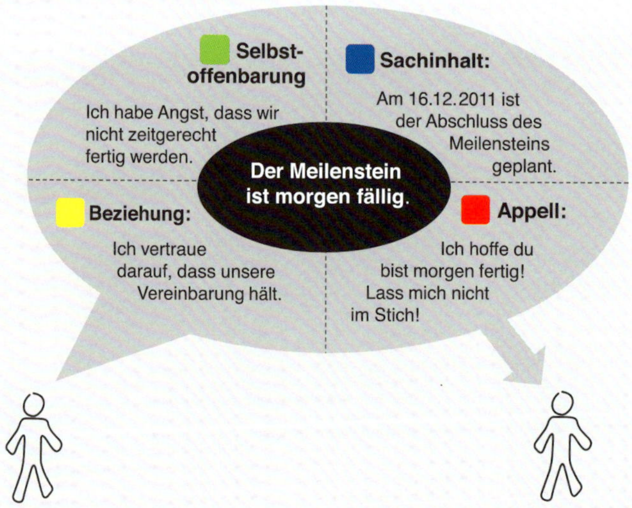

Abb. 6: 4-Ohren-Modell Praxisbeispiel

Diese vier Aspekte finden sich beim/bei der EmpfängerIn (vier Ohren):

> **Sachebene:** Wie oder was verstehe ich?
> **Selbstoffenbarung:** Was ist das für eine/r? Was ist mit ihm/ihr los?
> **Beziehungsseite:** Wie redet der/die von mir? Wie steht er/sie zu mir?
> **Appellebene:** Was soll ich tun, denken, fühlen aufgrund seiner/ihrer Mitteilung?

Diese vier Aspekte finden sich auch beim/bei der SenderIn einer Nachricht oder Botschaft (4 Zungen):

> **Sachebene:** Worüber informiere ich?
> **Selbstoffenbarung:** Was gebe ich von mir selbst kund?
> **Beziehungsseite:** Was halte ich von dir und wie stehen wir zueinander?
> **Appellebene:** Wozu möchte ich dich veranlassen?

Die Aspekte der SenderInnen (der „Zunge") sind nicht immer ident mit jenen der EmpfängerInnen (dem „Ohr").

Abb. 7: Die 4 Seiten einer Nachricht

Checkliste für Kommunikation:

> Welche Botschaften enthielt die Nachricht?
> Welches war die Hauptbotschaft?
> Enthielt die Nachricht auch implizite Botschaften?
> War die Nachricht in sich stimmig oder nicht?
> Habe ich die Nachricht „vierohrig" oder nur „einohrig" empfangen?

5. Sprachspiele – Kommunikations-Nachgedanken mit Ludwig Wittgenstein

„Wovon man nicht sprechen kann, darüber muss man schweigen", ist die Schlussthese im philosophischen Werk „Tractatus logico philosophicus" von Ludwig Wittgenstein[12].

Die Sprachspiele anderer Lebensformen können wir gar nicht verstehen, ja nicht einmal als Kommunikationsmittel identifizieren, meint Wittgenstein und führt ein Beispiel an: „Wenn der Löwe sprechen könnte, wir könnten ihn nicht verstehen." Die klassische wissenschaftliche Auffassung, dass es fixe Bedeutungen gibt, hat Wittgenstein neu gedacht: Bedeutungen können sich nur innerhalb der Praxis eines Sprachspiels konstituieren.

Sprachspiele werden von Wittgenstein mit Werkzeugen in einem Werkzeugkasten verglichen. Jedes partikuläre Sprachspiel hat eine spezielle Funktion im Kontext der menschlichen Kommunikation und stellt ein ganz spezifisches Werkzeug im Werkzeugkasten unserer Kommunikation dar. Spricht ein/e PL während eines Controllingmeetings das Wort „PSP" aus, ist dem langjährigen Projektteam in der Regel klar, dass es um den Projektstrukturplan geht und dieser sich aus Phasen und Arbeitspaketen zusammensetzt. Für Außenstehende könnte PSP auch Play Station Portable bedeuten.

Das gemeinsame Verstehen in der Kommunikation wird – philosophisch betrachtet – untrennbar mit dem von der Kommunikation intendierten Handeln gesehen. Das Sprechen selbst soll dabei nicht mit der Wirkung des Sprechens verwechselt werden, allerdings bedingen sie einander. Ludwig Wittgenstein spricht von „der Sprache und den Tätigkeiten, mit denen sie verwoben sind".

Das Coaching beginnt (Fortsetzung)

19. Mai 2010 - Mail an meinen Chef (eingeklebt ins Tagebuch)

Lieber Hans!

Seit dem gestrigen Termin mit Katharina Berghof weiß ich, was du meintest. Die 2 gemeinsamen Stunden waren sehr aufschlussreich für mich. Mit einfachen Fragen und mit guten Praxisbeispielen hat mir Frau Berghof nähergebracht, was ich vorher theoretisch zusammengestellt hatte. Das war sehr interessant. Wir haben so meinen Artikel zur Kommunikation gemeinsam überarbeitet und am Ende noch 7 Tipps für „meine" künftigen ProjektleiterInnen aufgeschrieben – ich hänge sie dir als Kopie an. Danke, ich brauchte offensichtlich deinen Tritt in den Allerwertesten, wenn du den Ausdruck entschuldigst. Meine Augen werden sehender, meine Ohren hörender :-). Ich bin jetzt offen und neugierig dabei. Schritt um Schritt erkenne ich auch den Nutzen des Coachings für SPIRIT 2012.

Übrigens, wir sollten mal wieder auf ein Bier gehen, was hältst du davon? Liebe Grüße, Walter

7 Tipps für die ProjektleiterInnen

> Etabliere stabile Beziehungsebenen im Team. Diese entstehen mit dem ersten Kontakt und werden im Projekt über Rollenbeschreibungen, Spielregeln, Soziale Events verankert.
> Baue strukturierte Kommunikation von Anfang an innerhalb der Projektorganisation auf. Kläre den Bedarf von unterschiedlichen Kommunikationsbeziehungen (Meetings, E-Mail-Verteiler, …).
> Hinterfrage regelmäßig auf der Meta-Ebene die Zweckmäßigkeit von Kommunikationsstrukturen, um die Effektivität von Kommunikation zu bewahren (Blitzlicht).
> Soziales Controlling ist Teil des Controllings, frage z.B. den Wohlfühlgrad im Team regelmäßig ab.
> Achte im Team auch auf die Kommunikation untereinander, Missverständnisse und Irritationen können mit Fragen geklärt werden.
> Nutze den Kontrollierten Dialog von Zeit zu Zeit, um die Kommunikation im Team zu verbessern.
> Hinterfrage deine Annahmen über andere, rege dies auch im Team an und frage ab und zu die (unterschiedlichen) Annahmen zu einer bestimmten Aussage im Team ab.

"BIEGEN SIE NACH 200m RECHTS AB........."

ABSCHNITT D

FÜHRUNG

ProjektleiterIn: eine Führungskraft?

Walter Punkt lässt den heutigen Planungsworkshop nochmals Revue passieren und muss sich ehrlich eingestehen, dass er erfolgreich verlaufen ist. Genau genommen ist das auf die Diskussion und Vorbereitung, das Coaching mit Frau Berghof zurückzuführen. Soll ich ihr das auch sagen?, überlegt er. Ich möchte nicht, dass sie das als „Anmache" missinterpretiert. Aber sie hat schon ihren Anteil am Erfolg ... Gestern konnte ich sogar Müller von der Notwendigkeit überzeugen, Rollenbeschreibungen zu diskutieren und Kommunikationsstrukturen zu vereinbaren – ein wirklicher Meilenstein in der Programmplanung. Der einzige Schönheitsfehler war die Diskussion, die Schmolz am Ende, als die Teilnehmer schon den Workshop verlassen wollten und alles geklärt war, angezettelt hatte. Natürlich musste es wieder einmal der junge Schmolz sein, der glaubt, nur weil er jetzt ein halbes Jahr Abteilungsleiter ist, dass er das Recht hat, gegen alle sticheln zu dürfen.

Sonderlich irritiert hat dies Walter Punkt nicht, er kannte Schmolz Abwehrhaltung ja auch aus anderen Projekten, aber verärgert hat es ihn. Nach dem überaus positiven Verlauf des Meetings so ein Dämpfer, das hätte er nicht gebraucht. Außerdem erinnert ihn dieser Sager an seinen Sohn, der hatte letztens fast wörtlich dasselbe zu ihm gesagt: „Du bist nicht mein Boss!" Und das nur, weil er gewagt hatte, zu erwähnen, dass er vielleicht etwas mehr auf sein Studium schauen sollte und nicht nur auf die abstrusen Schauspielprojekte. Wenn er schon unbedingt so etwas Brotloses wie Theaterwissenschaft studieren musste, dann sollte er es gefälligst ernst nehmen, die Prüfungen in der Zeit machen und schauen, ob er nicht vielleicht irgendwo ein Praktikum machen könnte, um Berufserfahrung zu sammeln. Aber das hatte er dem Herrn Sohn gar nicht mehr so ausführlich gesagt, zu sehr hat er sich ärgern müssen, dass dieser es als so selbstverständlich nimmt, dass ihm sein Vater das Studium finanziert. Er hat das Thema einfach vertagt, genauso wie nun bei Schmolz auch. Sicherlich keine nachhaltige Lösung.

Walter Punkt entschließt sich, die Sache mit Schmolz nicht auf seine übliche Art zu regeln, sondern den Rat von Katharina Berghof einzuholen. Mal hören, wie sie das sieht. Bin gespannt, wie man das sozial kompetent behandelt, wenn einer rebelliert. Die Meuterei auf der Bounty mit Einfühlungsvermögen niederschlagen? Das mit der Unterscheidung von Sach- und Beziehungsebene hat er verstanden. Und die Bedeutung einer Botschaft entsteht beim Empfänger – das leuchtet ihm auch ein. Aber gefallen lasse ich mir das von einem Neuen sicher nicht.

PROJEKTLEITER: EINE FÜHRUNGSKRAFT?

Kurz entschlossen wählt er ihre Handynummer.
„Hallo Frau Doktor, hier spricht Walter Punkt. Das freut mich, dass ich Sie persönlich erreiche."
„Schönen guten Tag, Herr Punkt. Warten Sie bitte einen Moment."
Herr Krone steht in der offenen Türe und deutet an etwas sagen zu wollen, doch Walter ist auf sein Gespräch konzentriert und winkt ab.

„So, jetzt kann ich reden. Sie haben Glück, dass Sie mich erreichen. Ich bin gerade in einem ProjektauftraggeberInnen-Workshop in der Kaffeepause. Wo brennt es? Was kann ich für Sie tun?"

Walter Punkt ist sich nicht mehr ganz sicher, ob es eine gute Idee war, einfach so anzurufen. Eine E-Mail hätte auch gereicht, vielleicht mit einem Vorschlag für einen Telefontermin. Den Eindruck von einem Notfall wollte er jedenfalls nicht vermitteln. „Nein, es ist nichts Dringendes. Ich wollte Ihnen nur ein kurzes Feedback zum heutigen Workshop geben und eine kleine Sache besprechen. Aber das eilt nicht."

Walter hört leises Vogelgezwitscher durchs Handy. „Keine Sorge, einige Minuten können wir schon reden. Ich habe heute bereits an Sie gedacht und mir überlegt, wie das Meeting wohl gelaufen ist. Sagen Sie mir auf einer Skala von 1 bis 10, wie es war, wenn 1 katastrophal schlecht und 10 sensationell gut war."
Was ist denn das wieder für eine eigenartige Coachingfrage? „Sieben. Genau genommen 7,3", antwortete er.
„Gratuliere. Das ist ganz schön viel. Und was hätte es benötigt für 8 oder gar 9?"
Walter Punkt zögert etwas mit der Antwort. „Wenn der gute Herr Schmolz nicht diese Führungsdiskussion angezettelt hätte, hätte ich die 10 gegeben. Oder zumindest 9,8 periodisch."

„9,8 – alle Achtung. Und diese Führungsdebatte, ich denke, da sollten wir ausführlicher darüber reden. Was halten Sie davon, wenn wir heute um 17.30 telefonieren, oder morgen um 8.00? Was würde Ihnen besser passen?"
Er nimmt den Abendtermin, obwohl er heute eigentlich um 17:00 aus dem Büro gehen wollte.

Herr Krone steht immer noch in der Türe: „Das freut mich sehr, dass es heute so gut gelaufen ist", sagt er und strahlt Walter Punkt an. Dieser ist etwas überrascht, seinen Assistenten in seinem Bürozimmer zu sehen. Gerade noch rechtzeitig kann er sich stoppen, ihn barsch zur Rede zu

social competence

PROJEKTLEITER: EINE FÜHRUNGSKRAFT?

stellen, weil er sein Telefonat mit angehört hat. Die Beziehungsebene beeinflusst die Sachebene und wahrscheinlich auch umgekehrt, denkt er. Ich werde ihm das morgen erklären und mit ihm vereinbaren, wann ich ungestört sein will. Er ist voller Feuereifer, weil er die Rolle als Programmassistent bekommen hat, obwohl er noch so jung ist – kein Wunder, wenn er über das Ziel hinausschießt. Und ich muss mich auch erst daran gewöhnen, einen Assistenten zu haben. „Danke, Herr Krone. Ich denke, wir sollten uns morgen etwas Zeit nehmen und die offenen Punkte abstimmen, unsere Zusammenarbeit ein wenig besprechen. Wir haben da noch einiges vor uns." Er verlässt das Zimmer mit einem zufriedenen Lächeln. Bei ihm ist die Botschaft des gut gelaunten Senders richtig angekommen.

Um 17:30 läutet das Handy. Und obwohl der Name Katharina Berghof am Display erscheint, lässt er es dreimal läuten und meldet sich danach mit Walter Punkt. Nach einer kurzen freundlichen Begrüßung und ein paar Höflichkeitsfloskeln erklärt er den Grund seines vorigen Anrufs näher. „Ich denke gerade über meine Aufgaben als Projektleiter nach. Wer Projektleiter ist, der muss doch auch entscheiden können, oder nicht?" „Oder diejenige", unterbricht ihn Katharina Berghof: „Genau. Wobei, das kommt bei uns eher selten vor. Ich kann mich gar nicht erinnern, wann das letzte Mal bei uns ... Aber egal."

„Also, was wollten Sie genau mit mir besprechen, Herr Punkt?"
„Der gestrige Workshop war dank Ihrer Hilfe bei der Vorbereitung sehr erfolgreich. Das habe ich Ihnen aber schon erzählt. Vor allem das Vier-Ohren-Modell. Ich habe darauf hingewiesen, dass wir Techniker tendenziell nur das sachliche Ohr eingeschaltet haben. Das war für alle ein großes Aha-Erlebnis. Nur nicht für den Schmolz."

„Wie hat es denn der Herr Schmolz aufgenommen?", fragt Katharina nach.
Walter Punkt räuspert sich, bevor er antwortet: „Ich hatte den Eindruck, er kennt das schon. Wollte sich dazu aber nicht äußern. Er ist neu in der Firma und gleich Abteilungsleiter geworden. Mir kommt vor, er muss sich ständig behaupten und macht das vor allem dadurch, dass er andere runtermacht. Vielleicht ist er im Grunde nur unsicher oder schüchtern, lästig ist es aber auf jeden Fall, wenn man sich dauernd vor so einem Typen verteidigen muss.

Und auch diesmal hat er am Ende eine Diskussion über die Rolle der Projektleitung angezettelt. Ist der Projektleiter der Boss für das Projektteam oder bleibt es der Linienvorgesetzte für die jeweiligen Projektteammitglieder? Ich war kurz davor ihn zurechtzuweisen und ihn an die Projekt-

beauftragung zu erinnern, habe mich dann aber zurückgehalten."
„Meiner Meinung nach geht es hier um das Thema laterales Führen und Akzeptanz."
„Führen und Akzeptanz ja, aber was heißt lateral?" Walter Punkts Stimme hat eine leicht unterschwellige Gereiztheit. Fremdworte, ob Latein oder Englisch, kann er überhaupt nicht leiden. Aus dem Munde von Akademikern schon gar nicht.

„Im Unterschied zum Führen in der Linie heißt Führen in den meisten Projekten, ohne formelle Weisungsmacht auszukommen. Das wird auch als seitliches oder laterales Führen bezeichnet. Führung ist ein ganz wichtiges Kapitel im Rahmen der Sozialen Kompetenzen. Wäre Ihnen das recht, wenn ich Ihnen diesbezüglich etwas zum Lesen schicke? Ich meine einen komprimierten Überblick zu den gängigen Führungstheorien und die Besonderheiten für das Projektmanagement?

„Ja, okay. Klingt gut. Bei unserem nächsten Coaching in einer Woche besprechen wir das dann."
„Genau so hätte ich mir das gedacht. In der Fachliteratur finden sich unzählige Definitionen von Führung. Darüber haben wir ja schon bei unserem allerersten Treffen gesprochen."

Autsch, das sitzt. Walter Punkt hat tatsächlich bis jetzt gehofft, dass sie dieses für ihn so peinlich verlaufene Gespräch im Museum schon lange vergessen hatte. Oder dass es ihr gar nie aufgefallen ist. Doch nein, es scheint das Gegenteil der Fall zu sein, sie weiß sogar noch genau, was sie damals gesprochen haben. Und spricht es auch noch unverschämt direkt an, ganz natürlich und ohne dabei zynisch zu wirken.
Betreten schweigt Walter Punkt, so wie er ja auch damals im Museum geschwiegen und genickt hat. Katharina Berghof scheint aber ohnehin nicht auf eine Antwort gewartet zu haben, denn ihre eigentliche Frage geht in eine ganz andere Richtung:
„Eines interessiert mich noch: Was hat Sie denn eigentlich am meisten gestört an der Aussage des Neuen?", will sie wissen. Walter antwortet erleichtert, weil sie selbst vom Museum abgelenkt hat, ohne lange zu überlegen: „Dass er meine Autorität infrage gestellt hat. Und das vor dem gesamten Projektteam."

„Das kann ich nachvollziehen. Haben Sie sich eigentlich schon einmal gefragt, warum Sie jemand überhaupt als Führungskraft in einem Projekt akzeptieren sollte? Bitte Herr Punkt, nicht falsch verstehen, das meine ich nicht persönlich. Was macht es aus, dass ein Projektleiter auch als Führungspersönlichkeit anerkannt wird?"
„Hm, eine seltsame Frage …"

PROJEKTLEITER: EINE FÜHRUNGSKRAFT?

„Was würden Sie mir jetzt spontan antworten?" Katharina Berghof lässt nicht locker.
„Vielleicht meine langjährige Erfahrung in der Branche und das technische Know-how. Und natürlich auch meine Projekterfahrungen."
Katharina entwischt ein leichtes Auflachen. „Das klingt wieder mal so nach ‚Der beste Techniker wird Projektleiter' – haben wir das nicht schon diskutiert? Und wie war das mit den Sozialen Kompetenzen? Wie schätzen Sie sich da ein?"
„Daran arbeiten wir doch. Das ist ja der Grund für das Coaching, oder?"
„Okay. Woran würden Sie denn erkennen, dass Sie in Ihrer Führungsrolle akzeptiert werden?"
Katharina hält das Schweigen auf der anderen Seite aus und lässt Walter Punkt in Ruhe nachdenken. „Wenn keiner aufmuckt", lautet schließlich seine Antwort.
„Ach ja. Wie würden Sie erfolgreiche Führung für sich definieren?"
„Führung ist meines Erachtens dann erfolgreich, wenn alle wissen, wo es langgeht. Wenn alle Orientierung haben."
„Und sich auch wohlfühlen?", hakt Katharina nach.
„Es muss schon etwas weitergehen, ist ja keine Kuschelpartie. Aber wohlfühlen, das scheint mir auch wichtig."
„Wie sehen Sie denn das Zusammenspiel von inhaltlichen Ergebnissen auf der einen Seite und Beziehungen im Team auf der anderen Seite?"
„Wenn die Projektziele erreicht werden, kann das Team stolz sein. So entsteht Zufriedenheit."
Walter Punkt sagt das ganz gelassen und mit voller Überzeugung.
„Und was halten Sie von der Annahme, ein zufriedenes Team schafft es leichter, Projektziele und Ergebnisse umzusetzen?"
„Glückliche Kühe geben mehr Milch, oder? Kann man sich als Projektleiter denn wirklich auf beides konzentrieren: Inhalts- und Beziehungsebene? ... Aber ich glaube, ich kenne Ihre Antwort schon." Walter kann Katharinas Lachen hören.
„Herr Punkt, was halten Sie davon, wenn Sie meinen Überblick zu dem Thema vor dem Hintergrund Ihrer Projektmanagement-Erfahrungen kritisch durcharbeiten und offene Fragen und Widersprüche für unser nächstes Treffen notieren? Die Unterlagen schicke ich Ihnen heute noch per E-Mail."

„Ich werde mir Ihre Zusammenfassung und Tipps für die Praxis ansehen. Die Theorien interessieren mich nicht so sehr, wie Sie ja wissen."
Walter Punkt kann ihr charmantes Lächeln jetzt beinahe sehen. „Lieber Herr Punkt, da gibt es keine Zusammenfassung. Auch keine Tipps für die Praxis. Ich habe zwar eine Liste goldener

Regeln verfasst, aber ich möchte Sie einladen, Ihre eigenen Schlüsse zu ziehen. Und diese dann mit mir zu diskutieren."

Einen Moment lang überlegt er, dann antwortet er mit einer etwas tieferen Stimme. „Ich verstehe, mich wollen Sie arbeiten lassen, und Sie verwenden dann meine Erkenntnisse in Ihrem Buch. Genial, wie Unternehmensberater das machen."

Katharina schnippt mit den Fingern. „Genau so ist es. Sie haben mich durchschaut. Ich werde Sie jedenfalls im Vorwort ausdrücklich erwähnen. Aber nur, wenn Sie sich wirklich ernsthaft mit dem Thema auseinandersetzen. Wir hatten doch Hausaufgaben im Coachingauftrag vereinbart. Bleibt es bei nächstem Dienstag um 17.00?"

Noch bevor Walter Punkt sein Büro kurz nach 18.00 verlässt, kündigt der Piepton eine neue E-Mail an. 2,5 MB hat das Dokument von Katharina Berghof über Führung.

6. ProjektleiterInnen sind Führungskräfte

Führungsanspruch für ProjektleiterInnen

PL sind Führungskräfte und keine VerwalterInnen von Projekten. Die zentrale Funktion der Führung ist es, Menschen Orientierung zu geben und sie auf gemeinsam konstruierte und akzeptierte Ziele zu fokussieren. Verstehen wir Projekte nicht als Routinetätigkeit, sondern als Aufgaben mit besonderen Merkmalen[13], wie neuartig, komplex und riskant, so wird die Herausforderung für das Projektmanagement klar sichtbar. Es geht nicht bloß um die Einbringung und Koordination von Fach-Know-how. Und es reicht auch nicht aus, PM-Methoden zur Planung und Steuerung von Projekten zu administrieren. Fach- und Methodenkompetenz sind unbestritten ganz wesentliche Voraussetzungen für die sachliche Bewältigung der Aufgabenstellung und eine strukturierte Bearbeitung. Darüber hinaus benötigt ein/e PL die Fähigkeit, ein Team durch meist unwegsames Gelände, mit unterschiedlichen Risiken und Gefahren unter Einhaltung der Vereinbarungen im Projektauftrag sicher ans Ziel zu führen. Führen soll hier heißen, die Projektteammitglieder für die Aufgabenstellung zu begeistern, sie zu unterstützen und zu motivieren sowie Entscheidungen zu treffen und den Projektfortschritt regelmäßig zu kontrollieren. Dazu müssen die PM-Prozesse Start, Controlling, Koordination und Abschluss so gestaltet werden, dass die Akzeptanz der Projektbeteiligten gewährleistet und eine effektive, effiziente Umsetzung ermöglicht wird.

FÜHRUNG

Wir verstehen Führung in Projekten als ziel- und ergebnisorientierte soziale Einflussnahme eines/r PL auf die PTM und ProjektmitarbeiterInnen (kurz: PMA) zur Erfüllung gemeinsamer Aufgaben im Rahmen eines vereinbarten Projektauftrags[14].

Somit spielt sich Führung in Projekten zwischen drei Spannungspolen ab: PL (Führungskraft) – PTM (Geführte) – Projektziele (Sachthemen). PL und P-Team werden an der Erreichung der Ziele, die im Projektauftrag formuliert sind, gemessen. Der Projektnutzen oder Erfolg (gemäß Business Case und geplanten ökonomischen Auswirkungen) steht damit zwar in einem indirekten Zusammenhang, wird aber oft auch direkt vom/von der PAG verantwortet.

Der Führungserfolg ist abhängig von den Kompetenzen der Projektorganisation, der Motivation, der Interaktionen im Projekt und der Strukturierung des Projekts.

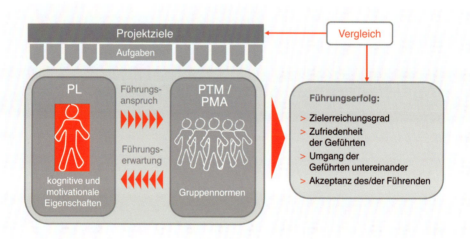

Abb. 8: Führungsschema

Zielorientiert bedeutet im Projektkontext, Verantwortung für die Projektziele und die daraus abgeleiteten Ergebnisse und Arbeitspakete (im Rahmen der Leistungsplanung) unter Einhaltung von Terminen sowie Kosten- und Ressourcen-Restriktionen zu übernehmen.

Soziale Einflussnahme bedeutet, dass der/die PL das Verhalten der Geführten (PTM, PMA) steuert und entwickelt, um die gewünschten Ergebnisse zu erzielen. Der/die PL nimmt anhand seiner/ihrer kognitiven (Wissen, Erfahrung, Intelligenz) und motivationalen („Fähigkeit zu motivieren") Eigenschaften seinen/ihren Führungsanspruch wahr und führt das Projektteam zur Zielerreichung und Aufgabenerfüllung. Die Geführten bzw. das Team haben wiederum eine Führungserwartung gegenüber dem/der Vorgesetzen bzw. dem/der PL hinsichtlich Führungsstil, Informationsweitergabe, Transparenz, Hilfestellung, Einfühlungsvermögen etc.

Der Führungserfolg lässt sich nicht bloß im inhaltlichen Zielerreichungsgrad messen, sondern auch an der Zufriedenheit des Teams, dem Umgang der Geführten untereinander (Klima) und der Akzeptanz der Führungskraft. Führungserfolg in Projekten ist also mehr als nur die Realisierung und Einhaltung des magischen Projektdreiecks, sondern auch die Sicherstellung der Zufriedenheit im Projektteam. Weiters sind auch die Stakeholderinteressen und deren Zufriedenheit für den Projekterfolg relevant.

Versteht man Führung funktional, so geht es um folgende Aufgaben: informieren, Ziele vorgeben und Aufgaben delegieren, entscheiden, Feedback geben, einen Rahmen für Motivation und optimale Arbeitsbedingungen schaffen, kontrollieren, effiziente (Team-)Meetings organisieren und die Energie im Team steuern.

Führungsaufgaben in der Linie und im Projekt[15]

Führen in der Linie	Führen im Projekt
Ziele vorgeben / vereinbaren	Ziele aus Projektauftrag für P-Team übersetzen und Akzeptanz sichern
planen (lassen)	gemeinsam im Kernteam das „Big Project Picture" planen und Details im Rahmen von AP-Spezifikationen den AP-Verantwortlichen überlassen
entscheiden	weitgehend im Kernteam und wenn nötig, alleine als PL
delegieren, koordinieren, organisieren	Delegieren von APen, vor allem im Startprozess. Auch AP-Verantwortliche können weiterdelegieren. Koordinieren als kontinuierliche Tätigkeit einer/eines PL und auch von AP-Verantwortlichen (Projektkoordination), Organisieren von Controlling-WS, PAG-Sitzungen, P-Abschluss und von Ad-hoc-Sitzungen für akute Problemlösungen
informieren	kontinuierlich und in den Meetings gemäß der vereinbarten Kommunikationsstrukturen

Führen in der Linie	Führen im Projekt
motivieren	vor allem zu Beginn und zyklisch im Controlling bzw. mit Fokus auf Meilensteine (Energiefokussierung)
kontrollieren (Soll-Ist-Vergleich)	Kontrolle bei Abnahme von Ergebnissen aus AP und im Rahmen des regelmäßigen Controllings
Steuerung von Abweichungen	Definition von Steuerungsmaßnahmen im Rahmen der Controlling-WS
Mitarbeiter auswählen, beurteilen, fördern	Es kommt eher selten vor, dass sich ein/e PL die PTM und noch weniger oft die PMA aussuchen kann. Eine Mitentscheidung ist aber anzustreben. Beurteilen der Leistungen ist sinnvoll, aber mit der Linie abzustimmen und zu vereinbaren. Fördern und Entwickeln von PTM sollte ebenfalls mit der Linie abgestimmt werden.

7. 6 Grundsätze wirksamer Führung[16]

1. Leistungen werden in Ergebnissen gemessen, die sich auf die Ziele im Projekt beziehen. Die Vermittlung einer klaren **Resultat-Orientierung** bringt auch Freude bei der Arbeit und macht stolz auf das, was erreicht wurde.
2. Der **Beitrag zum Ganzen** soll für für alle PTM/PMA erkennbar sein. Projekte sind die operative Umsetzung der Unternehmensstrategie. Es ist wichtig, dass sich alle Beteiligten dessen bewusst sind und weiters wissen, was sie selbst im Rahmen eines Projekts zur Zielerreichung beitragen.
3. Der/die PL soll sich **auf das Wesentliche** im Projekt **konzentrieren,** die wirklich wichtigen Dinge selbst tun und anderes delegieren und abgeben (Verantwortungsmatrix).
4. Der/die PL kann sich sein/ihr Team und die damit zusammenhängenden Kompetenzen selten frei aussuchen. Die Herausforderung ist es daher, die **vorhandenen Ressourcen** und Stärken bestmöglich und zielorientiert zu **nutzen.**
5. **Vertrauen aufzubauen** und zu vertiefen ist beim Führen von Projekten ganz wichtig. Um das Commitment für die Zielerreichung sicherzustellen, ist der Umgang mit Erfolg und Fehlern entscheidend. Fehler der PTM sehen PAG als Fehler des/der PL, Fehler des/der PL bleiben seine/ihre (aus der Sicht des Teams und der PAG). Andererseits bleiben alle Erfolge der/des PTM und PL deren Erfolge, sie sind Basis für die „Wir-Erfolge" des Teams.
6. Ein/e erfolgreiche/r PL benötigt die Kunst des Positiven Denkens, eine hartnäckige **Lösungsorientierung,** die auch PTM aus den „Sümpfen" der Problemfokussierung herausziehen kann.

8. Projekte verwalten oder führen

„Managers do the things right – Leaders do the right things."[17] Viele Projekte leiden an Verbürokratisierung und fehlender Führung, also einem Zuviel an routinemäßigem Management und einem Zuwenig an orientierungsgebender Führung. LeaderInnen sind emotionale SinnstifterInnen, die mittels Visionen den Geführten Werte und Sinnhaftigkeit vermitteln. Sie leben überzeugend vor, wofür es sich lohnt zu arbeiten. In vielen Projekten ist die zentrale Herausforderung für PL, die Herzen der Menschen zu gewinnen, sie zusätzlich zu ihrer Linientätigkeit für die Projektarbeit zu motivieren, um die Projektziele mitzutragen.

PM als AdministratorIn vs PM als LeiterIn[18]

Betrachtungs-kriterien	administrative/r ProjektmanagerIn	führende/r ProjektmanagerIn
Verhältnis zu Zielen	- VerwalterIn - unpersönlich - übernimmt Ziele von PAG - reagiert auf Anforderungen	- VisionärIn - persönlich - Identifikation mit Zielen - proaktives Mitgestalten
Verhältnis zur Arbeit	- Konzentration auf Methoden, Instrumente und Prozesse - reduziert Entscheidungsalternativen - ProblemlöserIn, gleicht Interessen aus - geringe emotionale Bindung an das Arbeitsergebnis - bewahrt Ergebnisse - fragt, wie und wann - fokussiert auf Effizienz	- Konzentration auf Arbeitsinhalte - entwickelt neue, kreative Optionen - ProblementdeckerIn, nicht auf Konsens bedacht - Identifikation mit dem Arbeitsergebnis - sorgt für Innovation - entwickelt weiter - konzentriert sich auf Menschen - fragt, was und warum - fokussiert auf Effektivität
Beziehung zu anderen	- Fehlen von Empathie und Emotionalität - motiviert mit Belohnung und Bestrafung - nutzt Strukturen und Prozesse - verlässt sich auf Planung und Kontrolle - ist gute/r OrganisiererIn	- intuitiv, empathisch, emotional - motiviert durch begeisternde Ideen - nutzt Chancen und Emotionen - ist schöpferisch - verlässt sich auf Vertrauen und Inspiration - ist gute/r VeränderIn

Betrachtungs-kriterien	administrative/r ProjektmanagerIn	führende/r ProjektmanagerIn
Selbstbild	- erfüllt Rollenerwartungen und schöpft dadurch Selbstsicherheit - Identifikation mit dem Status quo	- definiert Selbstbild nicht über Erfüllung von Rollenerwartungen - Gefühl der Unabhängigkeit gegenüber Status quo

Die Komplexität der Projekte und die Einzigartigkeit benötigen unterschiedliche Ausprägungen von Führungskompetenzen. Folgende Gegenüberstellung bringt die PM-Methoden Kompetenz und die Führungskompetenz in einen Zusammenhang:

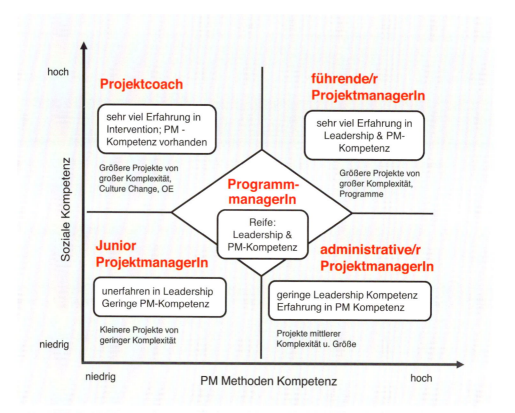

Abb. 9: PM-Methoden und Soziale-Kompetenz-Matrix

9. Führungsstile

Die Forschung zum Thema Führung hat eine lange Tradition. Eine der ersten systematischen Untersuchungen waren die sogenannten Iowa-Studien (1938 – 1940) wo verschiedene Experimente zu Führungsverhalten und Auswirkungen auf das Gruppenverhalten durchgeführt wurden. Dabei kristallisierten sich drei typische, grundverschiedene Führungsstile heraus.

Autoritärer Führungsstil

> hohe Spannung, Ausdruck von Feindseligkeiten
> unterwürfiges, gehorsames Gruppenverhalten
> hohe Arbeitsintensität
> Arbeitsunterbrechung bei Abwesenheit der Führungskraft

Demokratischer Führungsstil

> entspannte, freundschaftliche Atmosphäre
> hohe Kohäsion (Zusammenhalt) der Gruppe, geringere Austritte
> hohes Interesse an der Aufgabe
> hohe Qualität der Arbeitsergebnisse
> Weiterarbeit auch bei Abwesenheit der Führungskraft

Laissez-faire-Führungsstil

> Zeigt die schlechtesten Resultate, was Aufgabeninteresse, Gruppenkohäsion und Zufriedenheit anbetrifft.
> Wird nicht mehr als Führungsstil gesehen, denn wer nach Laissez-faire-Art führt, führt nicht.
> Das Projektteam wird sich selbst überlassen. Die Hoffnung, dass das Projektteam durch Freiheit Motivation erhält und gute Leistungen bringt, kann Orientierungslosigkeit hervorrufen. Die Ziele geraten schnell aus dem Blickfeld und das magische Projektdreieck – Leistung, Termine, Kosten/Ressourcen – ist in Gefahr.

In den folgenden Ohio-State- und Michigan-Studien wurden Leistungs- und MitarbeiterInnenorientierung nicht als Gegensatzpaar entlang eines Kontinuums, sondern als unabhängige Variable betrachtet. Das heißt, eine Führungskraft kann sowohl hohe Leistungen als auch gleichzeitig hohe MitarbeiterInnenzufriedenheit erzielen. Idealtypisch lassen sich nach Tannenbaum/Schmidt folgende detaillierte Abstufungen vom autoritären bis zum autonomen Führungsstil unterscheiden:

Abb. 10: Kontinuum der Führung

Autoritär

> Der/die PL entscheidet und ordnet an; keine/geringfügige Entscheidungsbeteiligung der PTM.
> Der/die PL gibt Ziele vor, ohne PTM zu beteiligen, erteilt Weisungen und kontrolliert deren Umsetzung.
> Druck spornt die PTM (und PMA) nur vordergründig an. Angst vor Versagen und die Furcht vor Strafen können zu Kreativitätsverlust führen. Das Arbeitsklima ist oft kühl und beklemmend.

Patriarchalisch

> fürsorgeorientiert; kaum Partizipation, aber wohlwollend
> Der/die PL entscheidet, ist jedoch bestrebt, PTM von Weisungen zu überzeugen, bevor sie angeordnet werden. Ist fürsorglich gegenüber PTM.
> ausgeprägtes Lehrer-Schüler-Verhältnis. Der/die PL ist als Vorgesetzte/r so etwas wie eine „Vaterfigur". Trotz strenger Hierarchie eher persönliches Verhältnis.

Abfragend

> Der/die PL entscheidet, holt aber Meinungen ein.
> Der/die PL entscheidet zwar, aber er/sie lässt Fragen zu Hintergründen für die Entscheidung zu.
> Durch Beantwortung der Fragen soll Akzeptanz erreicht werden.

Konsultativ

> entscheidungsvorbereitend

> Der/die PL informiert über beabsichtigte Entscheidungen und die PTM können ihre Meinung dazu äußern. Erst nach einer Diskussion trifft der/die PL die endgültige Entscheidung. Die Meinung der PTM kann berücksichtigt werden.
> Es wird Wert auf Akzeptanz der Entscheidungen gelegt. Auf mögliche Implementierungswiderstände seitens PTM wird geachtet und die Entscheidungsqualität wird erhöht.
> Gleichzeitig steigen die MitarbeiterInnen-Qualifikation und die Motivation.

Partizipativ

> Die Gruppe entwickelt Vorschläge, der/die PL entscheidet.
> Der/die PL steuert das Projektteam. Das Projektteam schlägt Problemlösungen vor und der/die PL entscheidet sich für die favorisierte Lösung.
> Es besteht stets ein Kompromiss zwischen Vorgaben durch den/die PL und Selbstbestimmung durch die PTM. Ziel ist es, eine motivierte, selbstverantwortlich agierende Gruppe mit ausgeprägtem Zusammengehörigkeitsgefühl zu schaffen.

Delegativ

> Die Gruppe entscheidet innerhalb eines Spielraums mit Grenzen (von dem/der PL definiert und vom Team akzeptiert).
> Der/die PL zeigt ein Problem auf und gibt dem Projektteam einen großen Spielraum mit vereinbarten Grenzen. Es ist eine relativ hohe Selbstkontrolle vonseiten der Geführten erforderlich.
> Der/die PL muss den Fähigkeiten, der Verantwortungsbereitschaft, Loyalität und der Arbeitsmotivation der PTM ein hohes Maß an Vertrauen entgegenbringen.
> Voraussetzungen dafür sind klare Regelung der Verantwortlichkeiten und Transparenz innerhalb des Projekts, die vor allem auch durch informelle Kommunikation und Abstimmung gewährleistet werden.

Autonom

> Die Gruppe entscheidet selbst; der/die PL übernimmt die Koordination.
> Der/die PL fungiert als Koordinator/in nach innen und außen.
> Jedes PTM übernimmt in dem Bereich Verantwortung, in dem es kompetent ist.
> Voraussetzungen dafür sind hohe Fachkompetenz, hohes Verantwortungsgefühl, gute Kommunikation, gegenseitige Akzeptanz, Zusammenhalt im Team und die Fähigkeit zur Konfliktlösung.

10. Führungsmodelle

Den für alle Situationen immer richtigen Führungsstil gibt es nicht. Situative Führung passt den Führungsstil an die Gegebenheiten in einem Projekt an. Das sind vor allem die Erfahrung der PTM, der Reifegrad des Teams (Phase der Teamentwicklung, siehe Kapitel 5) und die Projektphasen.

Bei den Modellen zur Führung lässt sich prinzipiell zwischen zwei Arten unterscheiden. Die einen schlagen einen optimalen Führungsstil für alle Situationen vor (universell einsetzbar). Und die anderen plädieren für einen an die Situation angepassten Führungsstil.

Managerial Grid (Verhaltensgitter) nach Blake/Mouton

Das Verhaltensgitter von Blake/Mouton gilt als das populärste Beispiel einer universellen Verhaltenstheorie. Auf der x-Achse wird die Leistungsorientierung (Betonung der Produktion und Arbeitsleistung) und auf der y-Achse die Beziehungsorientierung (Betonung des Menschen) aufgetragen. Die Achsen sind jeweils von 1 bis 9 markiert. Damit lassen sich prinzipiell 9 mal 9, also 81 Verhaltenstypen unterscheiden.

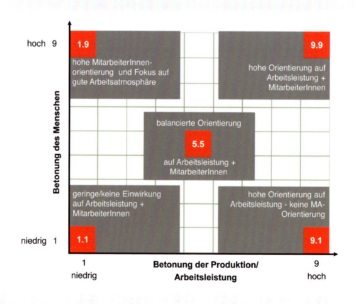

Abb. 11: Universelle Führungstheorie nach Blake/Mouton

Blake/Mouton unterscheiden fünf Haupttypen:

Typ 1.1	geringest mögliche Einwirkung auf Arbeitsleistung und auf die Menschen
Typ 5.5	nur so viel wie nötig, nach dem Motto: „Leben und leben lassen"; BewahrerIn des Status quo
Typ 9.1	wirksame Arbeitsleistung, ohne viel Rücksicht auf zwischenmenschliche Beziehungen (vgl. autoritärer Führungsstil)
Typ 1.9	sorgfältige Beachtung der zwischenmenschlichen Beziehungen führt zu bequemer und freundlicher Atmosphäre (vgl. demokratischer Führungsstil)
Typ 9.9	hohe Arbeitsleistung bei begeisterten MitarbeiterInnen; optimaler (one-best-way) Führungsstil

Vor allem beim Führen in Projekten bedeutet das, sich auf beide Dimensionen Leistung und Beziehung zu konzentrieren und einen 9.9-Führungsstil, der das Optimum darstellt, anzustreben. Noch viel mehr als in hierarchischen Führungssituationen ist die Zufriedenheit der PTM und PMA eine wesentliche Voraussetzung für die Erreichung der Projektziele.

Situative Führungstheorie nach Hersey/Blanchard

Wie beim Managerial Grid verwendet auch dieses Modell auf der x-Achse die Aufgaben und auf der y-Achse die Beziehungsorientierung. Darüber hinaus findet sich hier noch eine dritte Dimension, nämlich die Führungssituation. Somit kann zwischen effektivem und ineffektivem Führungsverhalten unterschieden werden.
Hersey/Blanchard unterscheiden vier erfolgreiche Führungsstile, die abhängig von der Teamreife vom/von der PL eingesetzt werden sollen:

Unterweisen: Der/die PL hat Erfahrung und sagt dem/der unerfahrenen MitarbeiterIn, was wie wann und wo zu tun ist (Einweg-Kommunikation).

Verkaufen: Der/die PL versucht über Zweiweg-Kommunikation den/die MitarbeiterIn rational und emotional zu überzeugen und die Akzeptanz des/der MitarbeiterIn zu bekommen.

Beteiligung: Der/die PL und das PTM entscheiden gemeinsam. Es ist nur noch die emotionale Unterstützung der Führungskraft notwendig.

Delegation: Der/die PL delegiert und beschränkt sich auf gelegentliche Kontrollen. Er/sie steht auf Bedarf des Projektteams für Coaching und inhaltliche Hilfe zur Verfügung.

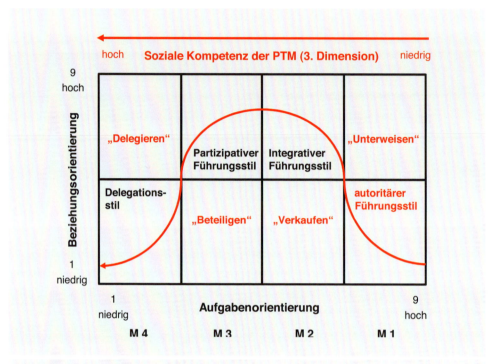

Abb. 12: Situative Führungstheorie nach Hersey/Blanchard

Der richtige, effektive Führungsstil hängt von der Situationsvariablen „Reifegrad des Teams" ab. Es werden vier Reifegrade unterschieden, die je einen spezifischen Führungsstil erfordern:

M1: geringe Reife (Motivation, Wissen und Fähigkeiten fehlen)
M2: geringe bis mäßige Reife (Motivation vorhanden, aber fehlende Fähigkeiten)
M3: mäßige bis hohe Reife (Fähigkeiten vorhanden, aber fehlende Motivation)
M4: hohe Reife (Motivation, Wissen und Fähigkeiten vorhanden)

Transaktionales und transformatives Führungsmodell

Die transaktionale Führung geht von einer Austauschbeziehung („Transaktion") zwischen PL und PTM aus. Die Basis ist ein rationales Nutzenkonzept mit Leistung und Gegenleistung.

Die transformative Führung geht davon aus, dass der/die PL die Teammitglieder mit seiner/ihrer Sozialen Kompetenz entwickelt und damit auch die Identifikation mit den Projektzielen steigert.

PL als transaktionale Führungskraft

> erfüllt Wünsche der PTM und belohnt bei Leistungserbringung,
> diskutiert wechselseitige Rollenerwartungen mit PTM zur Sicherung von Akzeptanz und Zufriedenheit,
> gibt Feedback zu guten Leistungen und leitet Info an Linienvorgesetzte weiter,
> greift nur dann ein, wenn vereinbarte Ziele und Leistungen nicht erreicht werden.

PL als transformative Führungskraft

> ist Vorbild für die PTM/PMA für Erfolg und Leistung und spornt sie durch Zukunftsvisionen an,
> erwartet von PTM/PMA ein hohes Leistungsniveau und macht diesen Anspruch auch deutlich,
> zeigt auf, dass Probleme Lernchancen sind,
> baut ein Vertrauensverhältnis mit PTM auf und zeigt seinen/ihren Stolz, mit ihnen zusammenarbeiten zu können.

Die transformative Führung betont die emotionale Ebene und geht davon aus, dass der/die PL Wünsche, Bedürfnisse und Präferenzen von PTM in gewünschter Weise verändern kann.

Die Überlegung, dass die unterschiedliche Wirksamkeit der Führungsstile von Kontextfaktoren abhängig ist, ist nicht neu. Neben diesen universellen Modellen gibt es in der Führungsforschung zahlreiche Ansätze, die den spezifischen Kontext berücksichtigen. Das sind in erster Linie mitarbeiterInnenbezogene Faktoren wie deren Reifegrad. Völlig ausgeblendet wurde bisher ein Aspekt, der in der Organisationsforschung seit vielen Jahren diskutiert wird, nämlich die Projektumwelt.[19]

Wir differenzieren hier zwischen den für die Organisation relevanten Umwelten (Stakeholder) und den jeweils zu erledigenden Aufgabentypen, wobei wir bei Ersteren zwischen „Umweltkomplexität" und „Umweltdynamik" unterscheiden.

Die Umweltkomplexität bezieht sich auf die Vielgestaltigkeit und Übersichtlichkeit relevanter Umwelten eines Projekts. Je unterschiedlicher und je höher die Zahl dieser Umwelteinflüsse ist und je mehr diese interagieren, desto höher ist die Komplexität. Die Umweltdynamik ist hingegen ein Maß für die Veränderlichkeit der Umweltbedingungen über den Projektzeitraum hinweg.

Bei umfangreichen, im Team erstellten und aktualisierten Stakeholderanalysen kann von stabilen Umweltbedingungen gesprochen werden. Die kritischen Faktoren bleiben weitgehend konstant und sind vorhersagbar. Dynamisch, instabil und krisenanfällig sind Umwelten (Stakeholder) dann, wenn sie schwer vorhersagbar sind, aus früheren Kontexten belastet sind und wenn häufig Veränderungen auftreten. Diese Stakeholder müssen ständig beobachtet und die Analysen noch häufiger aktualisiert werden.

Sind direkt zu Führende im P-Team oder indirekt zu Führende als PMA in der Organisation, beeinflussen diese Umweltbedingungen auch das Verhalten der Betroffenen und somit die anzuwendenden Führungsstile im Projekt. Situatives Führen bekommt einen noch wichtigeren Stellenwert.

11. Menschenbilder

Eng zusammen mit dem Führungsverhalten hängt das Menschenbild, das PL im Kopf haben. Vorurteile, Annahmen steuern unterbewusst die Handlungen der PL.
Mc Gregor[20] hat folgende Typologie erstellt, wonach MitarbeiterInnen – PTM und PMA – idealtypisch in zwei konträre Kategorien aufgeteilt werden können:

Nach der Theorie X werden Menschen nach folgenden Gesichtspunkten charakterisiert oder zumindest interpretiert:

> wollen nicht arbeiten
> wollen keine Verantwortung übernehmen
> brauchen Kontrolle ihres Tuns
> sind führungsbedürftig
> sind nur durch Strafandrohung motivierbar
> sind wenig bis gar nicht ehrgeizig
> brauchen strikte Vorgaben

Theorie Y, wonach Menschen anhand folgender Eckpunkte charakterisiert oder zumindest interpretiert werden:

> Arbeit gilt als Quelle für Zufriedenheit und Erfüllung
> zeigen Eigeninitiative
> kontrollieren ihr Tun, ihre Arbeit und sich selbst
> übernehmen Selbstmanagement und Selbstverantwortung

> sind durch die Befriedigung von Ich-Bedürfnissen motivierbar
> streben nach Selbstverwirklichung
> sind kreativ

Entscheidend ist bei dieser Einteilung nicht die Frage, ob es wirklich diese zwei Arten von Menschen gibt, sondern welche Zuschreibungen PL unterstellen. Denn diese Annahmen prägen und steuern sein/ihr Handeln. Ähnlich einer selbsterfüllenden Prophezeiung[21] zeigen PTM ein von Unselbstständigkeit geprägtes Verhalten, wenn ihnen kein Spielraum für eigene Entscheidungen eingeräumt wird. Dies bestätigt dann den/die PL wieder, klare Vorgaben zu machen und genau zu kontrollieren. Damit schließt sich der Kreis, und eine gedachte Wirklichkeit wird „wahr". Im Gegenzug entfalten sich PTM, wenn ihnen Freiheiten im Rahmen ihrer AP-Verantwortung zugestanden werden. Dies führt wiederum zur Bestätigung der Annahme, dass Menschen eigeninitiativ sind und selbstverantwortlich arbeiten können und wollen. In Konflikten spitzen sich diese Annahmen zu. Vor allem, wenn die Konfliktparteien unterschiedliche Bilder verinnerlicht haben. Entscheidend sind in Konflikten die Zuschreibungen und Interpretationen von Kommunikation und Handlungen, nicht die Taten an sich[22].

12. Schwierigkeiten beim lateralen Führen in Projektteams

Während Führen in der Linie von disziplinarischen Sanktionsmöglichkeiten und klaren Befugnissen gekennzeichnet ist, müssen PL meist mit wenigen „Machtinstrumenten" auskommen. Sie führen ihr Projektteam „lateral" (seitlich), ohne formale Befugnisse der Linie. In reinen Projektorganisationen ist die Führungssituation annähernd gleich wie bei hierarchischen Organisationen in der Linie. Die meisten Projekte in der Praxis entsprechen einer Matrix-Projekt-Organisation oder Einfluss-Projektorganisation, wo laterale Führung voll zur Geltung kommt.

Folgende Machtbasen stehen PL in der lateralen Führung zur Verfügung[23]:

> legitime Macht (Projektbeauftragung durch den/die PAG, Akzeptanz aus der Rolle/Funktion)
> Macht durch Belohnung (Prämien, Zeitautonomie, aber auch soziale Anerkennung wie Lob, Zuwendung)
> Macht durch Zwang (Entzug von Gestaltungsfreiräumen, Eskalationen, direktere und häufigere Kontrollen)
> Macht durch Identifikation (Verbundenheit mit dem/der PL durch Charisma und Vorbildwirkung)

> Macht durch Wissen und Erfahrung (FachexpertIn, Führungs- und Methodenkompetenz, erfolgreiche Projektabwicklungen)
> Macht durch Information (Zugang zu Informationen und Kontrolle über Kommunikationskanäle)

Die hohe Kunst des lateralen Führens ist es, Begeisterung bei den PTM zu entfachen, die Projektziele als Teil der Unternehmensstrategie darzustellen, und damit die Chance für die PTM, direkt und konkret zum Unternehmenserfolg beizutragen. Das setzt natürlich voraus, dass der/die PL selbst vom Projekt und dessen Zielen überzeugt ist. Führen ist nicht bloß ein instrumentelles Mittel zur Zielerreichung, sondern vor allem eine (Werte-)Haltung.

13. Dilemmata der Führung

Führungskräfte im Allgemeinen und PL im Speziellen sind laufend mit widersprüchlichen Anforderungen konfrontiert. Dabei ist aber weder nur die eine noch nur die andere Handlungsweise absolut richtig, sondern ein Balanceakt ist gefragt. Führung bedeutet also auch, mit Widersprüchen umgehen zu können, Ambivalenzen zu akzeptieren und Mehrdeutigkeiten wahrzunehmen und vor diesem Hintergrund handlungsfähig zu bleiben. Es geht stets um ein „sowohl als auch" und nicht um ein polarisierendes „entweder/oder". Die relevantesten Gegensatzpaare (Dilemmata) im Projektmanagement lauten[24]:

Vertrauen versus Kontrolle
Vertrauen bedeutet, dass ein/e PL sich auf Fähigkeiten, Arbeitseinsatz und Loyalität seiner/ihrer MitarbeiterInnen verlassen kann. Dennoch muss er/sie von Zeit zu Zeit kontrollieren und überprüfen, ob die Vereinbarungen eingehalten werden. Vertrauen setzt reife, selbstständige, kompetente PTM voraus und kann sich auf Ergebniskontrolle beschränken.

Gleichbehandlung versus Diversität
PTM wollen gleichbehandelt werden. Es soll keine/r bevorzugt oder benachteiligt sein. Andererseits will jede/r gemäß seiner/ihrer Stärken und Eigenheiten beurteilt und daran gemessen werden, was individuelle Behandlung erfordert. Die abgestimmte Offenlegung von Unterschieden ist stark teamfördernd.

Nähe versus Distanz
Der/die PL soll partnerschaftlich agieren und ein kollegiales Verhältnis zu seinen/ihren PTM aufbauen. Zur Erreichung der Projektziele und Erfüllung der Stakeholderinteressen muss er/sie oft

eine andere Position als das Team einnehmen. Unpopuläre Maßnahmen erfordern eine gewisse Distanz.

Konsens versus Konflikt
Im Konsens getroffene Entscheidungen gelten als die besten, da die Akzeptanz am höchsten ist. Konsens ist nicht immer und überall erreichbar. Als PL ist es nicht möglich, stets „Everybody's Darling" zu sein, sondern es bedarf auch Durchsetzungsvermögen und Konfliktfähigkeit.

Verfahrensorientierung versus Zielorientierung
Verfahrensorientierung bedeutet Einhaltung der Methoden, Prozesse und Spielregeln, wie sie definiert und optimiert wurden. Zielorientierung bedeutet, nur die Zielerreichung zählt und der Weg dorthin ist weitgehend frei wählbar („Der Zweck heiligt die Mittel"). Situatives Projektmanagement ist die ständige Anpassung der Methoden an die Zielerreichung.

Einzelverantwortung versus Gesamtverantwortung
PTM übernehmen Aufgaben und AP, deren Umsetzung sie verantworten. Das P-Team ist umso erfolgreicher, je besser die Projektplanung gemeinsam erfolgt und die Ziele von allen mitgetragen werden. Die Sicherung der Balance von Einzel- und Gesamtverantwortung ist Aufgabe des Projektleiters.

KundInnenfreundlichkeit versus MitarbeiterInnen-Orientierung
„Der Kunde bezahlt unseren Gehalt", ist ein geflügeltes Wort in KundInnenprojekten. Ein/e zufriedene/r oder gar begeisterte/r KundIn ist oberste Maxime. Diese totale KundInnenorientierung geht oft auf Kosten der PTM hinsichtlich Arbeitsbelastung, Stress und Arbeitszeit. Der/die führende ProjektleiterIn erkennt gesundheitsgefährdende Belastungen im Team frühzeitig.

14. Management by ... – pragmatische Ansätze im PM

Stark verbreitet in der Praxis sind die Managementkonzepte Management by Objectives (MbO), Management by Delegation (MbD) und Management by Exceptions (MbE).

MbO – Ziele werden zwischen PL und PTM vereinbart und bei Zielerreichung bewertet. PL lässt dem PTM genügend Freiraum für die entsprechende Lösungsfindung. Meist werden die Ergebnisse von Arbeitspaketen konkretisiert und zum Objekt der Zielvereinbarung.

MbD – Es werden konkrete Aufgaben und Verantwortungsbereiche an PTM übertragen. Meist sind die Vorgehensweisen und Methoden schon konkret festgelegt.

In der Praxis wird oft nicht genau zwischen Ziel- oder Aufgaben-Vereinbarungen unterschieden. Bei MbO ist die Konkretisierung der Vorgaben geringer als bei MbD und somit der Freiheitsgrad der Umsetzungsmöglichkeiten höher.

Als Instrument für Zielvereinbarungen und Delegation wird dafür das Funktionendiagramm oder die Verantwortungsmatrix verwendet, womit übersichtlich visualisiert wird, welche klar definierten Kompetenzen und Verantwortungsbereiche an wen im Projektteam übertragen werden. Die Aufgaben werden in Form von Arbeitspaketspezifikationen konkretisiert und detailliert.

PSP-Code	Phase / Arbeitspaket	Projektauftraggeber	Projektleiter	Projektteammitglied 1	Projektteammitglied 2	Projektteammitglied 3
1	PROJEKT					
1.1	Projektmanagement					
1.1.1	Projektstart	E	V	I	M	M
1.1.2	Projektkoordination		V		M	
1.1.3	Projektcontrolling	E	V	I	M	M
1.1.4	Projektmarketing	M	V	M	M	M
1.1.5	Projektabschluss	E	V	I	M	M
1.2	Konzeption					
1.2.1	Ist-Analyse durchführen				V	
1.2.2	Soll-Anforderungen sammeln		M	V		
1.2.3	Lastenheft definieren und abstimmen				V	
1.2.4	Pflichtenheft erstellen und freigeben	E	V	M	M	
1.2.5	Review mit Kunden durchführen				V	

Legende:
E ... (strategische) Entscheidung
V ... operative (Durchführungs-) Verantwortung
M ... Mitarbeit
I ... Informationen einbringen

Abb. 13: Verantwortungsmatrix

MbO und MbD sind Ausprägungen eines partizipativen Führungsstils. Es werden zwischen dem/der PL und PTM bzw. SubteamleiterIn und PMA Ziele gemeinsam vereinbart, deren Erreichung (gegebenenfalls auch die Erreichung von Teilzielen) besprochen und evaluiert wird. An das Ausmaß der Zielerreichung können auch finanzielle Prämien geknüpft werden. Insofern stellt auch der Projektauftrag eine Zielvereinbarung zwischen dem/der PAG und dem/der PL dar. Darin sind die Eckpunkte des Projekts festgehalten und der/die PL kann beim Projektabschluss am Zielerreichungsgrad (vor allem anhand des magischen Dreiecks) gemessen werden.

MbE meint Führen nach dem Ausnahmeprinzip. Der/die PL greift nur in besonderen Fällen oder bei besonders wichtigen Entscheidungen ein. Routinearbeiten werden an PTM bzw. PMA delegiert.

Der/die PL übernimmt nur jene Aufgaben, die von den PTM nicht übernommen werden können (z.B. Führungsaufgaben, strategische Abstimmungen mit PAG), wie richtige Teambesetzung (gemeinsam mit PAG), Abgrenzung des Verantwortungsbereichs der Mitarbeiter/innen, Koordination, Kontrolle und Controlling, kritische Stakeholder-Kontakte.

Bei allen Formen der Delegation (MbO, MbD, MbE) haben sich in der PM-Praxis folgende Instrumente und Methoden bewährt: Rollenbeschreibungen, AP-Spezifikationen und Maßnahmen aus Stakeholder u/o Risikoanalyse.

Es ist empirisch nachgewiesen, dass sich Partizipation und Empowerment positiv sowohl auf Leistung in Projekten als auch auf die Teamzufriedenheit auswirkt. Empowerment bedeutet so viel wie Ermächtigung der PTM. Es kann als soziale Vereinbarung verstanden werden, wobei neben der Übernahme von Aufgaben und der Übertragung von Befugnissen sowie Handlungsspielräumen vor allem die Stärkung des Selbstbewusstseins der PTM eine entscheidende Rolle spielt.

ProjektleiterIn: eine Führungskraft? (Fortsetzung)

Erst zwei Stunden später geht Walter zu seinem Auto. „Das war schon ganz schön schwere Kost, was mir die Berghof da zum Lesen gesandt hat. Auch wenn ich zugeben muss, gut strukturiert, gehaltvoll und sehr interessant", sagt er zu sich selbst.

Vor dem Termin liest er den Artikel nochmals durch, macht sich Notizen und notiert einige Fragen. Katharina Berghof ist wieder einmal bereits vor ihm da, und das obwohl er fünf Minuten früher dran ist. Sie erkennt ihn von Weitem, steht auf und geht ihm in einem luftig geschnittenen, gelben Frühlingskleid einige Schritte entgegen. „Hallo, Frau Berghof. Ist das nicht ein herrlicher Tag?" „Schönen Tag, Herr Punkt. Eigentlich bin ich kein Freund von Meetings in Biergärten oder Cafés. Aber heute bin ich Ihnen dankbar, dass Sie darauf bestanden haben. Ein wundervoller Frühlingstag."

Nachdem sie sich die Hände geschüttelt haben, sagt sie: „Ich bin schon ganz gespannt, was Sie zu berichten haben, auf Ihre Zusammenfassung und auf die goldenen Regeln des Führens." Walter setzt sich und macht es sich gemütlich, bestellt bei der Kellnerin einen Caffè latte und packt andächtig seine Notizen aus. „Ich habe es Tipps und Tricks genannt. Bevor wir das diskutieren, möchte ich Ihnen gerne ein paar Fragen stellen, wenn das für Sie in Ordnung ist." Katharina Berghof nickt, fragt aber Walter, ob sie zuvor mit einer Einstiegsfrage beginnen könnte. Sie blättert in ihren Unterlagen, zieht eine Grafik heraus und legt sie Walter Punkt vor. „Wenn Sie sich an diese 4-Felder-Grafik ‚Methoden versus Soziale Kompetenzen' erinnern[25], wo würden Sie sich da selbst einordnen?"

Walter Punkt lächelt. „Genau über diese Grafik wollte ich auch mit Ihnen sprechen. Ich finde diese Gegenüberstellung prinzipiell interessant und gut. Hm. Ich persönlich würde mich im Feld Programmmanager an der unteren Spitze der Raute in der Mitte einordnen oder vielleicht im rechten unteren Quadrat ‚Administrativer Projektmanager' ziemlich am rechten Rand." Er deutet mit dem Kaffeelöffel auf den genauen Bereich.

„Gut, und wo sehen Sie sich in fünf Monaten – oder sagen wir zum offiziellen Programmstart?" Er rückt seine dunkle Sonnenbrille zurecht und denkt ein paar Sekunden konzentriert nach. „Eine gute Frage. Ich sehe mich dann schon im rechten oberen Feld ‚Programmmanager', vielleicht im unteren Drittel des Felds, eher weiter rechts. Bisher habe ich mir ehrlich gesagt über

Führung wenig bis keine Gedanken gemacht. Die Projektteammitglieder sollen einfach tun, was ausgemacht und besprochen ist. Nicht mehr und nicht weniger."

Katharina Berghof nickt ganz leicht mit dem Kopf. „Nennen wir es doch Selbstreflexion …"

„Einsicht ist ja bekanntlich der erste Schritt zur Besserung", unterbricht sie Walter Punkt und lehnt sich zurück in seinem mit Sonnenblumen verzierten Sessel.

„Ja, ich würde sagen, Selbstreflexion ist ein ganz zentrales Element für Weiterentwicklung und Lernen. Ein lieber Freund hat das ‚Modell des reflektierten Handelns' entwickelt. Es besagt im Wesentlichen, dass wir zwei Ebenen betrachten sollten: Das operative Handeln und Tun einerseits und die Reflexionsebene mit Bewerten und Ableiten von Verbesserungen."

Nickend ergänzt Walter: „So etwas wie Lessons learned beim Projektabschluss."

„Genau", antwortet Katharina. „Daraus Schlüsse ziehen und auf Basis dessen das künftige operative Handeln verändern."

„Klingt für mich nach einem gelebten KVP", sagt Walter Punkt und malt einen Kreis auf seinen Notizblock. „Ein kontinuierlicher Verbesserungsprozess mit den vier Schritten Planen – Tun – Messen – Verbessern, oder?"

„Richtig. Es ist dasselbe Prinzip: handeln und daraus lernen."

„Ich habe ein wenig in diese ICT …"

„IPMA Competence Baseline – ICB", unterbricht ihn Katharina Berghof.

„Genau, ICB, ich habe es durchgeblättert und festgestellt, dort werden Führungsstile gar nicht explizit genannt, aber es wird auf verschiedene Bücher zum Thema verwiesen, die verwenden aber wieder andere Begriffe für Führungsstile. Und im PM-Book der PMI …"

„Project Management Body of Knowledge – PMBOK."

„Genau, sag' ich ja", entgegnet Walter Punkt leicht genervt. „Was wollte ich jetzt eigentlich? – Ah ja. Es kommen überall verschiedene Bezeichnungen vor. Was ist jetzt richtig?"

Katharina Berghof schweigt einen Moment, dann sagt sie: „Ich kann Ihre Verwirrung nachvollziehen. Das Thema Führung hat eine lange wissenschaftliche Tradition, daher gibt es auch viele unterschiedliche Begriffe. Ursprünglich war von autoritär, demokratisch und laissez-faire die Rede. Ich habe zwei Antworten für Sie."

„Und die wären?" Walter beugt sich etwas vor.

„In der Praxis hat sich die graduelle Abstufung mit der Unterscheidung von autoritären bis hin zu autonomen Führungsstilen bewährt. Entscheidend für effektives Führen ist die Berücksichtigung von situativen Faktoren, wie Erfahrungen der Projektteammitglieder und der Phase des Projekts."

„Oder die Komplexität des Projekts. Das leuchtet mir auch ein. Und die zweite Antwort?"

Nachdenklich nippt sie an ihrem Espresso. „Für die Zertifizierung ist es wichtig, dass Sie die Begriffe kennen und verwenden können, wie sie in den jeweiligen Zertifizierungsgrundlagen definiert sind. Das ist beinahe wie eine neue Sprache zu lernen. Mit dem Zweck, dass man mit anderen zertifizierten PM ein gemeinsames Verständnis teilt."

„Das erscheint mir auch durchaus sinnvoll. Wie technische Standardisierungen, die die Zusammenarbeit erleichtern. Ich denke, wir haben uns eine weitere Runde verdient."
„Walter Punkt ruft die Kellnerin und sie bestellen noch einmal Kaffee.

„Noch etwas ist mir aufgefallen: Sie haben bei Ihrem Artikel eine Führungstheorie vergessen", sagt Walter und grinst, als hätte er seine Volksschullehrerin bei einem Fehler auf der Tafel erwischt. „Was habe ich denn vergessen?" Katharina lässt sich nicht so schnell aus der Ruhe bringen.
„Ich habe im Internet ein wenig gegoogelt und eine spannende Führungstheorie gefunden. Das Normative Entscheidungsmodell. Finde ich echt super", sprudelt es aus Walter heraus. Er holt eine Kopie hervor und legt sie auf den Tisch.

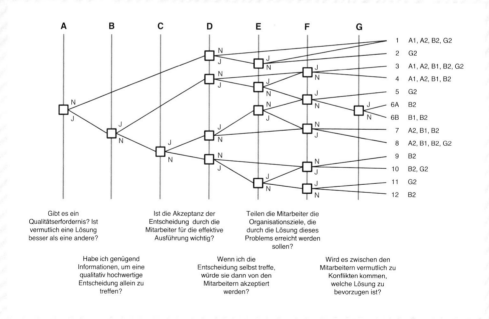

Abb. 14: Normatives Entscheidungsmodell

„Was gefällt Ihnen bei diesem Ansatz so gut? ... Dass er klar und eindeutig erscheint? Für jeden Fall eine richtige Lösung, einen passenden Führungsstil? Fast eine mathematische Formel zur Berechnung des Optimums?" Katharina sieht Walter abwartend an.

„Gefällt Ihnen wohl nicht so", antwortet Walter etwas ruhiger als gerade zuvor. „Habe ich mir schon fast gedacht, dass sie das Modell mit Absicht nicht beschrieben haben."

Katharina nimmt ihren silbernen Kugelschreiber und deutet auf die sechs Entscheidungskonten der Grafik. „Qualität wichtig? – Genügend Info vorhanden? – Problem strukturiert? Akzeptanz wichtig? – Ziele akzeptiert? Konflikt wahrscheinlich? Ich möchte die Leistung von Vroom/Yetton[9] keinesfalls schmälern ..."
„Aber?!", rutscht es Walter heraus.
„Diese Theorie betont die Bedeutung situativen Führungsverhaltens. Der Führungsstil ist dabei vor allem abhängig von zwei Kriterien: Qualität und Akzeptanz der Entscheidung. Das ist eine wertvolle Ergänzung zu anderen situativen Faktoren, wie Reifegrad des Teams und Kontext. Und nun kommt das Aber, denn haben Sie wirklich immer Zeit und Muße, Situationen ausführlich zu diagnostizieren, bevor Sie reagieren und handeln?"
„Gewonnen. Praxisrelevant für typische Projektsituationen ist das nicht gerade. Dennoch eine gute Anregung bei der Vorbereitung von Workshop Designs. Ich denke an einen Start-Workshop oder eine Controlling-Sitzung."

Katharina nickt. „Ja, warum nicht? Hilfreich ist, was hilft." Dann muss sie über ihr kleines Wortspiel innerlich lachen, zwingt sich aber, ernst zu bleiben, damit Herr Punkt sie nicht missversteht oder gar den Eindruck gewinnt, sie belächle ihn.

„Ich würde jetzt gerne mit Ihnen diskutieren, was einen guten Projektleiter, bezogen auf Führung, ausmacht", fährt Walter fort.

Wohlwollend nickt sie ein weiteres Mal: „Machen wir es doch so, dass Sie mir Ihre Liste, die Sie vorbereitet haben, präsentieren und erläutern. Vielleicht fallen mir dann noch ein paar ergänzende Aspekte ein. Einverstanden?"

Sie gehen die Punkte der Reihe nach durch und dabei entsteht eine zweite Liste.

PROJEKTLEITER: EINE FÜHRUNGSKRAFT?

Ein guter PL
- ist ein guter Motivator
- ist ein geschickter Moderator
- ist ein guter Kommunikator
- ist ein guter Gestalter von PM-Teilprozessen
- ist gut und geschickt im Delegieren
- ist durchsetzungfähig
- ist ein positives Vorbild
- ist für Entscheidungen mit PTM soweit als möglich offen

Ein(e) gute(r) PL-Ergänzungen
- entwickelt & fördert einzelne PTM/PMA
- baut eine Vertrauens- und Feedbackkultur auf
- konrolliert das Verhalten auf annehmbare Art
- belohnt und kritisiert angemessen
- bewahrt auch in Konflikt- oder Krisensituationen Ruhe
- hat keine Angst vor Fehlern
- kann Feedback und Kritik vertragen
- geht offen und ehrlich mit eigenen Schwächen und denen der PTM um
- ☺ arbeitet gerne mit Menschen zusammen, mag und respektiert sein Team

Danach betrachten beide schweigend die zwei dicht beschriebenen Blätter Papier. „Herr Punkt, fällt Ihnen etwas auf? Sehen Sie ein Muster in den gelisteten Erfolgsfaktoren für gute PL?"
„Hm, meine ursprünglichen Punkte sind blau und die neuen sind rot", Walter Punkt lacht kurz auf und kratzt sich dann nachdenklich an seinem Kinn. „Aber das werden Sie wohl nicht gemeint haben. Ihre oder unsere gemeinsamen Punkte sind als Tätigkeiten formuliert. Meine dagegen sind eher Begriffe."

Katharina Berghof tritt ein wenig zur Seite. „Richtig. Sie haben Eigenschaften gelistet. Der Unterschied zu Handlungen mag banal erscheinen, für mich ist er jedoch ganz wesentlich. Er findet sich auch in den Führungstheorien wieder. Die einen glauben daran, dass Führung etwas mit angeborenen Charaktereigenschaften zu tun hat. Und andere, so wie auch ich, sind davon überzeugt, dass es um erlernbares Verhalten geht."
„Ich verstehe noch nicht ganz, worauf Sie hinaus wollen." Walter runzelt leicht die Stirn.

PROJEKTLEITER: EINE FÜHRUNGSKRAFT?

Schwierigkeiten von PL beim Führen von Projektteams – Ursachen

- Auf den Umgang mit Macht nicht vorbereitet
- Verfügen über unzureichende formale Befugnisse
- Sehen ihre Projektmanagementaufgaben nicht oder sind dafür nicht ausreichend qualifiziert
- Sparen das Emotionelle und Politische aus

Schwierigkeiten von PL beim Führen von Projektteams – Ursachen II

- Sind auf Veränderungsprozesse nicht vorbereitet
- Registrieren mangelnde oder sinkende Motivation ihrer PTM nicht
- Agieren überwiegend auf der sachlichen Ebene
- Haben für sich noch keinen Führungsstil entwickelt

„Eigenschaften – das klingt nach angeborenen und unveränderbaren Zuständen, Verhalten hingegen ist erlernbar und kann verändert werden."

Walter nickt zustimmend. In der weiteren Diskussion listen sie gemeinsam Schwierigkeiten beim Führen von Projektteams auf. Katharina bittet Walter, sich dabei auch in die Rolle des jungen Projektleiters Schmolz zu versetzen.

„Da waren wir heute ganz schön produktiv. Vielen Dank! Und damit wäre bewiesen, dass man auch in der freien Natur gut arbeiten kann." Walter Punkt grinst fröhlich. Er steckt die Papiere sorgfältig in seine Mappe. Dann bleibt sein Blick für einige Momente am Birkenbaum hängen. „So viele Knospen, endlich Frühling. Oft denke ich ja, ich sollte irgendwo in den Süden ziehen, um dem Winter zu entgehen. Aber an einem so strahlend frischen Frühlingstag wie heute meine ich, dass sich die vielen grauen Monate doch auszahlen, nur um diese spezielle Luft am ersten schönen Tag des Jahres atmen zu dürfen. Man spürt förmlich den Neuanfang der Natur", sagt er gut aufgelegt und voller Datendrang. Katharina Berghof scheint die Sonne auch gut zu tun, sie lehnt lächelnd in ihrem Stuhl, dessen Sonnenblumenpolster genau dem Gelb ihres Kleids entspricht, sodass ihr Hals aus einem gelben Blumenmeer herauszuragen scheint. „Ja, der Frühling als Motto des Jugendstils. Der hat mich eine Zeit lang sehr fasziniert. Ich dachte, dass diese kreative Kraft, die in Wien um 1900 plötzlich in den verschiedensten Bereichen geherrscht hat, irgendwie auch für Betriebe interessant sein könnte. Deshalb kenne ich auch das Leopold Museum so gut, dass ich zu Weihnachten auf eine Führung verzichtet habe und mir stattdessen lieber einen spannenden Katalogbeitrag durchgelesen habe."

Es erstaunt Walter, wie sie schon wieder entspannt auf dieses peinliche erste Treffen zu sprechen kommt. Er kann dem Thema offensichtlich nicht ewig aus dem Weg gehen. Vielleicht sollte er die gute Stimmung ausnutzen, um es aktiv selbst anzusprechen? „Ich habe Sie ja damals mit einer Kellnerin verwechselt", sagt er und bemerkt zu seinem Ärger, dass er rot wird. „Richtig", lacht Frau Berghof, „Sie fragten mich nach einem Glas Sekt! Ich habe das etwas ungewöhnlich, aber nicht uncharmant gefunden."

„Sie sahen im gedimmten Weihnachtslicht so jung aus, dass ich Sie mit einer Studentin verwechselte", klärt Walter Punkt die Situation endlich auf. Doch nun sieht ihn Frau Berghof plötzlich fragend an und er hat das Gefühl, etwas Falsches gesagt zu haben. „Nicht, dass Sie jetzt alt aussehen!", versucht er zu erklären, „Natürlich schauen Sie auch in der Sonne jung und hübsch aus. Ich meine jung. Und natürlich auch hübsch, aber nicht so wie ...", entkräftet lässt er den Satz unfertig in der Luft stehen. Er greift sich mit der Hand an die Stirn und lässt sich mit einem lauten „Uff!" in den Sessel fallen.

„Da hab ich mich in einen Schlamassel hineingeredet. Dabei wollte ich mich ja eigentlich herausreden. Ich hoffe, Sie verstehen trotzdem, was ich sagen wollte. Übrigens war ich Ihnen immer dankbar, und bin es noch immer, dass Sie meinen peinlichen Auftritt im Museum nie angesprochen haben und auch nicht Hans weitererzählt haben, soweit ich weiß."

Frau Berghof scheint sich zu amüsieren. Lächelnd schaut sie ihn an, so wie man ein kleines Kind ansieht, das von seinen Fantasiefreunden erzählt. Dann wird sie ernst und meint, „Natürlich habe ich Hans nichts erzählt. Erstens gab es nichts zu erzählen und zweitens bin ich gegen Tratsch und Klatsch. Wenn ich ein Problem damit habe, dass Sie mich duzen, dann muss ich das mit Ihnen ausmachen. Außerdem war es offensichtlich ein Missverständnis, sogar ein süßes. Ich habe mich geschmeichelt gefühlt, muss ich zugeben."

Als sie sich aufsetzt, ist sie sogleich wieder der professionelle Coach, als der sie vom Konzern engagiert worden ist. „Wir waren beim Frühling, Herr Punkt. Der Neuanfang. Auch Sie stehen an einem Neuanfang. Worauf müssen Sie, besonders in Führungsfragen, von Anfang an besonders achten, damit das Projekt von Beginn weg in die richtige Richtung geht?"

Auch Walter Punkt ist nun wieder der gelehrige und fleißige Schüler und sucht nach einer richtigen Antwort: „Wenn ich mir das so überlege, dann werde ich besonders darauf achten müssen, dass die Projektleiter ihre Führungsaufgaben in den einzelnen Projekten von Programmbeginn an ordentlich wahrnehmen. Und ich werde vielleicht sogar in eine Coachingrolle schlüpfen müssen."

Katharina Berghof nickt: „Ja, das sehe ich genau wie Sie. Manchen PL werden Sie da sicher etwas helfen müssen. Die Restrukturierung ist ein sensibles Thema. Wenn Sie Ihre Programmmanagement-Rolle nicht als ‚Ober-Projektleiter' verstehen wollen, werden Sie sehr sanfte Formen der Beeinflussung, wie Feedback und Coaching, benötigen. Und vor allem Vertrauen aufbauen müssen. Aber das werden wir ein andermal besprechen."

„Das klingt auf jeden Fall interessant. Darauf freue ich mich, auch wenn ich noch ein wenig skeptisch bin."
„Herr Punkt, lassen Sie sich überraschen. Wollen wir jetzt noch gemeinsam zum Abschluss ein paar Tipps und Tricks für PL zusammenstellen?"
„Sehr gerne. Das wäre mir sehr recht."

Nach eingehender Diskussion und Überarbeitung einigen sich die beiden auf folgende Anleitung:

7 Tipps für die ProjektleiterInnen

> Gib deinem Team so viel Orientierung, dass die vereinbarten Projektziele erreicht werden können.
> Passe deinen Führungsstil an die Entwicklungsphasen des Teams sowie die Projektphasen an, um eine effektive Führung sicherzustellen (Analyse der Projektsituation).
> Um eine optimale Ressourcenverwendung zu erreichen, delegiere Aufgaben und nimm die Gesamtverantwortung wahr (Verantwortungsmatrix).
> Vertraue auf die Kompetenzen deiner PTM und nimm dir Zeit für das Controlling von AP auf der sachlichen und sozialen Ebene, um rechtzeitig auf Abweichungen reagieren zu können (AP-Spezifikationen, Fortschrittsmessung).
> Gehe mit Vorbildwirkung voran. Fördere und fordere dein Team mit Bedacht und je nach Bedarf.
> Führungskompetenz bekommst du nicht in die Wiege gelegt. Versuche dein Führungsverhalten durch regelmäßige Reflexion weiterzuentwickeln.
> Sei freigiebig mit Belohnung, aber geizig mit Bestrafungen und Drohungen.

ProjektleiterIn: eine Führungskraft? (Fortsetzung)

„Herr Punkt, was bedeutet das alles Ihrer Ansicht nach bezogen auf Herrn Schmolz? Was wollen Sie da als Nächstes tun?"

Walter Punkt springt von seinem Sessel auf, stellt sich zum Kastanienbaum und funktioniert diesen in einen fiktiven Flipchartständer um. Katharina Berghof sieht ihn überrascht an. „Ich weiß schon, was ich machen werde. Beim nächsten Programmplanungs-Workshop werde ich nochmals die Themen Spielregeln und Rollenerwartungen auf die Tagesordnung setzen und mit dem Programmteam über deren Bedeutung diskutieren", setzt er theatralisch an. „Und mit Herrn Schmolz gehe ich vorher auf einen Kaffee und bespreche das Thema mit ihm unter vier Augen."
„Das erscheint mir als eine gute Idee. Was ist sonst noch offen oder unklar?"

Nun setzt er sich wieder zum Tisch. „Nein, soweit ist alles klar. Auch wenn wir noch sehr viele Themen zu besprechen haben, … Teamentwicklung, Motivation, Konflikte … Aber nicht mehr heute. Darf ich Sie noch auf einen Aperol-Spritzer oder ein Achterl einladen? Wir sind ja jetzt fertig, oder?"

„Wenn Sie keine Fragen mehr haben, sind wir fertig. Ihre Hartnäckigkeit muss man Ihnen lassen. Nach einem gemeinsamen Drink haben Sie mich schon letztes Mal gefragt." „Zielorientierung!"

„Gut. Und sehr gelehrig: Sie fragen mich nicht mehr, ob ich Ihnen etwas servieren könnte! Trotzdem: Danke, nein. Ich muss los. Gutes Gelingen. Bis zum nächsten Mal."

Katharina Berghof verabschiedet sich förmlich von Walter Punkt und begleicht ihre Rechnung an der Bar.

ABSCHNITT E

TEAMBILDUNG UND TEAMENTWICKLUNG

Wenn der Eisberg schmilzt

„Coaching-Raum Katharina Berghof" steht in lila Lettern neben dem Eingang. Sie lässt die Tür noch offen, hält lose Blätter in der Hand, legt sie am Besprechungstisch ab und notiert am Flipchart:

Walter Punkt, 4. Coaching, Freitag, 19. Mai 2010
Spezielle Ziele für heute?
Was sollte nach diesem Termin anders sein?
Vereinbarung für heute: Ihre Programmteam-Entwicklungen als Hauptthema, sehen Sie das immer noch so?

Katharina setzt sich danach auf den Stuhl neben dem Flipchart und beginnt die mitgebrachten Blätter zu lesen. Ihre Blicke auf die Uhr werden immer häufiger. Dann, der vertraute Tür-Klingelton kündigt wahrscheinlich Walter Punkt an. Sie legt die Blätter weg und öffnet mit der Infrarot-Funktion ihres neuen Handys.

„Pardon, pardon", entschuldigt er sich, bevor er noch die Tür geschlossen hat. „Vor dem Wegfahren traf ich noch meinen Auftraggeber, Sie wissen schon, Hannes Ruhs, den Personalvorstand, er gratulierte mir zur bisherigen Arbeit in der Programmvorbereitung und wollte gleich in der Garage einen kurzen Statusbericht zur aktuellen Situation haben. Das hat mir die zehn Minuten Verspätung eingebracht. Entschuldigung nochmals, wir können schon starten."

„Herzliche Gratulation", entgegnet Katharina und streckt Walter Punkt die Hand entgegen. „Gibt es aus dem Gespräch mit Herrn Ruhs noch etwas, das Sie gerne besprechen würden, oder steigen wir gleich in die Teamentwicklung ein?"

„Teamentwicklung ist gut, sehr gut sogar, denn Ruhs meinte auch, ich solle auf der Hut sein. Mit diesem Programmteam würde noch einiges auf mich zukommen. Ich wollte nicht nachfragen, was genau er meinte, aber natürlich schwirrt mir das seither im Kopf herum, und wenn wir damit arbeiten, fühle ich mich wohler. Ich habe Ihre Artikel als Vorbereitung gelesen, doch in Sachen Teamphasen, im Modell Themenzentrierte Interaktion und JoHarl-Fenster würde ich mich gerne etwas sicherer fühlen, das wäre schön, wenn wir das heute schaffen."

„Fein. Dann konzentrieren wir uns auf die offenen Fragen. Ich habe noch eine kleine Bitte, und es ist mir unangenehm, sie auszusprechen, trotzdem tue ich es: Ich habe gerade ein ernstes Problem in meiner engsten Familie und müsste daher ausnahmsweise mein Handy eingeschalten lassen. Sollte es läuten, ersuche ich Sie um eine kurze Pause, wir werden dann wie gewohnt weiterarbeiten und selbstverständlich hängen wir die Zeit hinten an."

„Das ist doch klar, Frau Berghof, aber weil wir schon bei schwer auszusprechenden Fragen sind, da hätte ich auch eine: Ich kann mit dieser Förmlichkeit schlecht umgehen. Herr Punkt das und Frau Berghof wie und was." „Stimmt, deswegen waren Sie ja ganz am Anfang auch per du mit mir", unterbricht ihn Katharina Berghof neckisch. Doch Walter Punkt bleibt ernst, „Das meine ich nicht. Wie wäre es, wenn wir uns zukünftig mit unseren Vornamen anreden? Das muss an der Sie-Kultur nichts verändern, aber ich würde mir damit leichter tun und mich wohler fühlen."

„Gut, Walter, legen Sie los: Welche Frage fällt Ihnen zu dem Artikel über Projektteamentwicklung[26] als erste ein?"
„Ich habe zu den 5 Phasen der Teamentwicklung nach Tuckmann im Internet gesucht und immer nur 4 Phasen gefunden. Wo ist die fünfte Phase und welche ist das? Gleichzeitig habe ich mich immer gefragt, ob wir in meinem Programmteam ebenfalls alle Phasen durchlaufen müssen?"
Katharina steht auf, nimmt einen Stift und beginnt am Flipchart zu zeichnen, während sie erklärt: „Wie Sie bereits wissen, werden die vier Phasen der Teamentwicklung auch als die 4 Quadranten einer Uhr dargestellt,[10] die durchlaufen werden müssen. Tuckmann hat allerdings immer von permanenten Teams gesprochen und im Projektmanagement reden wir von temporären Teams, daher gibt es in Projekten und Programmen am Ende noch eine fünfte Phase, die Abschlussphase, beziehungsweise die Teamauflösungsphase."
Katharinas i-Phone läutet und vibriert gleichzeitig.
„Entschuldigen Sie mich bitte kurz", sagt Katharina und verlässt mit ihrem Handy den Raum.

Walter nützt die Pause, um den Raum etwas besser zu „erforschen": Er dreht sich ganz langsam um die eigene Achse und bleibt mit seinem Blick bei jedem Plakat hängen, welches von seiner Sitzposition aus gesehen hinter ihm an der Wand hängt.
Eisberg-Modell steht da drüber. Während Walter noch vor dem Bild verharrt, tritt Katharina wieder in den Raum und setzt sich auf ihren Stuhl.
„Ist alles ok?", beginnt Walter das Gespräch.

„Ja, das war nicht der Anruf, auf den ich gewartet habe. Hannes Ruhs ließ mir nur ausrichten, dass er bei einem Termin in Salzburg hängen geblieben ist und mich deshalb heute Abend nicht zu einer Besprechung treffen kann. Machen wir weiter?" Walter Punkt ist wie gelähmt. Sie hat mit Hannes Ruhs in Salzburg geredet, wo er ihr doch gerade erzählt hat, dass er diesen in der Tiefgarage getroffen hätte? Und trotzdem tut sie so, als sei nichts passiert? Ist diese Frau eine Maschine oder hat sie heute ihren Kopf ganz woanders? Oder will sie ihn damit nur testen? Am besten ist wohl, wie immer, die Wahrheit, und die Flucht nach vorne: „Liebe Frau Berghof. Oder Katharina", das fängt ja nicht gut an und Katharina schaut ihn auch verwirrt an. „Ich habe gelogen, als ich gesagt habe, dass ich zuvor Hannes Ruhs in der Firmengarage getroffen habe. Es stimmt zwar, dass er mir zur bisherigen Arbeit in der Programmvorbereitung gratuliert hat, und auch alles andere, was er gesagt hat. Nur war das bereits gestern. Heute bin ich zu spät gekommen, weil ich mir das WM-Spiel Deutschland gegen Serbien angeschaut habe und ich einfach nicht glauben konnte, dass Deutschland tatsächlich verliert. 0:1 haben sie verloren, falls es Sie interessiert."

Katharina Berghof scheint erstmals aus ihrer starren Routine zu erwachen, sie lacht sogar. „Da haben Sie mich also angelogen", sagt sie, aber nicht streng, eher freundlich, ironisch mit dem Finger drohend. „Sie haben dabei aber Soziale Kompetenz erwiesen, ein reales Szenario geschaffen und sich dabei auch noch gleich selbst gelobt, also durch Ruhs loben lassen. Ich wäre, ehrlich gesagt, nicht einmal darauf gekommen. Entschuldigen Sie bitte, dass ich meinen Kopf heute nicht ganz bei der Sache habe." Walter Punkt ist erleichtert, dass sie das so locker nimmt, und versucht es mit einem Scherz: „Ich habe meinen Kopf ja auch nicht ganz bei der Sache. Ein Stück von mir ist in Südafrika und denkt über die Fußball-WM nach. Die übrigens sehr eigenartig verläuft. Gestern hat sogar Frankreich mit 0:2 gegen Mexiko verloren!" Frau Berghof schüttelt nur den Kopf und sagt, „Das ist irgendwie alles ganz an mir vorbeigegangen. Leider ein klassisches Frauenklischee: Aber Fußball interessiert mich nicht im Geringsten. Können wir jetzt weitermachen?"

„Ja, machen wir weiter", stimmt ihr Punkt zu. „Sie haben gerade das Eisberg-Modell für Projektteams angesehen. Können Sie damit etwas anfangen?" Doch bevor Walter Punkt antworten kann, läutet wieder das Handy. Entschuldigend blickt ihn Frau Berghof an und verlässt eilig den Raum. Als sie bald darauf wieder zurückkommt, meint sie nur, „Entschuldigen Sie bitte die Unterbrechung. Wo waren wir?"

WENN DER EISBERG SCHMILZT

Walter schüttelt den Kopf: „So leicht kommen Sie mir nicht davon. Sie selbst haben mich sensibilisiert, Stimmungen, Körperhaltungen und verdeckte Störungen in Kommunikationen ernst zu nehmen. Jetzt spüre ich sehr klar: Irgendetwas belastet Sie. Können Sie mir nicht kurz erklären, was los ist? Vielleicht kann auch ich Sie einmal unterstützen."

„Das ist sehr nett von Ihnen", entgegnet Katharina, „mir geht es gut und ich kann gut weiterarbeiten, es war mir nur wichtig, das Telefonat entgegenzunehmen."
„Ja, genau: Störungen haben Vorrang, Geplantes darf auch verändert werden und Konflikte im Projekt sind keine Privatsache, waren das nicht Ihre Aussagen?"
„Sie haben gewonnen, aber die Zeit hängen wir dann am Ende an. Meine Tochter Laura ist 13, sie ist letzte Nacht nicht heimgekommen. Ich habe keine Ahnung, wo sie ist, und war heute Morgen bei der Polizei, um eine Anzeige zu machen. Der Anruf eben kam von der Polizei. Sie haben Laura leider nicht gefunden und können derzeit nichts unternehmen. Sie haben ja auch einen Sohn, haben Sie so etwas schon einmal durchstehen müssen?"

„Nein, heimgekommen ist er immer, auch wenn sein Zustand nicht immer sehr erfreulich anzuschauen war. Katharina, meines Wissens tauchen 99 von 100 Abgängigen ohne Schaden wieder auf und nehmen wir einmal an, Laura wäre ausgerissen, was glauben Sie, würde sie in dieser Situation von Ihnen erwarten?"

„Ich glaube, ich sollte noch dazu sagen, dass wir seit Beginn der Pubertät meiner Tochter immer wieder sehr schwierige Phasen durchlaufen haben; die ersten zehn Jahre wuchs Laura mehr oder weniger bei meiner Mutter auf, als Alleinerzieherin in Ausbildung war es mir nicht anders möglich. Das führt aber auch dazu, dass sie in jeder Beziehung bereits die Trennung mitdenkt und nun diese Angst projiziert und mit ihren Widerspenstigkeiten auslebt. So gesehen ist es direkt logisch. Sie will, dass ich sie suche. Ich weiß nicht, was mich jetzt mehr rührt: diese Erkenntnis oder Ihre Frage, Walter."
„Das freut mich sehr. Aber jetzt sollten wir keine Zeit verlieren."
Walter steht auf, blättert eine leere Flipchart-Seite auf, nimmt den schwarzen und den roten Stift zur Hand und beginnt Katharina zu fragen:

„Wo könnte Laura sein? Lassen Sie Ihrer Fantasie im Sinne von Brainstorming freien Lauf, ich schreibe nur mit, danach können wir darüber reden und die Orte priorisieren."

Walter notiert die Schlagworte in schwarz auf dem Blatt:
Schulfreundin Raquel, Vater, Neffe Florian, Bahnhof Speising, Café im Lainzer Krankenhaus, Bauernhof in Sillian, Jugendtreff Penzing, Schrebergartenhaus der Großeltern, Szene Wien, Arena.

„Das sind 10 Möglichkeiten, also gar nicht so viele", meint Walter und drückt Katharina den roten Schreiber in die Hand. „Bitte jetzt die Orte von 1 bis 10 nach der von Ihnen geschätzten Aufenthaltswahrscheinlichkeit bewerten."

Katharina beginnt, rot eingeringelte Ziffern hinter die Orte zu schreiben:

Bauernhof Sillian 1
Vater 2
Schrebergartenhaus 3

„Wer hat gestern Fußball gespielt?", fragt sie plötzlich. „Argentinien – Südkorea", antwortet Walter Punkt wie ein Schüler bei einer Vokabelprüfung. Doch Katharina Berghaus war nicht zufrieden: „Nein, nannten Sie zuvor nicht eine andere Paarung?" Walter kann sich nicht mehr erinnern, doch kennt er natürlich die gestrigen Spiele: „Griechenland – Nigeria? Frankreich – Mexiko?" Das war es, „Gestern hat also Frankreich gespielt?" „Ja, um 20:30 hat das Match begonnen. Sie haben verloren, falls Sie das meinen." Doch Katharina Berghof wollte auf etwas anderes hinaus: „Ich reihe doch das Schrebergartenhaus auf den ersten Platz. Ich bin mir fast sicher, dass sie dort ist."

Walter nickt, packt seine Unterlagen in die Tasche und sucht in seiner Jacke am Kleiderständer den Schlüssel seines BMWs. „Kommen Sie, ich fahre Sie gerne zum Schrebergartenhaus, wo steht dieses denn?" Dankbar blickt ihn Katharina Berghof in die Augen. „Im 13. Bezirk. Doch nun bin ich es, die diese Halbförmlichkeit nicht mehr passend findet. Und obwohl ich jünger als Sie bin, erlaube ich mir zu fragen: Sollten wir nicht endlich richtig per du werden?" Walter nickt mit einem breiten Grinsen. Im Auto erzählt sie ihm, was das Frankreich-Spiel mit ihrer Vermutung zu tun hat, Laura befände sich im Schrebergarten der Großeltern: „Wir haben zu Hause keinen Fernseher mehr, da Laura die ganze Zeit in die Glotze geschaut hat. Im Schrebergartenhaus meiner Eltern steht dagegen schon einer, es liegt also auf der Hand, dass sie dorthin gehen würde, wenn sie etwas anschauen möchte. Und da Laura ins Lycée Français geht, hat sie natürlich viele französische Freunde. Ich glaube, ich habe recht: Sie ist mit Freunden ins Häuschen gefahren und hat WM geschaut!"

Die letzten hundert Meter gehen sie zu Fuß zum Schrebergartenhaus. Im Garten sieht man bereits ein junges Mädchen verzweifelt zusammenräumen. Ein großer schwarzer Müllsack voller Abfälle steht vor der Gartentüre, die Terrasse ist mit Bierflaschen übersät. Als das Mädchen Katharina und Walter den Weg entlangkommen sieht, lässt sie alles fallen und läuft ihnen entgegen. Sie fällt ihrer Mutter um den Hals und sagt schluchzend, „Mama, Mama, es tut mir so leid. Es tut mir so leid!" Katharina streicht ihr liebevoll über das Haar und flüstert beruhigend, „Es ist ja alles gut, es ist ja nichts passiert. Ich bin doch da." Mit einem Blick gibt sie Walter zu verstehen, dass sie nun lieber allein sein wolle, und er versteht es sofort.

Am Weg nach Hause ist Walter zufrieden mit sich und der Welt. Dass das Coaching heute so anders als erwartet verlaufen ist, hat nur Vorteile. Erstens kann er jetzt auch noch die zweite Halbzeit von Slowenien gegen USA sehen und zweitens ist ihm klar, dass er gerade eine sprunghafte Entwicklung in seiner Arbeitsbeziehung zu Katharina Berghof gemacht hat. Er hat ihr sehr gern geholfen und es freut ihn, dass die Geschichte offensichtlich ein gutes Ende gefunden hat. Laura hat wahrscheinlich mit Freunden aus dem Lycée am Abend zuvor im Schrebergarten ihrer Großeltern Fußball geschaut. Vielleicht sogar auf der Terrasse oder im Garten, wenn man die Bierflaschen und den kaputten Rasen gesehen hat. Walter kann sich gut vorstellen, dass die Freunde wahrscheinlich zu viel getrunken haben, verärgert waren, dass Frankreich verloren hat und vielleicht sogar zu randalieren begonnen haben. Der kleinen Laura ist alles zu viel geworden, sie hat sich nicht mehr heimgetraut und verzweifelt versucht, den Schaden wieder gutzumachen, was ihr jedoch nicht gelungen ist.

Er ist sich sicher, dass Katharina jetzt die richtigen Worte finden wird. Dabei spürt er plötzlich ein leicht schlechtes Gewissen. Es ist ihm nicht gleich klar, warum, doch dann erkennt er, dass auch er vielleicht einmal versuchen sollte, auf seinen Sohn einzugehen. Versuchen sollte, die richtigen Worte zu finden und nicht immer nur die gleichen, die beide von ihnen schon auswendig können. Die Beziehung zu seinem Sohn war vor dessen Studium um so viel besser. Eine richtig tiefe Vater-Sohn-Freundschaft hatten sie. Und er war sich sicher, dass diese noch immer unter der Oberfläche existierte, wenngleich sie zurzeit auch nicht sichtbar ist.

Walter denkt an das „Eisberg-Plakat" im Büro von Katharina. Vielleicht hat dieses ja etwas mit dieser Erkenntnis zu tun. Neben ihm liegen auf dem Beifahrersitz ein paar Manuskriptseiten aus Katharinas geplantem Buch. „Wenn du Zeit findest, das durchzulesen, und dir eventuell auftauchende Fragen notierst, könnten wir die durch unser heutiges Privatissimum in Sachen Tochtersuche verlorene Zeit wieder aufholen", hat sie noch vor dem Aussteigen gesagt. Zuhause angekommen und nach dem Fußballspiel, das 2:2 ausgegangen ist, taucht Walter mit dem Manuskript tief in seine vergangenen, aber auch in die kommenden Projektteam-Herausforderungen ein. Im Anschluss daran schickt er an Katharina einen Vorschlag für die 7 Tipps.

15. Gruppe – Team – Projektteam – Hochleistungsteam

Der Begriff „Gruppe" ist ein Fachbegriff aus der Biologie (Arten, Gattungen, Rassen, Gruppen). Die Gruppe wird über Regeln und Rituale definiert, sie „lebt" von der Einhaltung der Regeln und Normen. Dies ist auch in Organisationen für den Betriebsablauf, für das Erledigen von Aufgaben nützlich und positiv. Hierarchien sind in Gruppen meist ausgeprägt, gehören gewissermaßen zu den Regeln.

Oft entwickeln sich Gruppen nicht mehr weiter und nehmen diese Rituale als gegeben hin. Veränderungen im Betrieb wird mit der Aussage entgegnet: „Das haben wir aber bisher immer anders gemacht – früher eben."

Ein Indikator, um die Entwicklung von der Gruppe hin zum Team zu erkennen, ist das weitgehende Fehlen von Hierarchien. Teams und im Speziellen Projektteams übernehmen Ziele, streben Ergebnisse an und definieren weitestgehend selbst, wie und mit welchen Methoden sie ihre Aufgaben erledigen, wie sie die Ziele erreichen.

Teammitglieder sind durch die gemeinsame Zielübernahme und durch die Selbstorganisation der Arbeitsabläufe hoch motiviert, sie erledigen ihre Arbeiten in guten Teams gerne. Um solch einen Projektteam-Zustand zu erreichen, müssen alle ProjektmitarbeiterInnen von Anfang an voll informiert und mit eingebunden werden.

Der/die PL ist neben seiner/ihrer Rolle als PL immer auch Teil des Teams und hat daher auch zusätzlich eine Teamrolle.

Die Anerkennung beider Rollen im Team ist eine der wichtigen Voraussetzungen für das Funktionieren und das Entwickeln eines Projektteams. Das Team benötigt dann keine Vertretungen von außen, Mitglieder werden sich gegenseitig vertreten – das gilt auch für den/die PL.

F. Glasl[27] versteht unter **Team** Arbeitsgruppen, die einen Leistungsauftrag durch Zusammenarbeit zu erfüllen haben.

Eine Ansammlung von Menschen macht noch kein Team aus. Ein Team ist im Gegensatz zu einer Gruppe auf ein Ziel und die gemeinsame Aufgabenerfüllung ausgerichtet. Daher müssen auch Projektteams im Rahmen eines Projektstarts gebildet und entwickelt werden.

Wenn ein Projektteam mit internen Konflikten konstruktiv umgeht, Stress entgegenwirkt, auf eintretende Risiken und Rückschläge professionell und lösungsorientiert reagiert, können wir fast schon von einem sehr gut entwickelten Team sprechen.

Ein **Hochleistungs-Projektteam** macht das, was es macht, nicht nur im Vergleich zu anderen Teams qualitativ deutlich besser. Es hat auch noch großen Spaß an dem, was es tut.

Die Mitglieder eines Hochleistungsteams genießen ihre Tätigkeit in höchstem Maße, sehen einen individuellen Sinn in dem, was sie tun, und ziehen mehr positive Energie aus ihrer Arbeit, als sie in diese investieren. Letztlich ist die Höchstleistung eines solchen Projektteams ein Nebenprodukt ihrer Arbeit.

Wir stellen hier einige Ansätze vor, die sich auf eine ausgewogene Teamführung bzw. auf eine zielgerichtete Teamentwicklung beziehen, und gehen dabei von der Abbildung 15 „Teamausprägungen" auf der nächsten Seite aus, wobei die anzustrebende Idealform das „Füreinander-Hochleistungs-Projektteam mit integrierter Projektleitung" ist. In diesen Teams besteht die Gefahr der Selbstausbeutung.

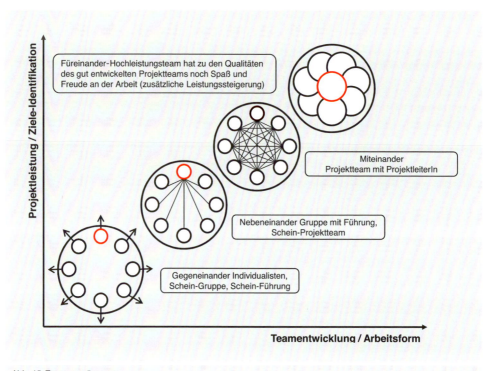

Abb. 15: Teamausprägungen

Funktionen im Team

Ein Team ist eine außergewöhnliche Gruppe,

> die durch die Vereinigung der persönlichen Stärken aller Mitglieder auch unter erschwerten Bedingungen außerordentlich leistungsfähig ist;
> in der durch ein ausgeprägtes Verantwortungsbewusstsein aller Mitglieder und deren Bereitschaft, ihre persönlichen Ziele dem Teamziel unterzuordnen, eine hartnäckige Zielorientierung vorherrscht;
> in der sich die Mitglieder gegenseitig anspornen, wodurch Synergieeffekte zustande kommen. Das heißt, die Gesamtleistung des Teams ist größer als die Summe der Einzelleistungen (Teamformel: 1 + 1 + 1 = 5);
> die durch sinnvolle Koordination von Teilaufgaben sowie durch individuelle Fertigkeiten und Kenntnisse ihren Auftrag optimal zu bewältigen vermag;
> in der zwischenmenschlich ein Klima des gegenseitigen Vertrauens und der Offenheit herrscht und in der sich die einzelnen Mitglieder mit „ihrem" Team stark identifizieren, und

> die in der Kommunikation auf Basis gegenseitigen Verstehens eine optimale Verknüpfung von Informationen und ein aufrichtiges Ausdiskutieren verschiedener Ansichten garantiert.

Zusätzliche Besonderheiten von Projektteams

> Projektteams wollen die gemeinsam getragenen Ergebnisse in einer definierten Zeit erreichen.
> Durch die zeitliche Befristung und die anspruchsvollen Ergebniserwartungen sind Projektteams in der Regel hohen Belastungen ausgesetzt.
> Gemeinsam getragene Werte, Grundhaltungen und Normen drücken sich in Spielregeln und der Projektkultur aus.
> Die Verantwortung ist geteilt. Die Teammitglieder kennen die Aufgaben der Anderen und ergänzen sich in ihrem Fachwissen und ihren Fähigkeiten. Die Gemeinsamkeit drückt sich durch gegenseitiges Vertreten im Projektteam aus (keine Stellvertreter von außen).
> Die Anzahl der Teammitglieder bleibt überblickbar, damit Interaktionen aller mit allen möglich sind. Projektkernteams setzen sich aus 3 – 10 Personen zusammen; zu große Projektteams können mit zusätzlichen Subteams oder bereits in der Konzeption mittels einer Programmstruktur klein gehalten werden.
> An den partnerschaftlichen Entscheidungsprozessen sind alle Teammitglieder beteiligt.
> Das Projektteam ist fähig mit Unterschieden umzugehen und entstehende Konflikte selber zu lösen oder rechtzeitig Hilfe von außen anzufordern.
> Das Team entscheidet auf der operativen Ebene, wie es seine Ziele am besten ausführen kann (Planung, Durchführung und Evaluation).
> Durch einen ständigen Kontroll-, Reflexions- und Neuplanungsvorgang in den Controlling-Meetings wird eine dauernde Verbesserung und Anpassung der Arbeit erreicht.
> In der Teamentwicklung entsteht ein Klima des Vertrauens, der gegenseitigen Wertschätzung und des Respekts. Die Teammitglieder kennen sich persönlich und entwickeln ein „Wir-Gefühl". Die Unterschiede in den Fähigkeiten und den Persönlichkeiten der einzelnen Teammitglieder sind bekannt (Diversität) und werden für das Ziel konstruktiv genutzt.

Teamkultur und Teamgeist

Die Form der Zusammenarbeit ist nicht nur aus der Struktur ableitbar. Für den Projekterfolg entscheidend ist zusätzlich die Qualität der Zusammenarbeit im Projektteam, die „Team- oder Projektkultur".

Kultur ist die Gesamtheit der von Wissen, Erfahrung und Tradition beeinflussten Verhaltensweisen von Menschen. In Projekten sind es vor allem die vereinbarten Regeln und Normen und deren generelle Einschätzung durch das Projektumfeld. Danach sind vier wesentliche Faktoren bestimmend:

1. Die Verhaltensweisen der Individuen zueinander,
2. die individuellen Verhaltensweisen im Team,
3. die subjektive Fremdbeurteilung der Individuen und
4. die subjektive Fremdbeurteilung des Teams als Ganzes.

Die Beurteilung der Teamkultur ist als weicher Faktor schwer messbar. Eine Checkliste mit Fragen beziehungsweise Einflussgrößen kann aber helfen, die Teamkultur einzuschätzen (sowohl von innen, z.B. durch den/die PL, als auch von außen, z.B. in einem Projektaudit, oder durch ein Team-Assessment):

> Wie sind Art und Intensität der Kommunikation zwischen den Teammitgliedern beschaffen?
> Wie ist es um Art und Güte der Problem- und Konfliktlösungen im Team bestellt?
> Wie steht es um die Zufriedenheit und die Motivation der Teammitglieder?
> Wie effizient laufen Entscheidungsprozesse im Team ab?
> Welche hierarchische Strukturen gibt es im Team und wie leicht können sie verändert werden?
> Bestehen gemeinsame Wertvorstellungen im Team?
> Sind die gemeinsamen Ziele allen Teammitgliedern klar?
> Unterstützen sich die Teammitglieder gegenseitig bei der Aufgabenerfüllung?
> Gibt es geschriebene und ungeschriebene Spielregeln?
> Wie hoch ist die Fluktuation im Projektteam?
> Was lässt sich über die Integrationsfähigkeit des Teams für neue Mitglieder aussagen?
> Wie werden Fehlleistungen eines Teammitglieds behandelt?
> Gibt es persönliche Sympathien zwischen den einzelnen Mitgliedern?
> Wie leicht können Kreativität und Innovationen in das Team eingebracht werden?
> Wie gut sind Arbeitsteilungen und Verantwortungen innerhalb des Teams aufgeteilt?

Als mögliche und schnelle Methode für die Bewertung der meisten Fragen kann die skalierte Abfrage verwendet werden (z.B. 0 = unsere Entscheidungsprozesse sind eine einzige Katastrophe; 10 = unsere Entscheidungsprozesse sind geradezu ideal und vorbildhaft).
Aus obiger Aufzählung wird deutlich, dass jedes Team eine „Kultur" hat. Diese Kultur kann sowohl förderlich als auch hinderlich für die Teamarbeit sein. Ziel der Projektleitung ist es, möglichst effiziente Teams zu haben, das heißt, die Teamkultur zieldienlich auszurichten.

16. Teamentwicklungsphasen

Die Entwicklungsphasen eines Teams gehen auf Bruce W. Tuckman zurück. Alle 5 (eigentlich 4) Phasen müssen durchlebt werden und keine der Phasen kann übersprungen werden. Die Aufgabe und Herausforderung für eine/n PL ist es, die ersten 3 Phasen möglichst schnell zu durchlaufen, um auf die 4. Phase der Performance zu gelangen, die ein arbeitsfähiges Team kennzeichnet.

Die 4 bzw. 5 Phasen:

> Forming
> Storming
> Norming
> Performing
> Adjourning

Forming

ist eine Orientierungsphase. Das Projektteam ist neu gebildet. Manche PTM kennen sich vielleicht, andere nicht. Die Phase ist gekennzeichnet durch Unsicherheiten und Ängste der PTM, Distanz und Abtasten der anderen sowie durch die Suche nach der eigenen Rolle.

Der/die PL soll hier für Orientierung sorgen und Regeln (gemeinsam mit dem Team) definieren. Dies ist auch eine gute Gelegenheit, sich als PL zu positionieren.

Storming

ist eine Gärungs- und Klärungsphase. Da tritt Widerstand gegen Aufgaben und Methoden auf und es kann zu Diskrepanzen von Aufgabe und persönlicher Orientierung kommen. Typische Themen dieser Phase sind Verteidigen von Territorien, Ringen um Hackordnung[28], Kampf um Macht und Status.

Für den/die PL ist es wichtig, Konfliktsignale zu beachten und Konfliktklärungen zu unterstützen bzw. herbeizuführen sowie eine Rollen- und Beziehungsklärung sicherzustellen. Es gibt Projektteams, die über diese Phase nie hinauskommen oder auch in diese Phase wieder zurückfallen, wenn z.B. ein neues Teammitglied dazukommt.

Norming

ist die Organisationsphase in der Teamentwicklung. Es findet eine Einigung über Spielregeln für die Zusammenarbeit statt. Damit wird ein offener Austausch von Informationen, Ideen und Meinungen möglich. Kooperation im Projektteam entsteht. Auf der Beziehungsebene entwickeln sich zunehmende Wertschätzung und Akzeptanz füreinander.

Der/die PL sollten in dieser Phase schwierige Punkte in der bisherigen Zusammenarbeit klären sowie Spielregeln hinterfragen, die nicht eingehalten werden. Vor allem ist es wichtig, für gute Rahmenbedingungen zu sorgen.

Performing

ist die Integrationsphase. Diesen Level soll ein arbeits- und leistungsfähiges Team erreichen. Die optimale Organisation im Projektteam ermöglicht Ideenreichtum, Spaß, Flexibilität, Offenheit bei gleichzeitig hoher Arbeitsleistung. Die Übernahme von Verantwortung füreinander und ein „Wir-Gefühl" sind entstanden. Gegenseitiges Feedback und Reflexionsfähigkeit in der Zusammenarbeit sind gegeben.

Die Aufgabe der/des PL ist es, Optimierung der Teamarbeit anzuregen und dem Projektteam neue Impulse und Ziele für die Zukunftsplanung zu geben.

Adjourning

ist die Abschluss- und Abschiedsphase (eigentlich keine Teamentwicklungs-Phase mehr, da es um Auflösung geht). In Projektteams kommt diese Phase definitionsgemäß immer vor, da es sich ja um befristete Aufgaben handelt. In dieser Abschlussphase eines Projekts geht es um Wissenssicherung und Reflexion in Form von Abschlussberichten und „Lessons learned" sowie um die Auflösung der Projektorganisation und um die Beendigung von Kommunikationsbeziehungen zu relevanten Stakeholdern. Für die PTM handelt es sich in dieser Phase stets um die Ambivalenz von Trauer und Schmerz einerseits sowie Erleichterung und die Freude auf etwas Neues andererseits.

Der/die PL soll auch diese Phase bewusst gestalten. Dazu gehören Dank und Anerkennung sowie die kritische Würdigung der Leistungen des Teams. Das gemeinsam Erreichte soll auch gefeiert werden und damit kann ein emotionaler Schlusspunkt gesetzt werden. Raum und Zeit für einen Abschied geben.

Die Beobachtung und Thematisierung der Teamentwicklung, vor allem am Beginn, aber auch während des Projekts (soziales Controlling), ist ein kritischer Erfolgsfaktor. Teams, die die

Abb. 16: Teamentwicklung

Entwicklung in die Performing-Phase nicht schaffen oder wieder auf frühere Phasen zurückfallen, verwenden sehr viel Energie und Zeit für interne Diskussionen und Positionskämpfe. Die Zufriedenheit im Team ist in solchen Fällen sehr gering, was sich wiederum auf die Leistung und den Output auswirkt.

17. TZI – Themenzentrierte Interaktion

Die Themenzentrierte Interaktion (TZI) wurde von Ruth Cohn[29] entwickelt und bezieht sich auf die Balance der Aspekte ICH – WIR – ES. Diese drei Faktoren und die Umwelt sind die Basis der Interaktionen im Team und sind die Einflussfaktoren für die Entwicklung eines Teams. Ziel der TZI ist es, ein dynamisches Gleichgewicht herzustellen und damit die Voraussetzung für eine hohe Leistungsfähigkeit des Teams zu ermöglichen. Dies ist ein fortwährender Prozess und benötigt laufend Arbeit daran.

Die TZI wurde bereits vor mehr als einem halben Jahrhundert als pädagogisch-therapeutisches Konzept zur Steuerung von Gruppenprozessen begründet und seither ständig weiterentwickelt. So ist es kein Zufall, dass das TZI-Dreieck mit ICH – WIR – ES auch dem Projektmanagement-Dreieck mit Leistung – Termine – Ressourcen/Kosten ähnlich ist, wo ebenfalls drei Eckpunkte für das Projekt-Gleichgewicht berücksichtigt werden.

Das **ICH** repräsentiert die Persönlichkeit und die Identität, die Übereinstimmung von Werten, Zielen und Normen mit einer Handlung. Es steht auch für das physische & psychische Wohlbefinden und für die Wege zur Selbstverwirklichung der einzelnen PTM.

Das **WIR** steht für den sozialen Bezugsrahmen und ist der Antrieb zur gemeinsamen Tätigkeit und zur gemeinsamen Produktivität, es steht für das Team.

Das **ES** fungiert als Verbindungsanker zwischen WIR und ICH. Es drückt sich im Projekt, auf der Sachebene, dem gemeinsamen Ziel beziehungsweise den Inhalten aus.

Der zusätzliche Aspekt Umwelt (Globe) wird hier nicht ökologisch verwendet, sondern meint die Einwirkungen äußerer Faktoren auf die einzelnen InteraktionsteilnehmerInnen beziehungsweise auf das Team insgesamt.

Diese vier, bei der TZI stets präsenten Dimensionen stehen dabei in einem gleichberechtigten, nichthierarchischen Zusammenhang, da sie als gleich bedeutungsvoll gelten und eine übermäßige Zentrierung oder auch die Missachtung eines Faktors zu Störungen des Leistungs- und Gruppenprozesses führen kann. Ziel ist es daher, ein dynamisches (kein statisches!) Gleichgewicht zwischen diesen Variablen im Team zu erarbeiten.

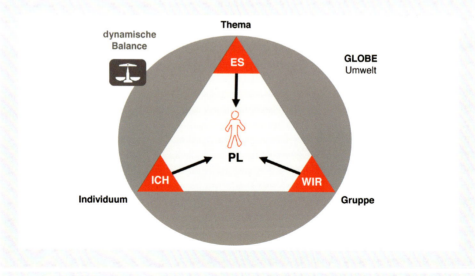

Abb. 17: TZI – 4-Faktoren-Modell

Der/die PL hat dabei die schwierige Aufgabe, sowohl die 3 Ecken in Balance zu halten, als auch die Umwelt in diesen „Balanceakt" mit einzubeziehen. Tendenziell wirken sich alle Veränderungen im Team auf die Individuen und das Thema/die Inhalte aus, Veränderungen bei Individuen beeinflussen das Team und die Inhalte und wenn sich das Thema (Ziele und Aufgaben) verändert, hat dies Auswirkungen auf den Einzelnen und auf das Projektteam im Gesamten.

Die Aufgabe der/des PL kann mit folgenden Grundhaltungen gut gelöst werden:

> Störungen (z.B. Seitengespräche) haben Vorrang: Zuerst Irritation im Team bereinigen, bevor es inhaltlich, sachlich weitergeht.
> Vertritt dich selbst: Selbstverantwortung über eigene Anliegen und Interessen wahrnehmen.
> Gib deine Wahrnehmung wieder: Einbringen von eigenen Sichtweisen und Eindrücken.
> Interpretiere andere nicht, oft können sie mit deiner subjektiven Meinung nichts anfangen.
> Vermeide Verallgemeinerungen: Formuliere so konkret und so spezifisch wie möglich.
> Verdeckte Aussagen über Verhalten oder Meinungen anderer Teammitglieder stören früher oder später das Gleichgewicht in deinem Dreiecksgefüge empfindlich.

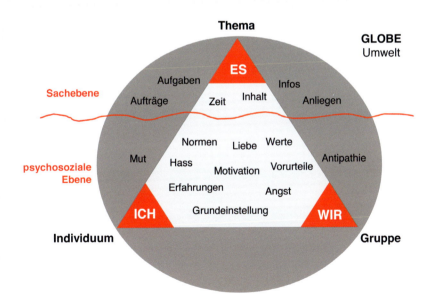

Abb. 18: TZI – Eisberg-Modell

Im sogenannten Eisberg-Modell wird die Bedeutung des Dreiecks und seiner Gleichgewichtsfunktion anschaulich dargestellt. Bekanntlich ist von der Gesamtmasse eines Eisbergs nur ein Siebtel zu sehen, alles andere liegt in den Tiefen des Eismeers verborgen und entzieht sich unserer direkten Sicht. Das Wissen um die Existenz dieser großen Menge Eis unter dem Wasser ist uns gegeben, wir müssen uns diese jedoch vorstellen. Es bestehen deutliche Parallelen zu menschlichen Beziehungen.

Übertragen auf das Dreieck bedeutet dies Folgendes: Das obere Siebtel, das ES stellt die Aufgabe, das Ziel dar. Die beiden unteren Ecken, der Hauptteil des Dreiecks mit den beiden Faktoren ICH und WIR, liegt zu sechs Siebteln im Wasser. Hier finden die Beziehungen und alle dazugehörigen Emotionen zwischen den Individuen und im Team statt. Die Umwelt (Globe) ist das Wasser, in dem das Dreieck beziehungsweise der Eisberg schwimmt. Es ermöglicht erst die Existenz von ICH – WIR – ES und nährt sie.

Die Aufgabe eines/einer PL ist es nun, im Rahmen der Führung eine Balance zwischen diesen drei Aspekten zu finden. Damit ist kein starrer Ausgleich gemeint, sondern ein stets wechselndes dynamisches Gleichgewicht vor dem Hintergrund eines relevanten Umfelds oder Kontexts (Globe). Zentrales Anliegen der TZI ist es, die psychosoziale und die Sachebene in einem Projekt zu betrachten und auszutarieren.

18. Transaktionsanalyse

Die Transaktionsanalyse ist ein psychologisches Modell zum Beobachten, Beschreiben und Verstehen von Persönlichkeit und sozialen Beziehungen zwischen Individuen.

Auch wenn wir im Projektmanagement nicht in die Tiefen der Psychologie und der Psychotherapie vordringen wollen, ist es hilfreich, die Grunderkenntnisse der Transaktionsanalyse zu kennen:

Eric Berne[30] entwickelte ein Modell, nach dem jeder Mensch aus drei verschiedenen „Personen" besteht und drei verschiedene „Ich-Zustände" hat. Das **Eltern-Ich,** das **Erwachsenen-Ich** und das **Kindheits-Ich.** Diese Zustände des Bewusstseins verkörpern aber nicht etwa Rollen, sondern Realitäten. In dem Moment, in dem sich eine Person im Kindheits-Ich befindet, benimmt sie sich auch wie ein Kind von fünf Jahren. Gerät diese Person später in eine ähnliche Situation, wie sie sie schon in dieser frühen Zeit erlebt hat, so wirkt das Gehirn wie ein Tonbandgerät (als Metapher gesehen), das neben dem heute Erlebten auch die ursprünglichen Gefühle wiedergibt. Sie erlebt die ursprüngliche Situation noch einmal.

Die drei unterschiedlichen Ich-Zustände

Eltern-Ich-Zustand = EL
Fühlt, denkt oder handelt, wie er/sie es von anderen Autoritätspersonen früher (Eltern) oder gegenwärtig übernommen hat. Hier zeigen sich sehr stark Soll-Vorstellungen, richtige und falsche Verhaltensweisen als Dogmen: „Der PSP muss prozessorientiert aufgebaut sein. Arbeitspakete müssen als Tätigkeiten mit Haupt- und Zeitwort formuliert sein."

Erwachsenen-Ich-Zustand = ER
Fühlt, denkt oder handelt, wie er/sie es in der Gegenwart nach den Gesichtspunkten der Situation und der Realität selbst bewusst entschieden hat. Dieser Zustand drückt Eigenverantwortung und Realitätssinn aus. „Das Arbeitspaket wird angepasst, damit das Projektziel erreicht werden kann. Mit dem Stakeholder xy wird noch eine Reviewschleife gedreht, damit die Akzeptanz sichergestellt werden kann."

Kind-Ich-Zustand = K
Fühlt, denkt oder handelt, wie er/sie es als Kind auf Grund seiner/ihrer Lebenssituation unbewusst oder bewusst selbst beschlossen hat zu tun. Es handelt sich dabei meist um einen Zustand der Unselbstständigkeit, Hilflosigkeit, Überforderung und manchmal auch des Trotzes. „Das Arbeitspaket mache ich jetzt nicht fertig, weil ich mir doch nichts anschaffen lasse. Und das PTM 3 hat seine Aufgabe ja auch noch nicht erledigt."

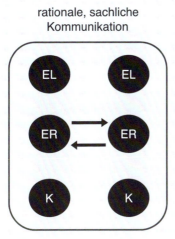
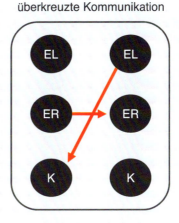

Abb. 19: Transaktionsanalyse

Optimale, sachliche und effektive Kommunikation läuft zwischen zwei Personen ab, die sich beide im Erwachsenen-Zustand befinden. Dabei ist es möglich, sachlich zu argumentieren, einander zuzuhören und gemeinsam gute Lösungen zu finden. Schwierig werden Kommunikationen, wenn z.B. eine Person davon abweicht und aus der Position des belehrenden Eltern-Ichs die andere Person im Kindheits-Ich anspricht. Auf der Sachebene werden dieselben Themen und Punkte angesprochen, diese werden aber in ganz andere Worte und Haltungen verpackt. Dadurch ist die Beziehungsebene in einer „Schieflage" und Ursache für Konflikte (siehe Abb. 19 Transaktionsanalyse).

Ebenfalls aus der Transaktionsanalyse leitet sich das Antreiber-Modell ab: Antreiber beeinflussen Verhaltensweisen in der Projektarbeit. Sie entstanden vorwiegend in der Kindheit und können für die ProjektakteurInnen sowohl unterstützend als auch belastend wirken.

Die 4 wichtigsten Antreiber im Projektmanagement und ihre Auswirkungen:

a) **Die makellosen PTM – „sei perfekt":**
Um anerkannt zu werden, wollen sie perfekt sein, wollen keine Fehler machen. Das kann in manchen Projektaufgaben hilfreich sein. Dahinter steht aber auch die Gefahr, schwarz-weiß zu denken oder sich zu spät Unterstützung zu holen.

b) **Die hektischen PTM – „beeil dich":**
Sie machen alles rasch und werden daher für dringende Arbeiten im Projekt eingesetzt. Sie brauchen den Druck und neigen dazu, unangenehme Aufgaben aufzuschieben beziehungsweise aufgrund der Schnelligkeit auch Fehler zu machen.

c) **Die kämpfenden PTM – „sei stark":**
Sie verlangen mehr von sich selbst als von anderen und sind in Projekten sehr beliebt – oft sind es auch die PL. Es fällt ihnen nicht leicht zu delegieren oder andere um etwas zu bitten. Sie sollten daher in Teamentwicklungsprozessen besonders auf die Leistungsfähigkeit der anderen im Team achten.

d) **Die angepassten PTM – „sei gefällig":**
Sie sind pflichtbewusst, helfen gerne und sind oft wichtige Bezugspersonen im Projektteam. Es fällt ihnen schwer sich abzugrenzen, wodurch sie oft in ihren eigenen Arbeiten Verzögerungen hinnehmen müssen.

Teammitglieder, die ihre Antreiber kennen, können mit ihren Reaktionen auf diese „Botschaften" aus der Kindheit entsprechend umgehen. PL können zum Beispiel mit Feedbackmethoden in der Teamentwicklung das Kennenlernen der Antreiber für die Einzelnen und für das Team fördern.

Wer ist o.k.?

Aus den 3 „Ich-Zuständen" und dem Erleben aus der Kindheit ergeben sich vier Lebensanschauungen, die in der Einschätzung von unterschiedlichem Verhalten von PTM eine wichtige Rolle spielen. Selbstverständlich treten diese Lebensanschauungen kaum in reiner Form auf.

1. Ich bin nicht o.k. – Du bist o.k. (ist häufig die direkte Folge aus dem elterlichen Wechselbad von Zuneigung und Alleingelassen-Sein)
2. Ich bin nicht o.k. – Du bist nicht o.k. (diese Lebenseinstellung ist z.B. bei Menschen mit gefühlskalten Eltern anzutreffen)
3. Ich bin o.k. – Du bist nicht o.k. (diese Lebensanschauung kann von Menschen eingenommen werden, die in ihrer Kindheit Gewalt durch die Eltern ausgesetzt waren)
4. Ich bin o.k. – Du bist o.k. (Die Transaktionsanalyse geht davon aus, dass die ursprünglich – unbewusst – angenommene Lebensanschauung mit viel Geduld geändert werden kann, es also zum „Ich bin o.k. – Du bist o.k." kommen kann. Die Transaktionsanalyse unterstützt dabei.)

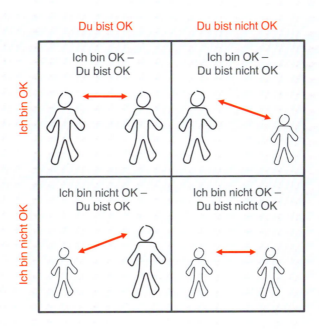

Abb. 20: Der OK-Corral

19. Feedback

Ich weiß nicht, was ich gesagt habe, bevor ich die Antwort meines Gegenübers gehört habe. Paul Watzlawick

Feedback ist in! Der Begriff wird allerdings inflationär verwendet. Statt „ich erwarte deine Antwort" hört man oft „ich warte auf dein Feedback". Feedback ist Kommunikation über Kommunikation: *Metakommunikation.* Feedback ist die offene Rückmedung an eine Person oder Gruppe, wie ihr Verhalten von anderen wahrgenommen oder gedeutet wird.

Wir verstehen Feedback als Methode und Technik mit einigen Regeln. Mit Feedback klären und verbessern wir sowohl die Kommunikation und die Beziehung zueinander als auch die Kommunikation und das Wohlbefinden im Team.

Richtiges Feedback fördert den Zusammenhalt und stärkt das Vertrauen im Projektteam. Feedback erfordert ein hohes Maß an Selbstreflexion und lässt sich nicht so einfach aus dem Ärmel schütteln.

Es stärkt, entwickelt und stabilisiert, weil

> positives Feedback ermutigt,
> Feedback persönliche Lernprozesse fördert,
> Feedback Verhalten steuert,
> Feedback Offenheit verlangt und damit Vertrauen aufbaut,
> Feedback hilft, zielgerichtet zu arbeiten,
> Feedback bei der Fehlersuche hilft,
> Feedback die Motivation hebt,
> Feedback bei der Selbsteinschätzung hilft,
> Feedback eine engere Verbindung mit der Aufgabe bewirkt,
> Feedback bei der Identifikation mit der Arbeitsumgebung und der Planung der beruflichen Entwicklung hilft,
> Feedback in Verhandlungen und bei der Einschätzung von Angeboten hilft,
> Feedback hilft, die Qualität von Entscheidungen zutreffend zu bewerten und zu beurteilen,
> Feedback zwischen Beobachten und Bewerten unterscheidet.

JoHarl-Fenster

Dem Feedback zugrunde liegt das **JoHarl**-Fenster von **Jo**e Luft und **Har**ry Ingham. Es ist ein grafisches Schema zur Darstellung bewusster und unbewusster Persönlichkeits- und Verhaltensmerkmale zwischen einem selbst und Anderen bzw. einem Team. Mithilfe des JoHarl-Fensters wird vor allem der sogenannte „blinde Fleck" im Selbstbild eines Menschen illustriert. Das Selbstbild und das Fremdbild werden miteinander verglichen.

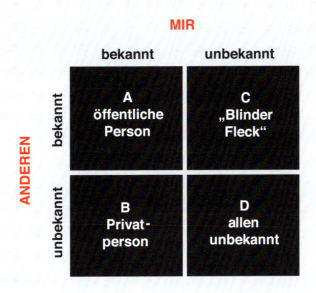

Abb. 21: JoHarl-Fenster

Öffentliche Person (A):
Bereich der Persönlichkeit und Verhaltensweisen, die der Person selbst und Dritten bekannt sind und wahrgenommen werden.

Private Person (B):
Weitere Aspekte der Persönlichkeit, die nur der Person selbst bekannt sind, Dritten jedoch verborgen bleiben – jedenfalls so lange, bis diese einander besser kennenlernen.

„Blinder Fleck" (C):
Aspekte der Persönlichkeit, die der Person selbst nicht bewusst sind, von Dritten aber sehr wohl wahrgenommen werden.

Unbekannt (D):
Es gibt Teile der Persönlichkeit, die der Person selbst und auch Dritten verborgen bleiben. Es sind unbewusste Teile, auf die wir keinen Zugriff haben, obwohl sie durchaus wirksam sein können.

Ganz persönlich, aber vor allem auch im Projektteam wird die Verkleinerung von „C" zu mehr Transparenz, zu höherem Vertrauen und damit zu effizienteren Projektteams führen. Dabei können die Sichtweisen der Anderen sowohl die des eigenen Teams sein, aber auch Projekt-Externe (BeraterIn, Coach, MediatorIn, ModeratorIn) können dabei hilfreich unterstützen. Als Teammethode eignet sich dafür besonders das „Reflecting Team"[31].

Der blinde Fleck

Der „blinde Fleck" bezeichnet den Anteil unseres Verhaltens, den wir selbst nicht über uns wissen. Unsere Umwelt hingegen oder das Team nimmt diese Verhaltensweisen wahr. Diese unbewussten Gewohnheiten und Verhaltensweisen können bewusst werden, wenn wir die Hinweise unserer Umwelt in Form von Feedback (auch Verärgerung, Konflikten) bewusst aufnehmen beziehungsweise aktiv erfragen. Der „blinde Fleck" kann so aktiv verkleinert werden. Dadurch können wir mehr über uns erfahren und – wo gewollt und möglich – Veränderungen im Verhalten herbeiführen.

Beispiele für „blinde Flecken" sind arrogant wirkendes Auftreten, abwehrende Verhaltensweisen bei Kritik, der Eindruck von GesprächspartnerInnen, dass wir nicht zuhören, uns selbst nicht bewusste Gewohnheiten, Vorurteile, körpersprachliche Aktionen und Reaktionen.

Ziel von Feedback ist es nun, A zu erweitern sowie B und C hingegen zu verkleinern. Während B durch meine Entscheidung verkleinert werden kann, ist die C-Verkleinerung vom Feedback anderer abhängig. Die Verkleinerung des blinden Flecks ermöglicht erst die bewusste Gestaltung des eigenen Verhaltens. Sie wird verbessert, der Weg für eine effiziente Kommunikation wird geschaffen und entwickelt sich in Rückmeldeschleifen durch andere ständig weiter.

Der blinde Fleck (aus dem JoHarl-Fenster) kann immer wieder in Teammeetings zum Thema gemacht werden. Der/die PL fordert dann die Teammitglieder auf, Feedback zu geben, mit dem der blinde Fleck von ihm/ihr oder auch vom Team verkleinert werden kann.

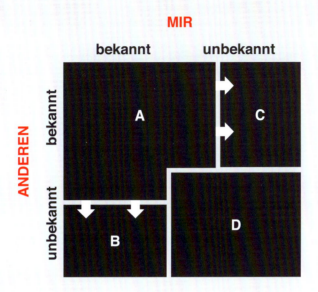

Abb. 22: Entwicklung JoHarl-Fenster

Feedback-Regeln

Beim Feedback geht es darum, dem Gegenüber Beobachtungen und Wahrnehmungen zurückzuspielen und diesem damit die Chance auf Selbsterkenntnis und Veränderung zu ermöglichen. „Wirklich ist das, was wirkt." Dabei geht es also nicht darum, absolute Wahrheiten darzustellen, sondern darum, subjektive Eindrücke und Beobachtungen zu beschreiben. Feedback ist eine hochsensible Interaktion in wertschätzender und freundlicher Atmosphäre.

In der gesamten Projektorganisation erhöht eine gelebte Feedback-Kultur das Vertrauen zwischen den Projektrollen und trägt zur Früherkennung von Projektrisiken und Krisen bei. Im Projektteam ist Feedback zusätzlich ein wichtiges Führungsinstrument für den/die PL. Mit Feedback kann das Fehlen von hierarchischer Macht durch diese motivierende Form der Rückmeldungen ausgeglichen werden.

Selbstverständlich können auch alle Stakeholder mittels Feedbackgesprächen an das Projekt gebunden werden. Gerade hier können damit viele Konflikte im Vorfeld verhindert werden.

Regeln für Feedback-GeberInnen

> Subjektive ICH-Botschaften, wie „Ich habe beobachtet/gesehen, …" oder „Mir ist aufgefallen, …", statt absoluter Wahrheiten, wie „So ist es".
> Beschreibungen und Beobachtungen von sinnesspezifisch Wahrnehmbarem (meine ganz persönliche Beobachtung) statt Bewertungen und „objektiver" Urteile
> Möglichst konkrete Beispiele, konkrete Verhaltensweisen nennen statt Verallgemeinerungen oder Generalisierungen, wie „Du bist immer so …"
> Konstruktive Kritik geben: „Was kann mein Gegenüber tun, um noch besser zu werden?"
> Persönliche Ansprache und höfliche, wertschätzende Kritik formulieren
> Blickkontakt zum/zur FeedbacknehmerIn halten
> Schnell und rechtzeitig statt nach zu langer Zeit oder sofort (Unzeit)
> Soll erwünscht sein und nicht aufgezwungen (es darf aber gefragt werden)
> Möglichst ausgewogen Positives und Verbesserungsvorschläge (2:1 – Sandwich-Feedback) statt nur Negatives

Für Feedback-NehmerInnen

> Bereitschaft, Feedback anzunehmen
> Zuhören, Zuhören, Zuhören (statt Rechtfertigen, Verteidigen und Erklären)
> Eigenes Verständnis sicherstellen und gegebenenfalls Notizen anfertigen
> STOPP-Taste nutzen (wenn es genug ist, darf ich jederzeit abbrechen)
> Feedback für sich selbst abwägen; vergleichen mit eigenen Bildern (Selbstbild vs. Fremdbild) als innerer Dialog
> Feedback ist ein Geschenk, bedanke dich dafür, du wirst es wieder bekommen.
> Die Entscheidung, ob ich ein Feedback annehme, liegt bei mir.

Feedback-Geben erfordert Mut und Feedback-Nehmen Demut!

Feedback im Team

Der Abschluss eines Projekts verlangt geradezu nach Feedback. Um „Lessons learned" aus einem Projekt zu sichern, eignen sich vor allem Team-Feedbackmethoden. Aber auch während der Projektlaufzeit sind vor allem im Sozialen Controlling Feedbackmethoden sehr effizient.

Mögliche Fragen des/der PL an das Team, erbetenes Feedback

> Wie geht es uns im Team?
> Wie geht es euch mit mir?

> Wie geht es euch mit dem Projektfortschritt?
> Wie geht es euch jetzt im Moment?
> Wie seid ihr mit den laufenden Informationen zufrieden?
> Wo würdet ihr euch bessere Unterstützung von mir erwarten?

Methoden

Blitzlicht

> konkrete Frage(n) stellen (siehe oben, aber nicht mehr als 2 Fragen) – Fragen visualisieren (Flipchart)
> Gruppenmitglieder der Reihe nach beantworten lassen
> nicht diskutieren
> rückmelden, wie das Teamfeedback für dich war und was es für dich bedeutet
> Wenn mit einem PTM ein Konflikt schwelt, oder auch nur eine allgemeine Unzufriedenheit mit einem PTM vorliegt, kann das Blitzlicht als Feedbackmethode auch auf eine Person (abfragen, ob gewünscht!!) gerichtet werden.

One-Minute-Paper für den/die PL

> TeilnehmerInnen schreiben ihre Rückmeldung (1 – 2 Fragen vorgeben oder auch frei formulieren) auf ein Blatt Papier
> Vorderseite – positiv
> Rückseite – negativ
> Übergabe an den/die PL
> eventuelle Rückmeldung des/der PL zu Erkenntnissen und „Aha"- Erlebnissen, keine inhaltliche Diskussion, keine Rechtfertigungen

Kärtchen für alle PTM (ca. 20 Minuten)

> Jede/r bekommt ein grünes und eine rotes Kärtchen auf den Rücken geklebt.
> Jede/r schreibt jeder/jedem sein Feedback auf die Kärtchen (grün: Anerkennungsfeedback; rot: Entwicklungsfeedback beziehungsweise Verbesserungsvorschläge).
> Alle lesen ihre Feedbacks und geben zum Abschluss freiwillige Erkenntnisse und „Aha"- Erlebnisse bekannt.

Stimmungsbarometer als nonverbales Feedback (zum Beispiel als Einstieg vor den Meetings). Koordinatensystem auf Flipchart zeichnen und Klebepunkte auflegen

> vertikal: „Wie fühle ich mich?"
> horizontal: Konsens/Dissens mit Gruppe
> Jede/r trägt seine/ihre Position ein.

Oder ein Barometer aufzeichnen

> Stimmungsbarometer horizontal über das „Feeling" im Projektteam
> Jede/r klebt zum Controllingdatum seinen/ihren Punkt.

Oder

> die Langzeit-Teamfeeling- und Leistungsdarstellung
> vertikale Darstellung mit den 4 Gesichtern
> horizontale Spaltenfestlegung mit den Controlling-Meetings
> rote und grüne Punkte für die Teambewertung auflegen
> Alle Teammitglieder kleben rot für den Projektfortschritt und grün für das Wohlbefinden im Team.
> Der/die PL klebt das sich entwickelnde Flip jeweils vor den Teammeetings an die Wand – zur Visualisierung der Vergangenheit und für ein neuerliches Teamfeedback.

7 Tipps für die ProjektleiterInnen

> Vereinbare mit dem Projektteam die Art (einzeln und/oder im Team) und die Häufigkeit von Feedback (Spielregeln, Kommunikationsstrukturen, Projektkultur).
> Nutze regelmäßiges Feedback zur Teamentwicklung und zur Konfliktprävention.
> Nütze das Feedback anderer für deine persönliche Weiterentwicklung und auch als Teamführungsinstrument, denn Beobachtungen aus dem Team stärken und fördern das Team.
> Versuche dein Team so schnell wie möglich in die Performance-Phase hin zu entwickeln.

TEAMBILDUNG UND TEAMENTWICKLUNG   **E**

> Mache den Status der Teamentwicklung sichtbar und regelmäßig zum Thema (Soziales Controlling, Teamuhr), du bist dafür verantwortlich.
> Organisiere von Zeit zu Zeit Teamzusammenkünfte außerhalb der operativen Projektarbeit (vom wöchentlichen Projektcafé bis zu Erlebnisworkshops).
> Störungen haben Vorrang! Mit offenen Fragen kannst du im Team auch verdeckte Belastungen aus der psychosozialen Ebene in positive Projektenergie umsetzen.

Stimmungsbarometer im P-Team (links); Stimmungs- und Fortschrittsbarometer während mehrerer Controlling-Meetings

social competence

ABSCHNITT F

MOTIVATION

Zufriedenheit ist gut – Begeisterung ist besser!

Die ersten Sonnenstrahlen wecken Walter Punkt. Er hat zwar nur ein paar Stunden Schlaf genossen, trotzdem ist er so fit, dass er noch vor dem Weckerläuten um 6.00 aus dem Bett springt. Seine Frau dreht sich im Bett um und schläft weiter. Er geht in die Küche und beginnt das Frühstück vorzubereiten. Ein guter Tag beginnt mit einem ausgiebigen Frühstück. Iss wie ein Kaiser in der Früh, wie ein Bürger zu Mittag und wie ein Bettler am Abend. Das gilt auch für die Projektplanung, denkt er. Wer zu Projektbeginn Zeit in eine integrierte Planung investiert, wird im Laufe des Projekts davon profitieren. Wobei, das mit dem Projektende findet Walter doch nicht so ganz passend. In der Praxis ist es leider oft so, dass kaum Zeit und Energie für Lessons learned und Reflexionen bleiben. Er nimmt sich vor, in seinem Programm mehr als eine „Bettlermahlzeit" dafür vorzusehen.

Frau Punkt ist sehr überrascht über das unerwartete Frühstücksservice. Und ihr Sohn freut sich über die üppigen Ham & Eggs als Abwechslung zum gesunden Müsli. Als Revanche ist er dann sogar mal vor Walter zur Abfahrt bereit. Auf der Fahrt nach Wien entsteht ein lockeres, angeregtes Vater-Sohn-Gespräch über Studium und Wochenendpläne. Ganz anders als die üblichen grantigen Schweigesessions. Nun, ein halbes Jahr später, sagt ihm sein Sohn, wie viel es ihm bedeutet hat, dass sein Vater zur Veranstaltung des Studenten-Krippenspiels gekommen ist. Wenn Walter gewusst hätte, was dies für Konsequenzen haben würde! Denn wäre er damals nicht zu spät ins Leopold Museum gekommen, hätte er Katharina nicht mit einer Kellnerin verwechseln können und so weiter. Er gibt seinem Sohn zu verstehen, dass er dessen künstlerische Ambitionen durchaus zu würdigen weiß, dass er sich aber als Vater natürlich trotzdem Sorgen um seine Zukunft macht. Gerald wird nicht wütend, sondern versteht ihn. Er teile sogar die Sorgen seines Vaters, sagt er, und deshalb habe er sich für zahlreiche Ferialjobs beworben und einen im Burgtheater bekommen. „Stell dir vor, im besten Theater des deutschsprachigen Raums!", freut er sich. Walter ist gerührt, Gerald hat seine Ratschläge trotz all der Streitigkeiten ernst genommen. Es ist wirklich noch viel unsichtbare Liebe unter der Spitze des Eisbergs versteckt, denkt er. Vor dem Aussteigen drückt er ihn noch kurz an sich. Er ist sich sicher, dass er einen wunderbaren Tag vor sich hat.

Um 16.30 ist Walter Punkt am Boden zerstört. Das Meeting zur Vorbereitung der Programmplanung entpuppte sich als einziges Jammern und Raunzen[32], weil Doppelbelastungen bestehen und keine freien Ressourcen verfügbar sind. Zum Abschluss-Workshop seines letzten Projekts kamen nur zwei Projektteammitglieder. Die zehn anderen Projektbeteiligten tauchten einfach nicht auf, die meisten unentschuldigt. Und dann noch die Nachricht von seiner Frau, sie habe den Schlüssel zu Hause vergessen und stehe vor der verschlossenen Türe. Ob er bald nach Hause käme, sie gehe inzwischen einkaufen.

Walter legt seine Brille behutsam vor sich auf den Schreibtisch. Mit den Bügeln nach oben, damit sie nicht umfallen kann, und richtet sie parallel zur Schreibtischkante aus. Er lehnt sich in seinem Schreibtischsessel zurück und massiert leicht seine Schläfen. Nach wenigen Augenblicken seufzt er leise auf und widmet sich seinen Mails. Ich war nicht mal drei Stunden weg und schon wieder 17 ungelesene Mails. Setzt mich jetzt jeder auf cc, nur weil ich SPIRIT leiten werden? Einfach zur Sicherheit, damit ich nur ja alle Informationen bekomme? Das nenne ich Zumüllen. Walter öffnet ein Mail von Hans Fornach ohne Betreff.

Betreff:
Von: „Hans Fornach" <hans.fornach@konzernwien.at>
Datum: Mo, 31.05.2010, 14:10
An: walter.punkt@konzernwien.at

Lieber Walter,
bitte komm morgen auf einen Kaffee bei mir vorbei. Wann immer du Zeit hast. Ich möchte mit dir über den Spirit von SPIRIT reden. Der Vorstand meint, die Motivation ist nicht gut. Die Leute sind verunsichert und irritiert. Lass uns das in Ruhe besprechen.
Lg Hans

Na sowas. Hat sich die Stimmung bereits bis zum Vorstand hochgearbeitet? Irgendwie werde ich das Gefühl nicht los, es ist mein Thema. Täusche ich mich da? Vielleicht ist mein Appell-Ohr zu sensibel eingestellt oder habe ich jetzt den Schwarzen Peter und die Herren Bereichs- und Abteilungsleiter geht das alles gar nichts an? Denken sie wieder: „Der Punkt wird's schon richten mit dem Programm, mit dem Change und natürlich mit der Motivation. Wofür haben wir denn einen Programmmanager?" Mir reicht's für heute.

Bevor er den Computer herunterfährt, piept ein neues Mail herein.

F ZUFRIEDENHEIT IST GUT
BEGEISTERUNG IST BESSER!

Betreff: Terminabsage und Vorschlag
Von: „Katharina Berghof" <katharina.berghof@pmcc-consulting.com>
Datum: Mo, 31.05.2010, 17:12
An: walter.punkt@konzernwien.at

Lieber Walter,
ich hoffe, es geht dir gut!
Leider muss ich unseren nächsten Coachingtermin diese Woche absagen. Sorry! Tut mir echt leid. Ich muss einen Kollegen in Basel vertreten. Es ist wirklich ein Notfall. Alternativ kann ich dir Freitag 4. Juni nachmittags ab 15.00 oder den 16. Juni vormittags anbieten. Ich hoffe, da ist was Passendes für dich dabei. Lg Katharina
PS: Laura ist übrigens wie verwandelt. Ich danke dir nochmals herzlich!

Walter schreibt Katharina ein schnelles Mail zurück.

Betreff: Re Terminabsage und Vorschlag
Von: „Walter Punkt" <walter.punkt@konzernwien.at>
Datum: Mo, 31.05.2010, 17:17
An: „Coach Katharina" katharina.berghof@pmcc-consulting.com

Liebe Katharina,
gut, dass du dich meldest. Heute war nicht mein Tag. Es geht drunter und drüber. Und die Motivation in der Firma ist eine Katastrophe. Das möchte ich unbedingt mit dir besprechen. Könntest du mir bitte wieder was zum Lesen mailen? Dann arbeite ich mich ein bis zum nächsten Treffen. Je früher, desto besser. Mir wäre der 4. Juni sehr recht. 15.00 in deinem Büro?
So, jetzt muss ich los. Ich werde zu Hause als Tür- und Tor-Öffner herbeigesehnt. Meine liebe Frau hat sich ausgesperrt. Na, soll nix Schlimmeres passieren. Hätte ich nur auch immer den passenden Schlüssel für alle anderen Probleme ... Lg Walter
PS: Freut mich, dass es euch beiden gut geht und eure Beziehung wieder besser läuft.

Als Walter am nächsten Morgen den Computer startet, findet er sieben neue Nachrichten in seinem Postfach. Das Mail von Katharina öffnet er als erstes und druckt sich ihr Attachment über Motivation aus.

20. Motivation

Motivation versucht das Warum von menschlichem Verhalten zu erklären, wobei es sich um das Beibehalten einer bestehenden oder um das Erreichen einer neuen Verhaltensweise drehen kann. Motivation ist das Sammelbecken von Gefühlen, Handlungen, Gedanken, unbewussten Impulsen, automatisierten Reaktionen, die sich auf Form, Intensität und Richtung eines Verhaltens beziehen. Menschen sind prinzipiell motiviert. Nicht immer ist die Motivation auf ein bestimmtes Verhalten ausgerichtet, wie es in Unternehmen und Projekte erwartet wird: z.B. täglich um 7.00 in der Früh zur Arbeit zu erscheinen, am Telefon freundlich KundInnenbeschwerden entgegenzunehmen, widersprüchliche Erwartungen von verschiedenen Abteilungen zu sammeln und abgestimmte Spezifikationen für ein Dokumentenmanagement-System zu verdichten.

Motive sind weder direkt beobachtbar noch dauerhaft. Dennoch werden sie zur Erklärung von wiederkehrendem und über eine Situation hinausgehendem Verhalten herangezogen. Im Gegensatz zu den angeborenen Trieben sind Motive und Bedürfnisse meist erlernt und unterliegen kulturellen Einflüssen. Bedürfnisse sind den Motiven rangmäßig vorgelagert und bezeichnen ein Ungleichgewicht. Dieses generelle Mangelgefühl bewirkt eine allgemeine Handlungsbereitschaft. In der Praxis werden Bedürfnisse und Motive meist synonym verwendet. Aktuelle Erkenntnisse aus der Gehirnforschung bestätigen, dass wir in einem weit höheren Ausmaß triebgesteuert sind, als bisher angenommen. Wir tun die meisten Dinge also nur, weil unser Hirn uns dafür belohnt.[33]

Motive können als „Beweggründe" für Handeln verstanden werden. Die primären Triebe der genetischen Programmierung wurden durch Vergesellschaftung von den sekundären Motiven weitgehend verdrängt und überlagert.

Motivation ergibt sich aus der Interaktion von Person und Situation. Menschen können ihr Verhalten auf interne oder externe Motive zurückführen. Bei intrinsischer Motivation bezieht eine Person ihre Befriedigung direkt aus der Arbeit (z.B. Bewältigung einer komplexen Aufgabe, Lösen eines schwierigen Problems). Man könnte auch sagen, jemand ist „selbstmotiviert", kippt so richtig rein oder geht voll in seiner Arbeit auf. In Projekten kann das auch das Schaffen von oder das Mitarbeiten bei etwas völlig Neuem und Spannendem sein. Der/die extrinsisch Motivierte hingegen holt seine/ihre Befriedigung aus den Begleitumständen der Arbeit (z.B. Bezahlung, Anerkennung). Er/sie ist quasi durch die zu erwartende Gegenleistung „fremdmotiviert". In Projekten kann das eine versprochene Prämie, eine Karrierechance oder ein erhofftes Lob des/der PL sein.

In der Realität besteht eine Mischung und Wechselwirkung zwischen intrinsisch und extrinsisch. In Projekten ist vor allem der sogenannte Crowding-out-Effekt (Verdrängung) zu berücksichtigen. Wenn ursprüngliche Verhaltensweisen durch intrinsische Motivation erzeugt wurden, so können diese durch den Einsatz von äußeren Anreizen, wie Prämien oder leistungsorientierte Entlohnung, verdrängt oder gänzlich korrumpiert werden. Werden dann in einem weiteren Projekt keine Prämien versprochen, kann es leicht dazu kommen, dass die PTM fragen: „Was bekomme ich denn dafür, dass ich da mitarbeite?" Besonders heikel ist dieses Thema in gemeinnützigen Projekten, die meist vom Engagement ehrenamtlich Tätiger abhängig sind.

Zur weiteren Abgrenzung seien noch Werte und Einstellungen erwähnt, die wiederum vollständig erlernt und stark von Kultur und Zeitgeist abhängig sind.

Grundmodell der Motivation

Alle Modelle und Theorien zur Motivation beschäftigen sich damit, was menschliches Verhalten auslöst, fokussiert und aufrechterhält[34]. In Projekten kommt noch hinzu, dass das individuelle Verhalten von externen Umweltfaktoren beeinflusst ist. PTM und PMA sollen Arbeitsleistungen erbringen, die weitgehend von fremdbestimmten Zielen, Zeiten und Qualitätsansprüchen beeinflusst sind. Es sind vor allem fünf Einflussfaktoren, die auf den Kreislauf der Motivation wirken (siehe Abb. 23). **Anreize** und **Belohnungen** oder deren Ausbleiben stehen in einer Wechselwirkung zu **Einstellungen**, also der Summe von positiven und negativen Bewertungen gegenüber einer Sache oder Person. Einstellungen bestehen aus drei Komponenten: affektiv (mit Gefühlen verbunden), verhaltensorientiert (erlernt) und kognitiv (auf Gedanken basiert). Die Einstellungen wirken direkt auf die persönlichen **Ziele** und Erwartungen. Diese beeinflussen wiederum die im Rahmen von Projekten gezeigten Leistungen. Zielbezogene persönliche **Anstrengungen** führen zu Leistungsfortschritt. Zwischen der **Leistung** und den Anreizen/Belohnungen besteht ein verstärkender Zusammenhang im Sinne einer positiven Rückkopplung.

Abb. 23: Grundmodell (Kreislauf) der Motivation

Werte, Visionen, Verhalten

Mit Bezug auf den Anthropologen und Kommunikationsforscher Gregory Bateson[38] und dessen Lernebenen hat Robert Dilts die Pyramide der logischen Ebenen entwickelt. Dieses Modell erklärt Motivation über den Zusammenhang der unterschiedlichen Ebenen und ist in folgender Weise gegliedert:

> Die **Vision** (Projektziele) bezeichnet eine Vorstellung, Fantasie, einen Traum oder ein Idealbild bezüglich eines Zustands in unbestimmter Zukunft.
> **Mission** (Projektauftrag) ist ein Auftrag, eine Aufforderung zu einer bestimmten Handlung. Diese Ebene steht für: Wofür? Wozu?
> **Identität** (Teamgefühl – Wir-Gefühl) steht für Wesensart oder Corporate Identity nach außen bzw. innen. – Wer?
> **Werte** (Spielregeln und Projektkultur) sind die Grundlage für die Kriterien, nach denen alle Entscheidungen getroffen werden. Werte erzeugen auch Motivation und bestimmen unsere Haltungen. – Warum?
> **Fähigkeiten** (Fachmethoden- und Sozialkompetenz) sind bewusst erlernte Skills und Kompetenzen oder auch die Ressourcen, die Unternehmen haben. – Wie genau?
> **Verhalten** (Entscheidungen, Aktivitäten, AP) sind die Handlungen, das, was wir tun. Was muss von den PTM gemacht werden, damit das Projektziel erreicht wird? – Was genau?
> **Kontext** (Projektumwelt) steht für Umgebung, Umwelt und Hintergründe. Einflussnahme von außen. – Wann? Wo? Wer noch?

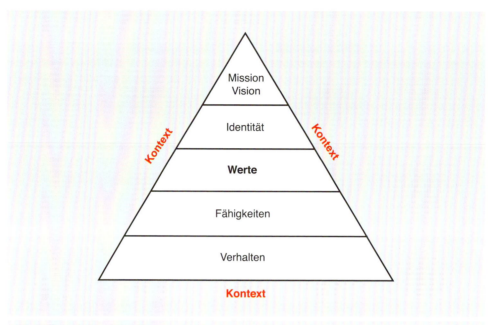

Abb. 24: Pyramide der logischen Ebenen

Beispiel: Einsatz der Pyramide der logischen Ebenen in einem Projekt

Das Projekt „Lessons learned" hat das Ziel, organisatorische und kulturelle Voraussetzungen zu schaffen, um Lernen aus Projekten einfach und nachhaltig zu machen. **(Vision)**

Diese Vision wird in einem Projektauftrag mit vereinbarten Rahmeneckdaten (magisches Projektdreieck) konkretisiert und als erwünschter Soll-Zustand terminisiert. **(Mission)**

Das Projektteam setzt sich mit diesem Auftrag im Rahmen der Startphase intensiv auseinander. Dadurch entstehen eine Identifizierung mit den Zielen und ein Wir-Gefühl. **(Identität)**

Die vereinbarten Spielregeln, wie offene Kommunikation, regelmäßige Reflexion und Wissensaustausch, geben Orientierung für das gemeinsame Arbeiten und das effektive Erreichen der Projektziele. **(Werte, Projektkultur)**

Die erforderlichen Kompetenzen werden bereits bei der Auswahl des Projektteams berücksichtigt und gegebenenfalls ergänzt und vertieft. **(Fähigkeiten)**

Die Umsetzung der Arbeitspakte basiert auf Fähigkeiten und Werthaltungen der Beteiligten und ist ein Produkt aus Sollen, Können und Wollen. **(Verhalten)**

Auch dieses Projekt ist nicht unabhängig von internen und externen Interessen und Erwartungen. Diese werden im Rahmen einer Stakeholderanalyse bewertet und beeinflussen das Verhalten **(Kontext).**

21. Motivationstheorien im Überblick

Hier werden nicht alle, sondern nur die im Projektmanagement relevantesten Theorien zu Motivation im Überblick vorgestellt. Maslow und Herzberg erklären das „Was" (Inhalt), Adams und Hackman/Oldham das „Wie" (Prozess) der Motivation.

Bedürfnispyramide nach Maslow

Das Modell der Bedürfnishierarchie des US-amerikanischen Psychologen Abraham Maslow ist die bekannteste Motivationstheorie. Er stellt menschliche Bedürfnisse in Form einer Hierarchie als Entwicklungsmodell dar. Nach Maslow ist der Mensch ein „wanting animal". Werden Bedürfnisse (z.B. Schlaf) nicht befriedigt, so versucht der Mensch diesen Mangel zu beheben und seinen Gleichgewichtszustand wieder herzustellen. Seine Bedürfnispyramide besteht aus vier Defizitbedürfnissen und an der Spitze aus einem nicht gänzlich zu befriedigenden Wachstumsbedürfnis. Erst wenn eine Bedürfniskategorie befriedigt ist, wird die nächsthöhere wirksam. Befriedigte Bedürfnisse motivieren nicht mehr zu verstärkten Leistungsbemühungen. Nur unbefriedigte Bedürfnisse erzeugen einen Spannungszustand, den es durch Bedürfnisbefriedigung abzubauen gilt. Betont wird in diesem Modell die jeweilige Persönlichkeit. Diese wirkt im Grundmodell Motivation (siehe Abb. 23) vor allem auf die Faktoren Einstellungen und Ziele sowie auf die Bewertung von Anreiz/Belohnung.

> **Die Bedürfnispyramide besteht aus folgenden Ebenen, die es von unten nach oben zu befriedigen gilt:**

> - **Physiologische Bedürfnisse** (Hunger, Durst, Atmung, Schlafen, Überleben)
> - **Sicherheitsbedürfnisse** (Schutz, Vorsorge, Angstfreiheit, Arbeitsplatzsicherheit)
> - **Soziale Bedürfnisse** (Kontakt, Liebe, Zugehörigkeit)
> - **Ich-Bedürfnisse** (Freiheit, Unabhängigkeit sowie Anerkennung, Status, Prestige)
> - **Selbstverwirklichung** (Erfüllung einer Berufung oder Mission, Talente ausleben)

Zu Maslow kann kritisch angemerkt werden, dass sich die einzelnen Bedürfniskategorien nicht immer eindeutig voneinander abgrenzen lassen und für eine empirische Überprüfung zu wenig operationalisiert sind. Weiters ist die strenge hierarchische „Abarbeitung" der Bedürfnisse in der Praxis nicht immer gegeben (Stichwort: der arme Künstler oder der Selbstmordattentäter). Auch ein Projektteam kann von seinen Projektzielen so begeistert sein, dass Essen und Schlafen oder zumindest Entspannung und Erholung vergessen werden.

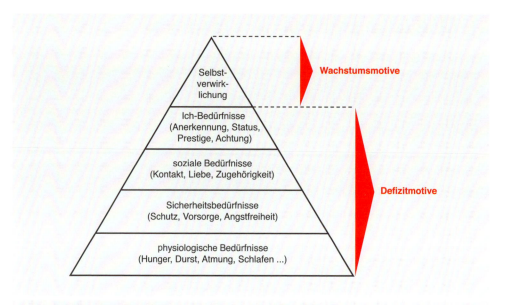

Abb. 25: Bedürfnispyramide nach Maslow

Zwei-Faktoren-Theorie nach Herzberg

Das Modell von Frederick H. Herzberg ist eine Theorie zur Arbeitszufriedenheit und auch ein Ansatz zur Motivation. Der Mensch wird als Dualität aufgefasst, einerseits mit einem Streben nach Wachstum und Selbstverwirklichung und andererseits mit dem Bemühen, Schmerz und Unlust zu vermeiden. Zentral berücksichtigt sind auch der Arbeits- und Projektkontext im Sinne von Arbeitsbedingungen sowie Anreize und Belohnungen.

Es sind zwei relevante unabhängige Dimensionen hinsichtlich Arbeitszufriedenheit von Bedeutung: Hygiene-Faktoren beeinflussen „Unzufriedenheit – Nicht-Unzufriedenheit" und die Motivatoren beeinflussen „Zufriedenheit – Nicht-Zufriedenheit". Habe ich als PTM keinen Zugriff auf den Projektordner oder bin nicht in den E-Mail-Verteiler eingebunden, bin ich verärgert, sprich unzufrieden. Ist der Zugriff sichergestellt, bin ich nicht mehr unzufrieden, aber deswegen noch lange nicht motiviert. Motivierend wäre vielleicht ein interessantes Arbeitspaket oder eine Lernchance im Projekt.

Hygiene-Faktoren beziehen sich auf die Rahmenbedingungen, den Kontext und die Motivatoren auf den Content, die mit der Arbeit unmittelbar verknüpften Aspekte (inklusive soziale Beziehungen). So wie in der Medizin bewirkt Hygiene keine Gesundheit, kann aber den Tod vermeiden.

Abb. 26: Zwei-Faktoren-Theorie nach Herzberg

Möglichkeiten zur Projektgestaltung unter Berücksichtigung von Hygiene-Faktoren

> wesentliche Voraussetzungen und Arbeitsmittel sicherstellen
> notwendige Rahmenbedingungen (eventuell gemeinsam mit Linienvorgesetzten) zum Arbeiten abklären
> Zugang zu relevanten Informationen und Dokumenten ermöglichen
> faire Behandlung im Team und in Meetings sicherstellen

Möglichkeiten zur Projektgestaltung unter Berücksichtigung von Motivatoren

> direktes Feedback zu erbrachten Leistungen geben
> Tätigkeiten/AP auf KundInnennutzen beziehungsweise Projektziele (Sinnstiftung) ausrichten
> Lernprozesse und Entwicklungschancen ermöglichen
> Rahmen für eigenständiges, selbstverantwortliches Arbeiten schaffen
> „Mini-Budgets" planen und delegieren
> Eigenverantwortung für Ergebnisse/AP sicherstellen

Ein/e PL soll sich vorrangig auf das Sicherstellen der Hygiene-Faktoren kümmern. Basierend darauf können auch Motivatoren leichter umgesetzt werden.

Gleichgewichtstheorie nach Adams

Im Gegensatz zu Maslow und Herzberg, die von inhaltlichen Erklärungen zur Motivation ausgehen, beschreibt J. Stacy Adams die Beweggründe und den Prozess von Motivation. Der Gleichgewichtstheorie (Equity- oder auch Fairness-Theorie) liegt die Annahme zugrunde, dass Individuen nach Ausgleich und Harmonie trachten. Es geht um ein angestrebtes Gleichgewicht des eigenen Input-/Output-Verhältnisses gegenüber einer Vergleichsperson. Das heißt, wie verhält sich mein Aufwand (Arbeitseinsatz, Know-how) in Bezug zu meinen Ergebnissen (verglichen mit Anderen oder mit meinen eigenen Wertvorstellungen)? Personen erwarten in sozialen Austauschbeziehungen faire Gegenleistungen. Bleiben diese aus, entsteht ein Ungleichgewicht, welches die Betroffenen durch verschiedene Handlungen auszugleichen versuchen.

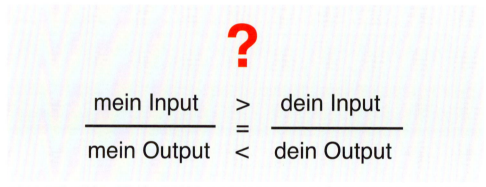

Abb. 27: Gleichgewichtstheorie nach Adams

Ein Beispiel aus dem Projektalltag

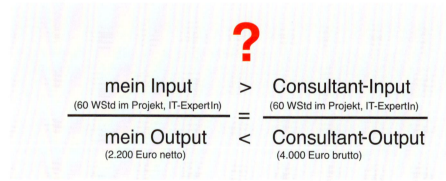

Abb. 28: Praxisbeispiel Gleichgewichtstheorie

Die Einschätzung hinsichtlich Zufriedenheit ist stets eine subjektive Bewertung eines PTM. So könnte sich beispielsweise ein IT-Experte mit einem externen Consultant vergleichen und feststellen, dass dieser dieselbe Arbeit macht und ebenso 60 Stunden in der Woche arbeitet. Ungerecht wird aber vom IT-Experten empfunden, dass der Consultant für denselben Input, sprich wahrgenommene Arbeitsleistung, einen weit höheren Output, nämlich 4.000,– Euro erhält und er selbst nur 2.200,–.

Was würde sich ändern, wenn der Consultant wesentlich älter wäre als der IT-Experte? Oder eine Frau wäre oder aus Indien kommen würde? Und wie empfindet der Consultant den Vergleich mit dem IT-Experten aus seiner Sicht? Sind 4.000,– als Entlohnung dafür gerechtfertigt, dass er weit mehr Erfahrung mitbringt, kein Geld im Falle von Krankheit erhält, keine Arbeitsplatzsicherheit hat und alle Weiterbildungsmaßnahmen selbst finanzieren muss?

Bei empfundenem Ungleichgewicht des „Kosten-/Nutzen-Verhältnisses" stehen folgende Reaktionsmöglichkeiten zur Disposition

> Änderung der Inputs (Menge an investierter Zeit oder Qualität der Arbeit senken)
> Änderung der Outputs (Lernchance und Erfahrungszugewinn werden als wesentlicher Teil des Outputs dazugerechnet)
> kognitive Verzerrung von Inputs und Outputs (Neuinterpretation, andere Bewertung, Input wird abgewertet und Output aufgewertet)
> Beeinflussung der Vergleichsperson (eigentlich arbeitet das PTM 2 noch viel mehr, auch zu Hause, daher ist die höhere Anerkennung gerechtfertigt; oder es wird Gruppendruck auf das PTM 2 ausgeübt, um seinen/ihren Einsatz zu senken)
> Wechsel der Vergleichsperson (statt des Vergleichs innerhalb des Teams wird ein/e FreundIn aus dem Freundeskreis als Vergleichsperson herangezogen, der/die viel weniger verdient und einen langweiligen Job hat)

Beim Vergleich des eigenen Input-Output-Verhältnisses mit fremden Input-Output-Verhältnissen besteht

> die Tendenz zur Überschätzung der eigenen Inputs (mangelhafte Rückmeldung durch den Vorgesetzten bzw. die Vorgesetzte),
> die Tendenz zur Unterschätzung der fremden Inputs und
> die Tendenz zur Überschätzung der fremden Outputs.

Die richtige Mischung aus extrinsischen und intrinsischen Anreizen ist wichtiger als die Optimierung von Einzelanreizen, z.B.: hoch bezahlte + langweilige vs. schlecht bezahlte + interessante Arbeit.

Job Characteristics Theory nach Hackman/Oldham

Dieses Modell hat die wissenschaftliche Überprüfung und den Praxistest gut überstanden. Es erklärt die Wirkung mehrerer Faktoren der Arbeitsdimensionen (Vielfalt, Identität, Bedeutung, Autonomie, Feedback aus der Arbeit) und der inneren psychischen Zustände einer betrachteten Person (PTM) auf die Ergebnisse in Projekten (vor allem Motivation, Effektivität der Arbeit).

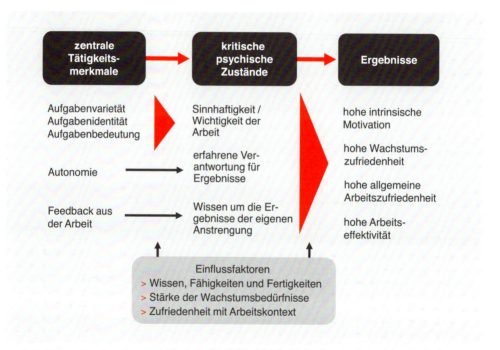

Abb. 29: Job-Characteristics-Theory nach Hackman/Oldham

Die zentralen Tätigkeitsmerkmale in der Projektarbeit sind von dem/der PL weitgehend beeinflussbar. Es handelt sich dabei vor allem um die Vielfalt und Abwechslung der Tätigkeiten, die an ein PTM übertragen werden, sowie die Autonomie und Freiräume zur Bearbeitung von AP wie auch die Intensität und Regelmäßigkeit von Feedbacks zu den Arbeitsabläufen.

Das PTM erlebt daraus die eigene Sinnhaftigkeit seines Tuns und verstärkt Eigenverantwortung. Daraus ergeben sich persönliche Zufriedenheit und Steigerung der Arbeitseffektivität.

Der/die PL muss darauf achten, die Rahmenbedingungen für einzelne PTM so zu setzen, dass es vor dem Hintergrund des jeweiligen Wissens und der Kompetenzen weder zur Über- noch zu Unterforderung kommt.

Zufriedenheit ist gut – Begeisterung ist besser! (Fortsetzung)

Walter klopft zweimal kurz und tritt in Katharinas Büro. „Hallo Katharina, ich bin hoch motiviert, hast du eine Vermutung, warum?"

Katharina steht hinter ihrem großen, hellbraunen Schreibtisch auf und reicht Walter zur Begrüßung die Hand. „Hallo Walter. Freut mich, dich so gut gelaunt zu sehen. Hat dich dein Personalvorstand schon wieder gelobt? Oder hat Österreich ein Fußballspiel gewonnen?" Sie lächelt ihn entwaffnend an. Walter lacht, beschließt jedoch, die Anspielung auf seine Lüge vom letzten Treffen zu ignorieren. Und zu erklären, warum Österreich bei der WM nicht mitspielt, würde zu weit gehen. Außerdem hat seine gute Laune ja tatsächlich mit projektinternen Gründen zu tun. „Du kannst dich an Schmolz erinnern, der nach dem letzten Workshop meine Führung hinterfragt hatte? Er hat sich für sein unprofessionelles Verhalten entschuldigt. Dann wollte er noch meinen Rat über die Zusammensetzung seines Projektteams für das Programm SPIRIT 2012 hören. Wir haben gemeinsam einen Vorschlag ausgearbeitet. Er sei sehr motiviert, hat er noch gemeint, und das wirkt bei mir immer noch nach." Walter genießt Katharinas wohlwollendes Lächeln und erst recht ihre Antwort.

„Du bist am richtigen Weg, Walter, herzliche Gratulation. Wenn du im Oktober SPIRIT startest, werdet ihr ein prächtiges Programmteam sein. Die Projektleiter werden dir vertrauen. Aber sag, wie ist es dir mit der Motivationslektüre gegangen?"

„Hm, das mit der Motivation ist vielschichtiger, als ich dachte. Ich hatte mir einfache Rezepte zur Sicherstellung von motivierten Projektteammitgliedern erwartet. Bevor ich dein Skript gelesen habe, war ich der Meinung, dass Zielvereinbarungen und Prämien das Um und Auf der Motivation sind. Oft habe ich beklagt, dass ich kein Budget für Anreize in Projekten bekommen habe. Und geärgert habe ich mich ebenso oft, wenn mir Linienvorgesetzte nicht entsprechend motivierte Mitarbeiter ins Projekt entsendet haben."

Katharina deutet Walter, Platz zu nehmen und setzt sich auf den Ledersessel zum Besprechungstisch. „Magst du Kaffee oder Tee?"

Walter lehnt dankend ab und bedient sich beim Wasser. „Überzeugt hat mich dieser Effekt mit der Korrumpierung von interner Motivation durch monetäre Anreize, du weißt schon."

Sie lächelt ein wenig und sagt nickend: „Crowding-out-Effekt. Ich weiß, was du meinst."

„Dieser Verdrängungseffekt hat mich zum Nachdenken gebracht."

„Ja? ... Und zu welchem Schluss bist du nach dem Studium der Motivationsmodelle gekommen?"

„Mir geht es gar nicht anders als den Führungskräften in der Linie. Auch ich muss als temporäre

F   ZUFRIEDENHEIT IST GUT – BEGEISTERUNG IST BESSER!

Führungskraft meine Programm-Teammitglieder motivieren und für die Programmziele begeistern. Und die ProjektleiterInnen müssen das mit ihren Projektteammitgliedern tun."

„Und wie geht das? Wie heißt nun die Erfolgsformel?" Katharina sieht Walter erwartungsvoll an.

„Ich hab dir noch gar nicht erzählt, dass ich vor ein paar Jahren ein Projekt zur Einführung von Qualitätsmanagement geleitet habe. Ich wollte aber kein verstaubtes, formalistisches System einführen, sondern ein modernes, flexibles. Daher habe ich mich sehr intensiv mit dem Thema Prozessmanagement und Kundenorientierung auseinandergesetzt."

„Interessant. Schon wieder eine neue Facette an dir."

„Wieso? Würdest du mir das nicht zutrauen?

„Natürlich traue ich dir das zu. Ich bin einfach positiv überrascht, was ich so alles über dich erfahre."

„Gut. Dann bin ich ja beruhigt." Walter lässt das kleine Kompliment frei im Raum schweben und fährt fort. „In diesem Projekt bin ich auf eine Methode gestoßen, die nennt sich Moments of Truth. Vielleicht kennst du sie?"

Katharina sieht nach oben und runzelt ihre Stirne. „Ich denke schon. Es geht um den Kontakt der Kunden mit einem Prozess und dessen Bewertung. Und daraus leitet sich dann die Kundenzufriedenheit ab, oder so ähnlich."

„Genau. Es wird zwischen drei Ebenen unterschieden: Basis, Leistungs- und Begeisterungsanforderungen. Die erste Ebene könnte so etwas Ähnliches sein wie die Hygiene-Faktoren nach Herzberg, die nötig sind, um Unzufriedenheit zu vermeiden. Die zweite Ebene sind die Motivatoren, die Zufriedenheit schaffen …"

„Und der dritte Level", unterbricht ihn Katharina, „könnte das sein, was transformative PL von durchschnittlichen unterscheidet, die Fähigkeit, Begeisterung zu entfachen und andere mit Visionen anzustecken. Die Sehnsucht nach dem Meer zu säen …"

„Was? Wieso Meer?" Walter schaut verdutzt drein.

„Antoine de Saint-Exupéry[36] hat einmal gesagt: ‚Wenn du ein Schiff bauen willst, so trommle nicht Männer zusammen, um Holz zu beschaffen, Werkzeuge vorzubereiten, Aufgaben zu vergeben und die Arbeit einzuteilen, sondern lehre die Männer die Sehnsucht nach dem weiten endlosen Meer.'"

„Gefällt mir. Und genau das wird beim Prozessmanagement als der relevante Unterschied in der Kundenzufriedenheit gesehen. Willst du loyale Kunden, dann musst du sie begeistern. Das mag wohl auch für Projektteammitglieder gelten. Sind ja auch Menschen, und als solche funktionieren wir alle nach dem gleichen Schema."

Katharina nickt anerkennend. „Gut kombiniert. Muss ich dir lassen. Dass der Funke der Begeisterung überspringen kann, setzt aber voraus, dass man selbst überzeugt und begeistert ist vom Projekt oder vom Programm."

„Ich stelle mir das gar nicht so einfach vor. Es ist oft schon schwierig genug herauszufinden, was das Team oder einzelne Projektteammitglieder benötigen, um nicht unzufrieden zu sein, geschweige denn motiviert."

„Fragen."

„Wie meinst du das? Ob ich Fragen habe?"

„Ja, das auch", antwortet Katharina. „Aber ich meinte, man könnte die Projektteammitglieder doch einfach fragen, was sie unbedingt benötigen. Und auch die ProjektleiterInnen in deinem Programm. Im Rahmen von Rollenerwartungen abklären und Spielregeln definieren. Und ich glaube, du kannst sehr überzeugend sein, wenn du von etwas begeistert bist."

Sie sieht Walter an und ist erstaunt, wie rasch seine anfängliche Sturheit und Ablehnung verschwunden sind. Die erste inhaltliche Begegnung war eine mühsame Geschichte. Jetzt macht es so richtig Spaß mit ihm zu diskutieren. An die Parallele mit Kunden- und Teamzufriedenheit hat sie noch nie gedacht. Das hat was.

„Denkst du an etwas Konkretes?", fragt Walter.

Katharina sieht Walter vor sich stehen, wie er auf sie eingeht, mit ihr Pläne schmiedet und Szenarien durchgeht, um Laura zu finden. Sie hatte seine Begeisterungsfähigkeit am eigenen Leibe gespürt. Und sie war ihm gefolgt. Einen ungewissen Weg und sehr verunsichert. Ihm konnte sie sich anvertrauen. Das sagt sie aber nicht. „So wie ich dich wahrnehme, hast du die nötige Ausstrahlung, ein Projektteam mitzureißen. Und auch ein Programmteam."

„Wir werden ja sehen. Ich hoffe, du hast recht." Nach einer kurzen Pause sagt Walter, „Eine Frage habe ich tatsächlich noch. Und zwar zur Gleichgewichtstheorie. Wie soll ich das nun objektiv bewerten, wie viel jemand einbringt und was der gerechte Gegenwert ist? Gerechtigkeit ist gar nicht so einfach."

„Dieses Modell basiert auf der Annahme, dass die Zufriedenheit oder die Unzufriedenheit aufgrund subjektiver Einschätzungen oder Zuschreibungen entsteht. Dies gilt es zu erkennen und zu berücksichtigen."

„So wie dieses Dilemma mit Gleichbehandlung und Ungleichbehandlung im Team", unterbricht sie Walter.

„Ja, genau. Und es hat auch etwas mit Fremdbild und Selbstbild zu tun. Wie sehe ich mich, und wie sehen mich die anderen? Du erinnerst dich doch noch an das Thema Feedback, oder?"

ZUFRIEDENHEIT IST GUT – BEGEISTERUNG IST BESSER!

„Was würdest du daher empfehlen? Das Thema Motivation in Einzelgesprächen oder gar im Team offen anzusprechen?"

„Aus meiner Erfahrung heraus ist das ein ganz wesentlicher Aspekt in der Storming- bzw. Norming-Phase. Du weißt schon, die Teamentwicklungsphasen, die wir letztens diskutiert haben." Walter nickt und während er einen Schluck Wasser trinkt, setzt Katharina fort: „Durch dieses Ansprechen und Ausdiskutieren von Wertigkeiten, welches Wissen und welche Erfahrung jedes Projektteammitglied mitbringt, festigt sich die soziale Ordnung im Team. So kann erst ein echtes Wir-Gefühl entstehen. Und somit wieder Motivation, indem jede/r seinen/ihren Platz im Team findet."

„Wenn ich es genau bedenke, lassen sich auch Lern- und Karrieremöglichkeiten als Chancen ‚verkaufen'. Vor allem für jüngere Projektteammitglieder könnte das sehr motivierend sein. Übrigens, wie geht es Laura?"

„Danke, sehr gut. Ich bin selbst überrascht, wie gut. Sie geht ohne Murren zur Schule und erledigt ihre Hausaufgaben ganz von alleine. Ich kann mir das gar nicht richtig erklären."

„Ich schon. Hast du mir nicht erzählt, dass du mit ihr über deine Sorgen gesprochen hast und mit ihr Vereinbarungen ausgemacht hast?"

„Ja, wir haben ein paar Spielregeln vereinbart."

Walter lehnt sich vor und stützt sich mit beiden Armen am Tisch ab. „Ich glaube, das war ein sehr schlauer Schachzug von dir. Zuerst hast du ihr deine Wertschätzung gezeigt, indem sie gesehen hat, dass du dir wirklich Sorgen um sie gemacht hast, und wie wichtig sie dir ist. Und dann hast du gleich das heiße Eisen geschmiedet und eine neue Ära des Miteinanders eingeläutet, mit dazugehörigen Regeln. Du hast wohl den entscheidenden Motivationsnerv bei ihr getroffen."

„Wir haben tatsächlich ein paar Vereinbarungen getroffen. Und ich habe widerstanden, ihr Anreize für die Einhaltung zu versprechen."

„Charismatische Führungspersönlichkeit …"

„Vielleicht … Walter, lass uns noch unsere Tipps für ProjektleiterInnen zusammenfassen."

Walter schaut auf die Uhr. „Okay. Ich frage dich heute auch nicht, ob du anschließend mit mir auf einen Drink gehst. Muss noch die Anmeldung für die Zertifizierung abschicken. Ist ein ziemlicher Aufwand, der Nachweis von geleiteten Projekten."

„Wofür hast du dich jetzt entschieden? IPMA oder PMI?"

„Das verrate ich dir das nächste Mal …"

ZUFRIEDENHEIT IST GUT – BEGEISTERUNG IST BESSER!

Walter packt seine Sachen und steht schon in der Tür, als er sich noch einmal umdreht. „Katharina, eine Geschichte muss ich dir noch schnell erzählen, sie ist mir zum Crowding-out Effekt eingefallen:

Einst lebte in einem kleinen Dorf im südlichen Banat ein Schweinehirt. Er hatte die Aufgabe, jeden Tag im Morgengrauen die Schweine der Bauern im Dorf abzuholen. Die gesammelte Schweineherde trieb er dann auf die Schweineweiden. Die Prozedur war jeden Tag die gleiche und allen geläufig. Sobald der Hirte sein Horn wild zu blasen begann, öffneten alle Bauern ihre Gatter und die Schweine trotteten aus allen Richtungen zum Schweinehirten. Dieser zog dann mit seiner Herde zum jeweiligen Weideplatz. Nun lebte in diesem Dorf auch ein Lehrer. Der hatte keine Schweine und musste auch nicht in aller Herrgottsfrüh aufstehen. Dass er vom Lärm des Hirten jeden Morgen grundlos geweckt wurde, ärgerte ihn sehr. Der Schweinehirt wiederum neidete dem Lehrer das lange Schlafen, zudem dieser nicht einmal ein Schwein für ihn hatte. Daher blies er gerade vor dem Haus des Lehrers gerne besonders laut und ungestüm. Dem Lehrer waren schon seines Berufs wegen menschliche Verhaltensmuster und Motivationen nicht unbekannt. Zudem war er ein schlaues Kerlchen, der wusste, dass dem Schweinehirten nicht so einfach beizukommen war.

So kam es, dass der Lehrer eines Morgens beim ersten Hornstoß sein Fenster weit öffnete. Er winkte den Schweinhirten zu sich, lobte dessen Horngeblase außerordentlich und bot dem verdutzten Hirten ein Glas Schnaps an. Er vereinbarte sogar weitere Morgenschnäpse unter der Bedingung, dass der Hirte allmorgendlich besonders kräftig vor seinem Fenster blase. So geschah es auch. Der Schweinehirt blies zu Morgengrauen Tag für Tag höchst motiviert sein Horn vor des Lehrers Haus und genoss anschließend seinen Schnaps.

Nach drei Wochen fand der Schweinehirt seinen gewohnten Schnaps nicht vor. Leicht vergrämt dachte er, der Lehrer habe schlicht vergessen. Er blies daher nochmals. Lauter und länger. Doch das Fenster blieb zu. Sein ganzes Tagewerk war gestört. Dauernd musste er an den vorenthaltenen Schnaps denken. Er tröstete sich auf morgen. Doch auch anderntags fand er keinen Schnaps vor. Die Fenster blieben zu. Die Verärgerung wich Zorn. „Nicht mit mir. Wenn du glaubst, dass ich hier umsonst das Horn blase, hast du dich getäuscht!" Eilig ging er ans andere Ende des Dorfes und blies von da an dort sein Horn. So, dass es der Lehrer nicht mehr hören konnte.

ZUFRIEDENHEIT IST GUT – BEGEISTERUNG IST BESSER!

7 Tipps für die ProjektleiterInnen

> Schaffe für deine Projektorganisation einen optimalen Rahmen, damit sich die Motivation aller Beteiligten entfalten kann.
> Achte auf Störfaktoren und schwache Signale im Projekt, um Unzufriedenheit und Demotivation frühzeitig zu erkennen (Soziales Controlling, regelmäßiges Blitzlicht).
> Kläre mit dem Team die Vision und den Nutzen des Projekts ab. Das schafft eine gemeinsame Ausrichtung, stiftet Sinn und motiviert.
> Vergiss nicht auf ehrliches Lob für gute Arbeit und Anerkennung für erreichten Arbeitsfortschritt, um positives Verhalten zu verstärken.
> Nutze Meilensteine zur Bündelung von Energie im Team und für zielgerichtete Motivation (Meilenstein-Plan).
> Versuche Hindernisse auf dem Weg zur Zielerreichung (gemeinsam mit den PTM) zu reduzieren oder ganz zu beseitigen.
> Überlege dir, womit du dein Projektteam demotivieren könntest. Und dann vermeide genau diese Aktivitäten und Handlungen.

ABSCHNITT G

KONSTRUKTIVISMUS UND SYSTEMTHEORIE

Konstruktionen, wohin man auch blickt

„Wohin hast du mich denn jetzt verschleppt, ich komme mir ja vor wie in einem Nobel-Restaurant in New York!", sagt Walter, als sie der Tischzuweiser in der Lounge warten heißt, da der reservierte Tisch noch nicht frei ist. Sie bekommen einen Aperitif serviert, auf Kosten des Hauses, ein großes Glas voller Limetten und Eiswürfeln. „Uma Caipirinha!", ruft Katharina aus, sie zieht kräftig am Strohhalm und grinst über das ganze Gesicht: „O sabor da juventude!" Walter schaut sie verständnislos an und Katharina erkennt, dass sie Erklärungsbedarf hat. „Mir scheint, ich habe dir nie erzählt, dass ich ein paar Jahre lang in Rio gelebt habe. Von 13 bis 15, also nicht gerade unwichtige Jahre in der Entwicklung eines Mädchens. Mein Papa war für ein Stahlwerk im Süden Rios zuständig und er hat die Familie nachkommen lassen. Aber irgendwie wusste er nie, wie lang er bleiben würde, und so haben wir zwei Jahre lang in einem Hotel an der Copacabana gelebt."

Walter muss lächeln, als er sich die fünfzehnjährige Katharina am Strand in Rio vorstellt. Vielleicht erklärte das die Leidenschaft, die Katharina ausströmen konnte, sie war ja schließlich fast ein bisschen Brasilianerin. „Ich bin zwar in die Deutsche Schule gegangen, habe aber ziemlich schnell Portugiesisch gelernt", erklärt sie, „Jetzt spreche ich es nur mehr sehr schlecht und wenn, dann lachen mich alle aus, weil ich eigenartige Slangwörter der Jugendsprache aus den 1980er-Jahren verwende." „Und deshalb treffen wir uns heute also in diesem Brasilianischen Restaurant", erkennt Walter richtig. „Ja, ich habe mich so gefreut, als ich gelesen habe, dass in Wien eine Churrascaria aufgemacht hat, du wirst staunen, besseres Fleisch gibt es nicht." Walter blickt in der Lounge herum, große Blumentöpfe mit Palmen und anderen tropischen Pflanzen gedeihen anscheinend trotz des gedämpften Lichts prächtig. „Wie im Palmenhaus", sagt Walter. „Wie am Zuckerhut", meint Katharina. Beide sind guter Laune, oder der Caipirinha zeigt bereits Wirkung, die angenehme Bossa-Nova-Musik tut das Übrige.

An einer Wand hängen prächtige Poster von Rio, und Katharina zeigt auf das überwältigende Panorama der Stadt. „Das ist die Copacabana, und das hohe Haus hier ist das Meridien Hotel, hier, im 24. Stock, habe ich zwei Jahre lang gelebt!" Walter kann direkt spüren, wie sehr sie diese Zeit genossen hat, die junge österreichische Prinzessin, verwöhnt von den Angestellten des Hotels, es ist offensichtlich, wie viel Spaß es ihr macht, mit ihm darüber zu reden. „Als die Portugiesen hier am 1. Jänner 1502 ankamen, nannten sie das Gebiet Jännerfluss: Rio de Janeiro. Nur dass es sich in Wirklichkeit um eine Bucht und nicht um einen Fluss handelte. Aber wie so oft

KONSTRUKTIONEN, WOHIN MAN AUCH BLICKT

wurde der erste Eindruck nicht korrigiert." „Die Einwohner von Rio wohnen also nicht an einem Fluss, obwohl Rio Fluss bedeutet?", fasste Walter zusammen. „Genau. Sie heißen übrigens Cariocas, die Einwohner von Rio, da die Indios die Siedlung der Weißen so nannten: Carioca, was so viel heißt wie weiße Häuser. Also eigentlich Casa blanca, wenn man es wieder auf Portugiesisch übersetzen würde. Die Häuser, in denen die weißen Menschen leben, hätte es wohl richtiger lauten sollen. Lustig, nicht? Am Jännerfluss leben die Casablancas und doch gibt es dort weder Fluss noch weiße Häuser. Aber es ist klar, dass es zu Missverständnissen kommt, wenn zwei so fremde Kulturen aufeinanderprallen. Da konstruiert sich dann jeder halt nach seinen eigenen Vorstellungen die Wirklichkeit. Was wir ja ohnehin immer tun, auch in der eigenen Kultur."

„Wie meinst du das?", will Walter wissen. Denn er hatte eigentlich bisher nicht den Eindruck, dass er sich seine Wirklichkeit konstruiert. „Die Dinge sind doch so, wie sie sind, und nicht so, wie ich sie haben will", führt er weiter aus. Doch Katharina schüttelt den Kopf, „Nein, die Dinge sind nicht so, wie sie sind, sondern so, wie du sie siehst, wie du sie mit deinen Sinnen wahrnimmst und es dein Gehirn interpretiert." Walter macht sich auf einen längeren Vortrag gefasst und ist auch neugierig, mehr darüber zu erfahren. Und richtig, Katharina holt weit aus: „Bischof Berkley meinte schon im 17. Jahrhundert, dass nur das existiert, was wir wahrnehmen." „Aber das ist ja kindisch", kann sich Walter nicht zurückhalten, „das ist ja so wie die Kinder, die Verstecken spielen und sich die Augen zuhalten und sagen, du kannst mich nicht sehen!" Katharina nickt. „Ja, so ähnlich ist das. Der Baum in der Mitte des Walds existiert nur dann, wenn er von jemandem wahrgenommen wird. Die Mona Lisa um Mitternacht im Louvre ist kein Kunstwerk, da sie niemand betrachtet." „Aber die Theorie ist ja total leicht zu widerlegen", meint Walter. Katharina schüttelt den Kopf, „Ganz im Gegenteil. Sie ist praktisch nicht zu widerlegen. Dr. Samuel Johnson, ein berühmter englischer Schriftsteller, wollte Berkeley widerlegen, kickte mit seinem Fuß fest gegen einen großen Stein und rief: ‚Hiermit widerlege ich es!' Doch der radikale Konstruktivist würde sagen, dass Johnson über den Stein nur erfahren hat, was sein Auge gesehen, sein Fuß gespürt und sein Ohr gehört hat. Außerhalb seiner Sinne hat er nichts über den Stein erfahren. Der Stein bleibt also ein Konstrukt."

„Unheimlich", gibt Walter zu. „Das erinnert mich an Science-Fiction-Filme, wo niemand mehr unterscheiden kann, ob er tatsächlich Sachen erlebt oder einfach ein Kopf in einer Nährstofflösung ist, dem Elektroden im Gehirn ein Leben vorgaukeln." Katharina macht eine abwehrende Handbewegung, „Das finde ich nun wieder unheimlich, hör auf damit!"

KONSTRUKTIONEN, WOHIN MAN AUCH BLICKT

Walter lacht und saugt laut schlürfend am Strohhalm an seiner Caipirinha. „Gibt es irgendeine Form, wie man diese Theorien auch im echten Leben anwenden kann?", fragt er. Katharina stochert mit dem Strohhalm in den Limetten herum und nimmt auch noch einen kräftigen Zug. „Ich denke sehr wohl", meint sie. „Du erinnerst dich, dass ich dir erzählt habe, dass ich einmal etwas über Kunst machen wollte. Mich hat in der Kunstbetrachtung immer fasziniert, dass es kein ‚wahr' und ‚falsch' gibt. Dass man seit fünfhundert Jahren Bücher zu Michelangelo schreibt und ihn nie zu Ende erklärt hat. Dass jede Generation ihren neuen Hamlet entdeckt, dass die Matthäus-Passion für immer übermenschlich schön bleibt, und wir wissen nicht, wie Bach das gemacht hat. Das Kunstwerk entsteht im Betrachter, in der Betrachterin. Wie in den Kommunikationstheorien ja auch gesagt wird, daran kannst du dich sicher erinnern, die Bedeutung entsteht nicht durch den Sender, sondern im Empfänger."

Der Kellner, oder besser Tischzuweiser, unterbricht sie. Er sagt etwas auf Brasilianisch zu Katharina, sie lacht laut auf, entzückend frei, so frei, wie sie Walter noch nie gesehen hat. Brasilien scheint ihr sichtbar zu fehlen. Überraschend flüssig antwortet sie und nun ist es der Kellner, der laut auflacht und sie verführerisch ansieht. Walter ist einerseits stolz, mit so einer schönen, begehrenswerten Frau auszugehen, andererseits fühlt er fast so etwas wie Eifersucht auf den Kellner, der so unverhohlen und natürlich einfach mit ihr zu flirten beginnt. Wie viel Zivilisationsschrott wir doch täglich mit uns mitschleppen, denkt Walter. Auf einer Insel würde ich einfach auf Katharina zugehen und ihr sagen, wie begehrenswert ich sie finde. Und sowohl sie als auch meine Frau würden verstehen, wie ich es meine. Oder vielleicht doch nicht. Er beendet etwas konfus seine Gedanken.

Ihr Tisch steht direkt neben dem größten Salat- und Vorspeisenbuffet, das Walter je gesehen hat. „Lade dir ja nicht zu viel auf deinen Teller", warnt ihn Katharina, „denn die wahre Sensation hier ist das Fleisch." Und schon kommen fünf Kellner gleichzeitig auf sie zu. Alle bewaffnet mit einem armlangen Spieß, auf dem die unterschiedlichsten Fleischarten, perfekt gegrillt, präsentiert werden. „Das ist Cupim", ruft Katharina aufgeregt, „der Buckel vom Zeburind, das habe ich seit Ewigkeiten nicht mehr gegessen." Walter lässt sich von jedem Spieß ein bisschen herunterschneiden und es ist, wie Katharina es vorausgesagt hat: das beste Fleisch seines Lebens.
„Also, was wären nun die Konsequenzen für das Projektmanagement", fragt Walter mit vollem Mund, „wenn wir dieser Konstruktionstheorie folgen?"
„Auch Projekte können sehr unterschiedlich verstanden werden, daher müssen sie definiert und

KONSTRUKTIONEN, WOHIN MAN AUCH BLICKT G

abgegrenzt werden", sagt Katharina. „Gesellschaftliche Konventionen zu definieren oder, wenn du willst, intersubjektive Wirklichkeitsräume zu schaffen, ist für das soziale Zusammenleben essenziell notwendig. Das ist auch in Projekten so. Ziel der Startphase ist es, das Big Project Picture zu entwickeln und somit eine gemeinsame Wirklichkeitskonstruktion zu schaffen, oder?"
„Und wenn Vertriebsleute, Techniker, Controller und Juristen in einem Team sind, ist das fast ein Ding der Unmöglichkeit. Sind alle in ihren eigenen Welten verhaftet", sagt Walter lachend.
Katharina legt ihr Besteck beiseite und tupft sich mit der Serviette den Mund ab. „Wirklich köstlich. Kennst du eigentlich die Geschichte vom Elefanten und den sechs blinden Menschen?" Sie sieht Walter fragend an. Dieser schüttelt nur den Kopf.

Da erzählt sie von der alten indischen Parabel, in der sechs blinde Menschen auf einen Elefanten treffen. Jeder betastet ihn und erklärt, worum es sich hierbei handelt. Der Erste greift den Rüssel an und sagt, das ist ein Schlauch. Der Zweite umfasst das linke Vorderbein und meint, ein dicker Baum. Der Dritte befindet sich unter dem Bauch und erklärt, dies sei eine Höhle. Der Vierte betastet den Schweif und erkennt dies als Seil, der Fünfte klettert den Rücken des Elefanten hoch und kommt zu dem Schluss, dies ist ein Berg. Der Sechste greift dem Tier ans Ohr und verkündet, dies sei ein welkes Blatt. „Tja, wer von ihnen hat nun recht?", fragt sie Walter.
„Alle haben sie irgendwie recht, aus ihrer Sicht", antwortet er.

„Aber keiner sieht den Elefanten. Man könnte auch sagen, die Herausforderung für Projektteams ist es, sich gemeinsam den Elefanten zu konstruieren und damit eine gemeinsame Wirklichkeitsinterpretation und ein gemeinsames Verständnis für das Projekt zu erarbeiten."

Als die Kellner wieder vorbeikommen, diesmal mit einer gegrillten Ananas, sagt Walter lachend zu Katharina: „Du hättest mir verbieten sollen, so viel zu nehmen, ich platze, ich kann unmöglich mehr, obwohl das so lecker aussieht!" Er zeigt dem Kellner mit den Fingern das Zeichen für super: Daumen und Zeigefinger zu einem Kreis geformt. Der Kellner schaut ihn verwirrt an, dann lacht er laut auf und sagt etwas auf Brasilianisch zu Katharina, auch sie lacht und plappert darauf los. Es scheint, dass sie sich auf seine Kosten amüsieren. Als der Kellner weggeht, meint Walter etwas eingeschnappt: „Es ist nicht höflich, sich in einer Geheimsprache über mich lustig zu machen." Katharina entschuldigt sich, „Du hast recht, das tut man eigentlich nicht. Aber du hast gerade den klassischen Fehler gemacht. Dieses Zeichen mit Daumen und Zeigefinger heißt in Brasilien nicht super, sondern – verzeihe – ‚A-Loch'.

social competence

Ich habe dem Kellner nur gesagt, dass du das sicher Europäisch gemeint hast. Du siehst also, nichts ist absolut, jede Kultur und jeder Mensch konstruiert sich seine eigene Wirklichkeit."

Daheim angekommen fährt Walter noch den Laptop hoch, um Katharina eine E-Mail zu schicken:

Betreff: Konstruktivismus
Von: „Walter Punkt" <walter.punkt@konzernwien.at>
Datum: Fr, 11.06.2010, 22:48
An: „Coach Katharina" katharina.berghof@pmcc-consulting.com

Liebe Katharina,
danke für deine Ausführungen und deine Geduld mit meinen Fragen. Das sind wirklich sperrige, komplexe Theorien, dieser Konstruktivismus und die Systemtheorie. Nicht so einfach zu verstehen, auf die Schnelle. Aber ich habe nun eine Ahnung und du hast mein Interesse geweckt. Kannst du mir bitte ein paar Lesetipps schicken?
Lg Walter

Betreff: Re Konstruktivismus
Von: „Katharina Berghof" <katharina.berghof@pmcc-consulting.com>
Datum: Sa, 12.06.2010, 06:31
An: walter.punkt@konzernwien.at

Lieber Walter,
ich habe dir zu danken. Es war mir ein großes Vergnügen, mit dir über Konstruktivismus und Systemtheorie zu diskutieren. Und ich habe ein paar neue Einsichten gewonnen. Es wird mir helfen, das gleichnamige Kapitel in meinem Buch leichter fertigzustellen, an dem ich schon seit Monaten arbeite. Albert Einstein hat einmal gesagt: „Erkläre es so einfach wie möglich, aber nicht einfacher, denn dann wird es falsch." Das habe ich hiermit versucht. Attached findest du den Entwurf. Bin schon gespannt, was du dazu sagst.

Lg K

22. Zwei Theorien – ein Ansatz

Konstruktivismus und Systemtheorie sind zwei Theorien, die miteinander kompatibel sind, teilweise sogar ähnliche Wurzeln haben. Es gibt jeweils unterschiedliche Spielarten und Ausprägungen. Im Wesentlichen erklären sie, wie Wirklichkeit und Erkenntnisse von lebenden und sozialen Systemen durch Konstruktionsprozesse und Beobachtungen „erschaffen" werden. Wird dieser Auffassung gefolgt, so ist das ein Paradigmenwechsel – eine tiefgreifende Veränderung – bezüglich Welterklärung und Wissenschaftsauffassung. Vergleichbar mit der Abkehr vom geozentrischen Weltbild des Mittelalters hin zur heliozentrischen Auffassung der Neuzeit. Durch die systemisch-konstruktivistische Sichtweise ergeben sich im Projektmanagement neue Handlungsoptionen.

Zentrale Aussagen des Konstruktivismus und der Systemtheorie

1.	Unsere Wirklichkeit ist kein Abbild der Realität, …	sondern eine vom Beobachter abhängige Konstruktion.
2.	Nicht Menschen stehen im Mittelpunkt von Systemen, …	sondern Vernetzungen und Erwartungen.
3.	Soziale Systeme (hier Projekte) sind nicht für alles offen, …	sondern haben eine geschlossene (autopoietische) Operationsweise.
4.	Nicht die System-Ausschnitte sind wichtig, …	relevant ist die Gesamtbetrachtung bezogen auf die Sinndimensionen.
5.	Systeme können nicht direkt gesteuert werden, …	sondern bloß zu gewünschtem Verhalten angeregt werden.

23. Unsere Wirklichkeit ist kein Abbild der Realität

Die Wirklichkeit, die wir erleben, ist keine Kopie einer objektiven Realität. Unsere Sinnesorgane transportieren nicht die Welt 1:1 von draußen in uns hinein, sondern unser Gehirn erzeugt die Welt basierend auf Impulsen unserer von den Sinnen abhängigen Wahrnehmung. Die erlebte Wirklichkeit wird also aus Signalen konstruiert, die unsere Sinnesorgane verarbeiten, von deren Herkunft wir nichts Verlässliches wissen. Zusätzlich zu dieser biologischen Komponente der Wirklichkeitskonstruktion kommt noch eine soziale hinzu. Durch unsere Erziehung und Sozialisierung lernen wir die Welt in einer bestimmten Weise zu verstehen. Jeder einzelne Mensch auf seine individuelle Art. Werden wir mit anderen Kulturen konfrontiert, sei es im Urlaub oder in internationalen Projekten, können wir erkennen, dass unsere Wirklichkeitsauffassung kontingent (weder notwendig noch unmöglich) ist, das heißt, dass das Verständnis von Wirklichkeit auch anders möglich wäre. Man kann z.B. auf der linken oder rechten Straßenseite fahren, Entfernungen in Metern, Meilen oder Fuß messen.

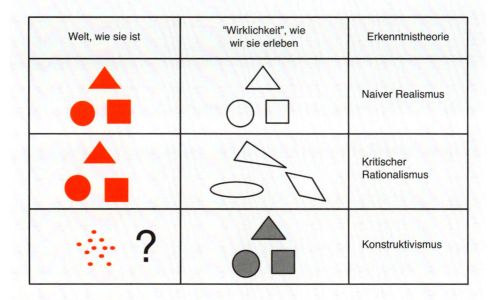

Abb. 30: Konstruktivismus

Der Naive Realismus geht davon aus, dass die Dinge genau so sind, wie wir sie wahrnehmen (für die Menschheit galt die Erde lange Zeit als flach und scheibenförmig).
Der Kritische Rationalismus ist die skeptische Haltung, dass nicht alles so ist, wie wir es wahrnehmen. Durch Versuch und Irrtum nähert sich die Menschheit kontinuierlich der „Wahrheit" an. Im Konstruktivismus wird die Ausgangsposition als Grundrauschen bezeichnet. Was daraus entsteht, sind unsere sehr unterschiedlichen Interpretationen und diese haben keinen Wahrheitsanspruch.

Alle Beobachtungen werden von BeobachternInnen gemacht. Deshalb sind auch alle Wirklichkeitskonstruktionen abhängig von den Kriterien des/der jeweiligen BeobachterIn. Die absolute Wahrheit gibt es also nicht. Mangels einer Super-Beobachterposition[37] muss diese Illusion aufgegeben werden. Aus konstruktivistischer Sicht resultieren unterschiedliche Perspektiven aus verschiedenen BeobachterInnenkriterien. In Unternehmen sind bestimmte Personen und Abteilungen auf spezifische Sichtweisen und Beobachtungsprogramme (Marketing, IT, Technik, Controlling, …) spezialisiert. Unterschiedliche Wirklichkeitsbrillen führen zu unterschiedlichen Kriterien der Bewertung: Funktionsfähigkeit, Ästhetik, Marktwert, Wirtschaftlichkeit etc. Es ist müßig, über Wahr und Falsch zu diskutieren. Wichtiger ist hingegen die Frage: Was ist zieldienlich in einem Projekt? Welche Annahmen ergeben einen gangbaren Lösungsweg? Das heißt nicht, Wirklichkeiten wären beliebig konstruierbar. Die Evolution und die Gesellschaft bereinigen „unpassende Konstruktionen" früher oder später. Im Fall von Projekten zeigen sich unpassende Konstruktionen in Form von gravierenden Überschreitungen von Zeiten/Kosten/Ressourcen oder im gänzlichen Scheitern.

24. Nicht Menschen stehen im Mittelpunkt von Systemen

Ein Projekt ist ein soziales System mit Identität und Geschichte. Es hat eine Eigendynamik, innere Logik und selbstorganisierende Kräfte. Voraussetzung für soziale Systeme sind Menschen, die als Rollenträger (PL, PTM, PAG) im Projekt spezifische Erwartungen zu erfüllen haben. Die Rollenerwartungen können in den einzelnen Handlungen oder Projektereignissen erfüllt oder enttäuscht werden. Das soziale System ist einerseits mehr als die Summe seiner Einzelteile – nach dem Motto: 1 + 1 + 1 = 5 (siehe Teamformel im Kapitel 15, Seite 106). Menschen gehen nicht mit Haut und Haaren im System auf. Sie bringen sich über ihre Rolle in die Kommunikation im System ein. Das System Projekt stellt durch das Zusammenwirken der Rollen und der entsprechenden Erwartungsstrukturen eine eigenständige Einheit dar, deren Funktionieren nicht aus den Einzelteilen heraus geklärt werden kann, wie etwa eine Maschine aus ihren Bestandteilen.

social competence

KONSTRUKTIVISMUS UND SYSTEMTHEORIE

Diese Eigenständigkeit von Systemen wird Emergenz genannt. Ein Finger, die Leber oder irgendein anderes menschliches Organ macht noch keinen Menschen aus. Das „Mensch-Sein" ist eine Eigenschaft des Systems und nicht teilbar oder in den einzelnen Elementen enthalten.

Soziale Systeme sind nicht kompliziert, sondern komplex. Wenn etwas aus sehr vielen Einzelteilen besteht, die nicht sofort und leicht zu durchschauen sind, dann nennt man das kompliziert. Ein Notebook beispielsweise besteht aus sehr vielen Bestandteilen und ist von einem Laien in seiner Funktionsweise nicht leicht durchschaubar, dennoch analytisch bestimmbar. Die Operationsweise ist unabhängig von seiner Vergangenheit, sie läuft immer wieder genau gleich ab. Daher ist die Zukunft als Ursache-Wirkungs-Relation voraussagbar. Komplex bedeutet hingegen, dass ein System in seiner Operationsweise auf sich selbst Bezug nimmt, der interne Zustand (Normen, Werte, Annahmen, Kommunikation, Erwartungen, …) verändert sich. Somit ist ein soziales System in seiner Verhaltensweise nicht exakt berechenbar und eindeutig voraussagbar.

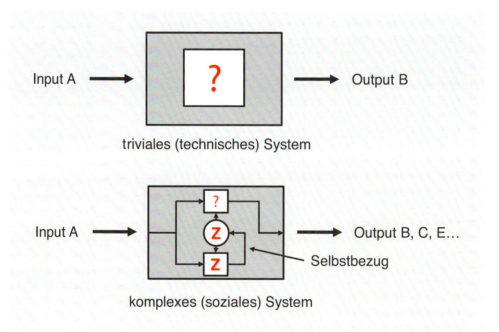

Abb. 31: Triviales vs. komplexes System

25. Soziale Systeme sind nicht für alles offen

Nach neuerer Auffassung haben soziale Systeme keine offenen Grenzen zur Umwelt. Sie müssen sich vielmehr von ihrer Umwelt abgrenzen, um existieren zu können. Die Umwelt ist viel komplexer als ein System, unvorhersehbar und nicht berechenbar. Systeme produzieren sich aus sich selber heraus laufend neu. Bei menschlichem Bewusstsein sind es die Gedanken, an die neue Gedanken anschließen. In Projekten sind es Kommunikation und Handlungen der Projektbeteiligten. Der operative Reproduktionsmodus von Systemen nimmt auf sich selbst Bezug und wird nach Humberto Maturana Autopoiesis genannt.

Ein System besteht, solange es handlungsfähig bleibt. Die Sicherung zukünftiger Handlungen aus Planung und Controlling sind für ein Projekt überlebenswichtig (Anschlussfähigkeit). Wie kann beispielsweise damit umgegangen werden, wenn es in einem Projekt zu einer Terminverschiebung oder Kostenabweichung kommt? Welche Entscheidungen sind von wem notwendig, damit weitere Handlungen folgen können?

Eine entscheidende Leistung im System Projekt ist es, die Komplexität der Umwelt so zu reduzieren, dass die Handlungsfähigkeit gegeben ist und aufrechterhalten bleibt. Besonders am Beginn eines Projekts ist oft ein hohes Maß an Erwartungsdruck vorhanden, verstärkt durch Unsicherheit im Team (Forming-Phase). Eine empfohlene Vorgehensweise zur Komplexitätsbewältigung in der Anfangsphase von Projekten ist es daher, mit einer Grobplanung zu beginnen, das Big Project Picture im Team zu schaffen und dieses in weiterer Folge zu detaillieren. Das System muss einmal ins Laufen kommen. Es ist nicht möglich, gleich alles am Anfang bis ins letzte Detail zu klären.

Soziale Systeme können sich nicht total abschotten und brauchen für den Weiterbestand Zugang zu den für sie relevanten Umwelten. Der Kontakt zu relevanten Stakeholdern, wie KundInnen, Behörden, LieferantInnen, dient zur Sicherung der nötigen Entscheidungen und Bereitstellung von erforderlichen Informationen. Ohne entsprechende Öffnungen zur Umwelt würde ein System schlicht aus Mangel an Außenkontakt zerfallen. Gemäß Bateson ist Information „ein Unterschied, der einen Unterschied macht"[38], und zwar vom System aus betrachtet. Was ein/e PTM, PAG oder externe/r KundIn sagt, wird mehr Bedeutung haben als die Meinung des Portiers oder des Ehemanns zu Hause.

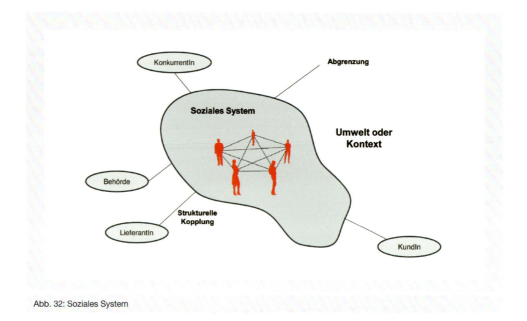

Abb. 32: Soziales System

26. Nicht die Systemausschnitte sind wichtig

Menschen richten ihre Aufmerksamkeit auf unterschiedliche Themen, das heißt die Wahrnehmung und auch die Gedanken sind eine Auswahl aus vielen verschiedenen Möglichkeiten. Bei einer Zugfahrt kann die vorbeiziehende Landschaft betrachtet werden, aber genauso gut die Mitreisenden: was sie lesen, wie sie sich verhalten, oder auch etwas ganz anderes. Wahrnehmung ist immer selektiv, es kann nicht alles erfasst werden. Unsere Kapazitäten sind beschränkt.

Ähnlich wie psychische Systeme (Mensch) „leben" soziale Systeme in einer sinnhaften Welt. Es wird stets vor dem Hintergrund einer Vielzahl an Reaktionsmöglichkeiten etwas ausgewählt und darüber gesprochen. Kommunikation kann nach den drei Sinndimensionen sachlich, sozial und zeitlich kategorisiert werden und diese laufen in jeder Kommunikation mit. Die Sach- und Sozialdimensionen entsprechen nach Watzlawick dem Inhalts- und Beziehungsaspekt.

In der **Sachdimension** geht es um „dieses" im Gegensatz zu „anderem". Nach Spencer-Brown[39] werden Objekte, Sachverhalte oder Themen **markiert** und vom **unmarkierten** Bereich unterschieden, also ausgewählt. In einer Projektteamsitzung werden beispielsweise folgende Themen besprochen: das Risiko hinsichtlich verkürzter Testzyklen, das Problem mit der verspäteten Lieferung, die Kostenüberschreitung, das Erreichen eines wichtigen Meilensteins und normalerweise nicht, dass der/die PL völlig überfordert ist. Was zum Thema in der Kommunikation wird und was nicht, hängt von den Interessen der Beteiligten ab. In Projekten ist das nicht beliebig, sondern weitgehend vorgegeben (Projekthandbuch – kurz: PHB, Agenda einer Sitzung), aber dennoch nicht fix vorherbestimmt.

In der **Sozialdimension** geht es um die anderen Personen, die in der Kommunikation beteiligt oder davon betroffen sind. Das heißt der Beziehungsaspekt wird in Bezug darauf betrachtet, ob Übereinstimmung besteht oder nicht. Es kann laufend mitbeobachtet werden, wie der/die andere die Geschehnisse erleben bzw. wie er/sie denken oder handeln könnte, ob das Mitgeteilte angenommen oder abgelehnt wird.

In der **Zeitdimension** geht es um Veränderungen, um die Unterscheidung vorher/nachher. Das Wann stellt eine eigenständige Dimension dar, unabhängig vom Wer/Was/Wo/Wie. Und in Projekten ist dieser Aspekt besonders wichtig.

Projekte sind formal organisierte, soziale Systeme. Um die Anschlussfähigkeit einer Handlung zur nächsten wahrscheinlicher zu machen und so das Überleben des sozialen Systems zu sichern, bedienen sie sich Entscheidungsprämissen. Die vier Entscheidungsprämissen Sachprogramme[40], Kommunikationswege, Rollen und Kultur sind so etwas wie Metaentscheidungen oder Vorgaben. Sachprogramme unterstützen die Komplexitätsreduktion in der Sachdimension und erleichtern somit Entscheidungen. Sie können zum Beispiel Kriterien für die Abnahme eines Software-Moduls, eine Richtlinie zur Gestaltung von Projekten oder eine Kriterienliste für die Projektwürdigkeitsanalyse sein. Mit der Definition von Kommunikationswegen wird nicht geregelt, wie etwas entschieden wird, sondern wer mit wem entscheiden soll.

Wer gehört zum sozialen System und wer nicht? Dies wird in Projekten meist formell im Projektauftrag und Projekthandbuch festgelegt (Mitgliedschaftsregelung durch bewusste Entscheidung). Weiters werden in den Kommunikationsplänen Informationswege, Meeting- und Entscheidungsstrukturen für unterschiedliche Gruppierungen (Projektteam, Subteams etc) definiert. Rollen stellen insofern eine Entscheidungshilfe dar, als in den Rollenbeschreibungen vor allem Erwartungen an PL, PTM und andere Projektbeteiligte hinsichtlich Handlungen und Entscheidungen formuliert sind. Diese Erwartungen gelten unabhängig von individuellen Präferenzen. Nicht zuletzt ist Kultur eine wichtige Entscheidungsprämisse. Gemeinsam geteilte Werthaltungen oder explizit vereinbarte Spielregeln schaffen Vorhersagbarkeit (Vertrauen, Sicherheit), indem sie den Entscheidungskorridor einschränken.

social competence

27. Soziale Systeme können nicht direkt gesteuert werden

Nimmt man die vorher genannten Positionen des Konstruktivismus und der Systemtheorie ernst, so ergibt sich ein sehr bescheidenes Steuerungs- und Managementverständnis. Statt direkt eingreifen und durchgreifen zu können, ist der/die ProjektmagerIn mit der Autonomie und geschlossenen Operationsweise eines Projekts konfrontiert.

Daraus ergibt sich keine Ohnmachtssituation für PL. Es ist sehr wohl möglich, Projekte zu steuern und Ziele zu erreichen. Erwünschtes, zielgerichtetes Verhalten ist auf zwei Arten zu erreichen: Steuerungsversuche durch das Setzen von Interventionen einerseits und Kontextsteuerung als Beeinflussung der Rahmenbedingungen und Umwelten anderseits.

Steuerung durch Interventionen

Steuern wird zu einer kontinuierlichen Kette von Versuch und Irrtum, ähnlich der Controllingschleifen in Projekten (Planung – Durchführung – Kontrolle – Steuerung – Neuplanung usw.).[41] Es wird beobachtet, die Annahmen werden reflektiert. Aus dem Verstehen heraus ergeben sich verschiedene Handlungsoptionen. Eine wird ausgewählt und umgesetzt. In diesem Sinne wird diese Schleife immer wieder wiederholt. Die ausgewählten Handlungen sind Interventionsversuche, gewünschtes Verhalten im Team zu erzielen. Die Reflexion ist dabei ganz entscheidend, denn der/die PL muss die erlebten/beobachteten Ergebnisse mit dem Team vor dem Hintergrund der vorherigen Steuerungsversuche bewerten und das Verhalten entsprechend adaptieren.

Kontextsteuerung

Bei der Kontextsteuerung wird versucht, über die Rahmenbedingungen indirekt auf das Verhalten der Projektteammitglieder einzuwirken. Z.B. werden mit Spielregeln, Kommunikationsstrukturen, AP-Spezifikationen im System Vereinbarungen getroffen, die die Selbstorganisation des Systems auf Projektziele fokussieren. Letztlich schafft sich das Team damit die Möglichkeitsräume, in denen es später agiert.

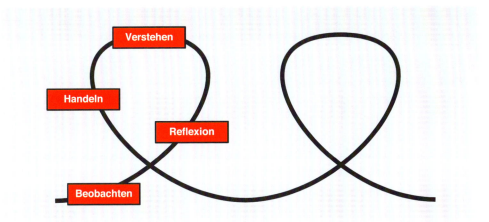

Abb. 33: Steuerung von Sozialen Systemen

Konstruktionen, wohin man auch blickt (Fortsetzung)

Betreff: Meine Tipps
Von: „Walter Punkt" <walter.punkt@konzernwien.at>
Datum: So, 13.06.2010, 19:18
An: „Coach Katharina" katharina.berghof@pmcc-consulting.com

Liebe Katharina,

ich habe deinen, jetzt hätte ich fast gesagt, philosophischen Text mit großer Aufmerksamkeit gelesen. Alles habe ich zwar immer noch nicht ganz verstanden, aber es wird immer klarer. Zwei der Literaturempfehlungen – Watzlawick und Simon – habe ich schon mit Genuss gelesen. Jedenfalls verstehe ich jetzt auch besser, was du schon bei den Themen Kommunikation und Führung immer wieder betont hast, und warum es so wichtig ist, Zeit und Energie in eine gemeinsame Wirklichkeitssicht zu investieren. Zusammenarbeit mit Menschen erscheint mir nun fast anspruchsvoller, als schwierige technische Probleme zu lösen. Ich habe aus meiner Sicht und mit Fokus auf Projekte versucht, Konstruktivismus und Systemtheorie kurz zusammenzufassen, vor allem im Hinblick auf Konsequenzen. Auch wenn dies kein eigenes Coachingthema ist, schicke ich dir meine persönliche Sicht dazu. Vielleicht ist ja auch was Brauchbares für dein Buch dabei. Liebe Grüße, Walter

7 Tipps für die ProjektleiterInnen

> Konstruiere passende Lösungen, statt nach objektiven Wahrheiten zu suchen.
> Übernimm die Verantwortung für deine eigenen und die im Team entstandenen Wirklichkeitskonstruktionen, wissend, dass alles auch immer anders möglich sein kann.
> Handle stets so, dass die Anzahl deiner Handlungsoptionen steigt.
> Beurteile stets das Verhalten der Projektbeteiligten und nicht die dahinter stehenden Menschen.
> Richte dein Handeln und die Diskussion im Team stets auf die Zukunft aus und lasse sie nicht zur Vergangenheitsorientierung und Problemschau verkommen.
> Sei dir bewusst, dass die Sprache einen wesentlichen Einfluss auf Wirklichkeitskonstruktionen und -sichtweisen hat.
> Bedenke stets, dass Menschen und soziale Systeme in Mustern denken und handeln sowie über innere Landkarten verfügen.

ABSCHNITT H

KONFLIKTE

Der Sturm bricht los

Walter und seine Frau essen gemeinsam auf der Terrasse Griechischen Salat. Es ist ein wunderschöner Sommerabend. „Der Salat ist übrigens schon aus unserem eigenen Garten", sagt sie, „warst du heuer eigentlich schon einmal dort und hast dir das Hochbeet angeschaut?" Walter muss das verneinen. Er hat ja auch wirklich zu viel um die Ohren, um sich auch noch um den Garten zu kümmern. Aber er muss zugeben, dass er sich in den letzten Wochen zu Hause sehr wenig eingebracht hat. „Es geht im Büro zurzeit ziemlich heftig zu, mein Schatz", sagt er, „es tut mir leid, wenn ich diesen Sommer bis jetzt wenig für die Familie gemacht habe." Seine Frau nickt verständnisvoll, „Ich weiß", sagt sie, „ich kenne dich doch. Wenn ein Projekt anfängt, hast du den Kopf immer ganz woanders. Aber diesmal kommt es mir noch extremer vor als sonst. Diese Schulungen mit dem Coach scheinen dich ziemlich zu belasten." „Belasten ist das falsche Wort", meint Walter, „eher inspirieren. Mein Coach ist eine ganz tolle Frau." Seine Frau lacht auf, „Was willst du denn damit sagen? Dass du wegen der tollen Frau den Kopf woanders hast?" Walter redet sich schnell hinaus: „So habe ich das natürlich nicht gemeint. Sie ist fachlich sehr toll, ich habe schon viel über Teamführung, Kommunikation und Soziale Kompetenz im Allgemeinen bei ihr gelernt." „Aber gehört zur Sozialen Kompetenz nicht dazu, dass man sich ab und zu um seine Frau kümmert?", fragt diese Walter mit einem charmanten Augenaufschlag, für den er vor zwei Jahrzehnten noch alles gemacht hätte. Auch nun schaut er seine Frau zärtlich an und wirft ihr eine Kusshand über den Tisch zu. „Natürlich, mein Schatz. Da hast du mehr als recht. Ich verspreche dir, dass ich im Herbst wieder mehr Zeit für die Familie habe. Nur jetzt muss ich diese Schulung machen und gleichzeitig schon das Projektteam aufbauen, es ist einfach etwas viel zu tun zurzeit." „Aber heute Abend machen wir etwas gemeinsam, o.k.? Sollen wir das Fußballspiel zusammen anschauen? Wer spielt denn heute?" „Dänemark spielt gegen Japan im Achtelfinale. Gerne würde ich das mit dir sehen, das haben wir wirklich schon lange nicht mehr gemacht. Aber ich muss leider tatsächlich noch arbeiten. Etwas aufarbeiten, was heute im Kernteammeeting des Konzeptionsprojekts besprochen worden ist."

Walter weiß, dass er seine Frau enttäuscht hat. Er weiß, dass er zurzeit kein besonders guter Ehemann ist, und er gelobt sich selbst Besserung. Er küsst seine Frau auf die Stirn, schaut ihr fest in die Augen und sagt: „Im Herbst dann. Dann verbringen wir jeden Abend der Woche gemeinsam. Versprochen!" Er weiß nicht, ob sie ihm das glaubt, doch mit dem inneren Drängen, nun wirklich weiterarbeiten zu müssen, geht er in sein Bürozimmer und erstmals seit Wochen fällt ihm wieder sein Tagebuch ein. Beinahe hätte er drauf vergessen.

24. Juni 2010, 20:30 – der Sturm bricht los

Das heutige Kernteammeeting unseres Konzeptionsprojekts für SPIRIT 2012 lässt mich wieder zur Feder greifen. Am Freitag kommender Woche habe ich bei Katharina den nächsten Termin und dafür sollten mir meine Aufzeichnungen bereits vorher zu mehr Klarheit verhelfen – sie wird mich ja wieder mit ihren Fragen überraschen wollen.

Schön der Reihe nach, Walter: Drei Kernteammitglieder waren einfach nicht da, unentschuldigt, kein Anruf, nichts! Hans saß im Projektraum, ungeladen, plauderte mit der Personal-PL und sagte so nebenbei: „Ich bin jetzt für den Scholz im Team." Ich war leicht verärgert und noch bevor ich mein Flip mit dem Stimmungsbarometer aufgehängt hatte, platzte es noch aus mir heraus: „Bin ich heute im falschen Film oder habe ich irgendeine Information nicht erhalten, Hans?" Diesem wiederum gefiel offenbar meine Frage nicht, denn er meinte „Herr Walter Punkt ist anscheinend nicht am letzten Stand, entschuldigen Sie uns einen Moment, wir gehen kurz hinaus und klären das."

Sofort spürte ich, wie sich meine Verärgerung in Wut verwandelte – seit Beginn dieses Vorbereitungsprojekts für das Programm hatte ich keine Absprachen außerhalb des Projektteams getroffen und speziell seit den Coachingsequenzen mit Katharina war mir die Bedeutung von Offenheit gegenüber dem Team noch bewusster geworden. Jetzt kam mein Chef, ungeladen, in mein Meeting und brüskierte mich vor dem Team.

Ich spürte den Konflikt in mir aufsteigen: Sollte ich einerseits meinen Chef bloßstellen und ihn alleine hinausgehen lassen, oder andererseits mit ihm hinausgehen und dem Team meine Schwäche demonstrieren?

Ich ging kurz mit ihm vor die Tür um ihm klarzumachen, dass die Coachings zur Sozialen Kompetenz seine Idee waren, ich aber inzwischen einiges gelernt hatte. Heimlichkeiten vor dem Team würde ich mir jedenfalls nicht mehr leisten. Wir könnten morgen einen Termin vereinbaren, jetzt würde ich aber sicher nicht mit ihm abseits des Teams diskutieren.

Er konnte gar nicht anders, als mir wieder in das Teammeeting zu folgen – ich konnte ihm aber seine Verärgerung ansehen.

25. Juni 2010

Noch bevor ich zum Termin mit Hans aufbrach, rief mich Sandra Lorenzo, die vorgesehene PL für das Personalentwicklungsprojekt in SPIRIT 2012, an und erzählte mir vom unsanften Hinauswurf von Norbert Schmolz. Er wurde am Mittwoch, den 24. Juni, telefonisch in den neunten Stock beordert. Sein Bereichsleiter und Hans Fornach hatten ihn bereits erwartet und er musste auf der Stelle seine Zutrittskarte und die Büroschlüssel abgeben. Als Begründung hieß es nur: „Für Sie ist in der Zielorganisation kein Platz mehr vorgesehen, Sie sind ab sofort dienstfrei gestellt." Sandra entschuldigte sich noch, weil sie mich nicht rechtzeitig informieren hatte können. Sie war zur Verschwiegenheit verpflichtet worden, erklärte sie mir aufrichtig. Da aber Hans Fornach jetzt statt Norbert Schmolz im Team sitze, könne sie die Vorgänge bezüglich Schmolz wohl mitteilen. Darüber hinaus sei sie immer noch sehr betroffen, sie hatte gerade mit Norbert einen wichtigen Vertrauten im Team verloren und wahrscheinlich stellte sie sich auch die Frage, wie sie damit als künftige Verantwortliche im Personalprojekt umgehen solle.

Ich kochte vor Wut. Hans war bei dieser Aktion involviert. Die Firmenleitung hatte einen Abteilungsleiter aus dem Team entfernt und Hans war dabei gewesen. Ohne Vorinformation, ohne Erklärung, stattdessen sitzt er im künftigen Programmteam. Ein wilder Verdacht tauchte in mir auf: Hatte Hans nicht kürzlich erwähnt, dass ihn die Abteilung von Schmolz interessieren würde?

Der Termin mit Hans war gar keiner. Ich stürmte ohne anzuklopfen ihn sein Zimmer und fragte ihn schroff: „Hast du dich jetzt zum Abteilungsleiter ‚hochgedient'?"

Hans sagte nur: „Raus!", und das war es dann auch.

29. Juni 2010

Der Konflikt mit Hans bestimmte mein Wochenende. Auch wenn wir uns privat kaum verabredet hatten, hat sich über die Jahre so etwas wie Freundschaft zwischen uns entwickelt. Und jetzt das! Habe ich überreagiert, oder ist an meiner Vermutung etwas dran? Bis heute gibt es keine Reaktion von Hans.

Ich ergänze jetzt am besten die schon am Sonntag begonnenen Fragen an Katharina und schicke sie ihr mit einer kurzen Nachricht.

Betreff: Hilfe
Von: „Walter Punkt" <walter.punkt@konzernwien.at>
Datum: Di, 29.06.2010, 19:10
An: „Coach Katharina" katharina.berghof@pmcc-consulting.com

Liebe Katharina,
deine bereits mehrmals prophezeiten Konflikte im Programm sind jetzt schon eingetreten. Leider in einer sehr belastenden Form für mich. Ich möchte nicht schlecht über Hans reden, vor allem da ich weiß, dass du ihn ja auch privat kennst (oder ihm zumindest früher einmal näher warst). Doch ich verdächtige Hans, dass er einen üblen Hinauswurf von Norbert Schmolz mit organisiert hat, und habe ihm das auch auf den Kopf zugesagt. Daraufhin hat er mich aus seinem Büro geworfen.
Bitte schau dir meine Fragen an. Wir sollten am Freitag unbedingt drüber reden. Möglicherweise werden wir mit unseren üblichen 2 Stunden nicht durchkommen? Ich denke seit Freitag drüber nach, wie ich da rauskomme, vielleicht sogar aus dem Programm.
- Hätte ich mich anders verhalten können?
- Soll ich mich entschuldigen und wenn ja, verliere ich da nicht mein Gesicht?
- Bin ich nach dieser Aktion überhaupt noch in der Lage, dieses Programm zu leiten?
- Will ich es überhaupt noch leiten?
Diese Fragen haben mich vor allem am Wochenende beschäftigt, ich bitte dich aber auch die unteren, etwas sachlicheren Fragestellungen durchsehen.
Liebe Grüße, Walter

PS: Treffe mich mit Norbert Schmolz noch am Freitag vor unserem Termin, da kann ich dir dann Näheres berichten.
PPS: Das hätte ich mir vor einem halben Jahr auch nicht gedacht, dass ich mich einmal so für Schmolz einsetzen werde!

Meine Fragen für kommenden Freitag:
Das künftige Programmteam ist nach meiner Einschätzung bereits in der Norming-Phase der Teamentwicklung, also im dritten Quadranten recht gut unterwegs. Jetzt wurde ein Teammitglied entfernt und zumindest ein weiteres wurde dadurch verunsichert. Besteht nicht die Gefahr, dass wir wieder in die Storming-Phase zurückrutschen?

Kann ich Hans und dem Team noch offen gegenübertreten, wenn ich insgeheim vermute, dass Hans die Kündigung von Norbert Schmolz zu seinem Vorteil betrieben hat?

Habe ich aus deiner Sicht noch die Durchsetzungskompetenz im Konzeptionsprojekt und erst recht im Programm SPIRIT 2012, wenn ein Kernteammitglied, ohne Abstimmung mit mir, hinausgeworfen wird?

Ich habe zunehmend das Gefühl, vom Konzern missbraucht zu werden. Wie kann ich herausfinden, ob da etwas dran ist, oder ob ich mir das nur einrede?
Eine Idee habe ich auch: Ich würde gerne noch im Sommer einen intensiven Teamworkshop machen und denke, dass mir der Auftraggeber das auch genehmigen wird. Würdest du die Leitung übernehmen?

Betreff: Re: Hilfe
Von: „Katharina Berghof" <katharina.berghof@pmcc-consulting.cm>
Datum: Mi, 30.06.2010, 00:45
An: walter.punkt@konzernwien.at

Lieber Walter!
Aufgewühlt von deinen Punkten, aber auch sehr angetan von deinen profunden Fragen, schicke ich dir sofort eine kleine Abhandlung zum Thema Konflikte. Wenn du es irgendwie schaffst, bitte lies sie noch vor unserem Termin – ich halte mir drei Stunden dafür frei.

Dein Treffen mit Herrn Schmolz wird uns sicher mehr Klarheit verschaffen, wir sollten es aber nicht überbewerten. Er wird verärgert sein und hat damit eben auch eine selektive Wahrnehmung.
Meine frühere Aussage, „Konflikte sind eher der Normalfall", scheint mir jetzt nicht gerade passend. Keine Sorge, wir werden die Situation ausführlich analysieren und erste, konstruktive Konfliktlösungsschritte ausarbeiten.
Wenn in den kommenden Tagen noch etwas ausbricht oder dich etwas quält, habe keine Scheu mich anzurufen. Wir werden ein Zeitfenster finden, um bereits vor Freitag das eine oder andere zu besprechen.

Liebe Grüße, bis Freitag, Katharina

28. Konfliktbegriff, Konfliktarten, Konfliktstufen

„Sozialer Konflikt ist eine Interaktion zwischen Akteuren (Individuen, Gruppen, Organisationen usw.), wobei wenigstens ein Akteur Unvereinbarkeiten im Denken, Vorstellen, Wahrnehmen und/oder Fühlen und/oder Wollen mit einem anderen Akteur (anderen Akteuren) in der Art erlebt, dass im Realisieren eine Beeinträchtigung durch einen anderen Akteur (durch andere Akteure) erfolgt."[42]

Wesentlich bei Konflikten ist, dass es mindestens zwei Personen oder Parteien gibt, die unterschiedliche Vorstellungen oder Interessen haben. Und dass eine Abhängigkeit bzw. ein Widerspruch zwischen diesen zwei Parteien besteht. Die zumindest scheinbar unvereinbaren Gegensätze erzeugen einen Spannungszustand, der als sehr belastend erlebt werden kann.

In Projekten sind solche Konfliktsituationen oft durch die unterschiedlichen Fachbereichs- oder Abteilungsinteressen gekennzeichnet. Weitere Konfliktursachen können unklare Regelungen über Zuständigkeiten und Entscheidungsbefugnisse sowie diffuse Rollenerwartungen sein. Unzureichende Kommunikation, das Fehlen eines allgemeinen Projektmanagement-Verständnisses und der Wettbewerb um knappe Ressourcen sind weitere häufige Konfliktursachen. Nicht zuletzt sind Entscheidungsfragen oft Quelle für Konflikte: Trifft der/die PL als Gesamtverantwortliche/r eine Entscheidung, sind es die Projektteammitglieder mit ihren Fachkompetenzen oder fallen die wichtigsten Entscheidungen im Team? Darüber hinaus entstehen Konflikte auf der (zwischen)-menschlichen Ebene: aus Groll, Ärger, Empfindlichkeit, Misstrauen, unvereinbaren Persönlichkeitsausprägungen und Einstellungen, aus dem Gefühl, ungerecht behandelt zu werden, aus Angst vor Gesichtsverlust oder auch wegen Überlastungen und Überforderungen.

Die drei Dimensionen in Projektkonflikten:
> Interessen-Differenz
> Ressourcen-Engpass und Zeitdruck
> Mangel an Sozialer Kompetenz (siehe Abb. 34)

Je höher die einzelne Ausprägung einer Dimension ist, desto höher das Konfliktpotenzial. Bestehen ein hohes Ausmaß an unterschiedlichen Interessen (neue Software sehr schnell implementieren versus zuverlässige, stabile Lösung) und noch dazu wenig Sensibilität für Kommunikationsverhalten und konstruktive Feedbackkultur (niedrige Soziale Kompetenz), gepaart mit fehlenden Personalressourcen, dann ist die Wahrscheinlichkeit für einen Konflikt sehr hoch. Mit dieser 3-dimensionalen Grafik können Konfliktpotenziale dargestellt, thematisiert und im Projektteam bewertet werden.

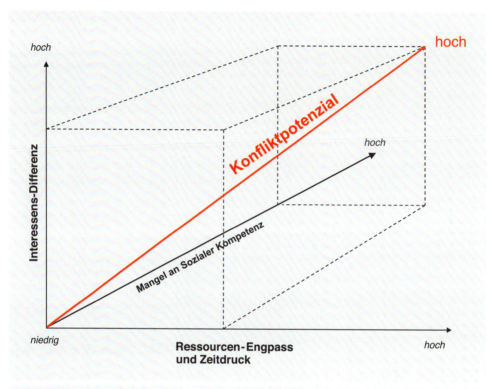

Abb. 34: Konfliktpotenzial in Projekten

Konfliktarten in Projekten
Wertekonflikte

Verschiedene Länder haben verschiedene Kulturen und Werte. Auch in Organisationen gibt es nicht nur eine einheitliche Unternehmenskultur, sondern meist sogenannte Sub- oder Abteilungskulturen. Die Marketingabteilung „tickt" üblicherweise etwas anders als „die Technik" oder „das Rechnungswesen". Treffen diese unterschiedlichen Wertehaltungen in Projekten aufeinander, kann sich dies in Wertekonflikten manifestieren (typisch in Projekten: Pünktlichkeit, Verlässlichkeit und Arbeitszeiten).

Zielekonflikte

AkteurInnen haben unterschiedliche Interessen. Das können Abteilungs- oder Fachinteressen sein, aber auch persönliche Absichten (Macht, Prestige). Durch die Widersprüchlichkeit der Ziele und deren Ausschließlichkeit entstehen Konflikte.

Rollenkonflikte

Widersprüchliche Rollenerwartungen ergeben sich aus der Matrix-Beziehung Linie und Projekt. Der/die Linienvorgesetzte hat möglicherweise andere Prioritäten und Vorstellungen als der/die PL. Rollenkonflikte können sich auch aus dem Spannungsfeld Beruf/Familie ergeben (Projektsitzung dauert länger, Kind wartet im Kindergarten aufs Abholen). Aber auch diffus abgegrenzte oder mangelhaft kommunizierte Projektrollen können Konfliktursachen sein.

Beziehungskonflikte

Entstehen meist aus Emotionen. Manche Menschen mag man eben und andere weniger und manche kann man nicht mal riechen. Permanente oder aufgestaute Emotionen wie Antipathie, Verletzungen, Missachtung, Demütigung sitzen oft sehr tief und werden kaum zugegeben, sondern meist unter dem Vorwand von Sachargumenten ausgetragen.

Mittelkonflikte

Trotz gemeinsamer Ziele können sich Differenzen über die Art der Zielerreichung ergeben. Über die einzusetzenden Methoden und Mittel (Verfahren, Vorgehensweise, Wege) wird gestritten. Dies kann sich auch auf den Projektmanagement-Ansatz und Methodeneinsatz beziehen.

Ressourcenkonflikte

Der Zustand knapper Ressourcen ist im PM der Standardfall. Auch hier zeigt sich das Spannungsverhältnis zwischen Projekt und Linie in Form von Ressourcenengpässen oder in Verteilungskämpfen um die Budgets zwischen konkurrierenden Projekten.

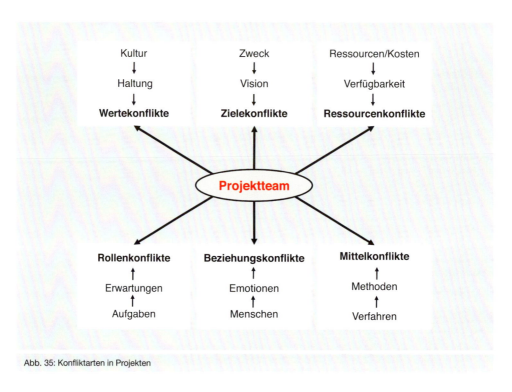

Abb. 35: Konfliktarten in Projekten

Konfliktlatenz durch unausgeglichene Funktionsaufteilung

In der Kommunikation bestimmt der Beziehungsaspekt die Sachebene[43]. In Konflikten gilt das umso mehr. Die Sachebene ist die weitgehend rationale Seite. Da geht es um Ziele, Lösungen, Aufgaben, Themen, Ressourcen, Bewertungen usw. Die Beziehungsebene ist dagegen die emotionale Seite, mit Vorurteilen, Gefühlen, Sympathie und Antipathie sowie Einstellungen. Ist die Beziehungsebene negativ geladen, schlägt dies auf die Sachebene durch[44].

„Aber sicher, Herr Kollege. Das ist ein sehr interessanter Vorschlag. Nur in diesem Fall kann dies so nicht funktionieren. Wenn Sie sich wirklich mit der Materie vertraut gemacht hätten, würden Sie selbst einsehen, dass wir den Meilenstein so niemals erreichen können …"

Hier wird auf der Sachebene nichts anderes formuliert, als „Ich kann Sie nicht leiden und finde, dass Sie absolut inkompetent sind!" Die Beziehung dominiert die Kommunikation. Vor diesem Hintergrund sei auf das Thema Teambildung und die Phasen der Teamentwicklung[45] verwiesen. Ein Team in der Performance-Phase hat eine stabile Beziehungsebene mit klaren und akzeptierten Spielregeln aufgebaut. Auf dieser Basis kann konstruktiv und auch kontroversiell diskutiert werden. Projektteams mit gelungener Teamfindung und fortgeschrittener Teamentwicklung können Konflikte leichter handhaben.

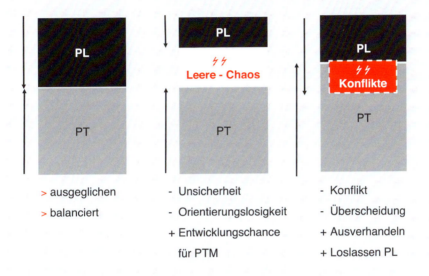

Abb. 36: Verantwortungsverteilung PL – Team

Ein spezieller Konflikt ist jener zwischen PL und Team. Dies hängt im Wesentlichen mit dem Führungsanspruch und mit der Führungsakzeptanz zusammen.

Ist die Führungsaufteilung von beiden Seiten akzeptiert und ausgewogen (links), stellt sie einen konfliktfreien, harmonischen Zustand dar.

Im Falle einer Machtlücke (Mitte) entstehen Unsicherheit und Orientierungslosigkeit. Diese Situation stellt auch eine Chance für die Projektteammitglieder zu Entwicklung und mehr gelebtem Empowerment dar.

Im dritten Fall (rechts) kommt es zu einer Überschneidung der Verantwortlichkeiten und des Führungsanspruchs. Ein Widerspruch oder Konflikt ist das Resultat. Es wird laufend verhandelt und gestritten, wer wie viel machen darf. Rollenklärung, Definition und Diskussion einer Verantwortungsmatrix sowie das Loslassen des/der PL können hier sehr hilfreich sein.

29. Konfliktkultur

„Der Streit ist der Vater aller Dinge." (Heraklit)

Gemeint ist der Widerspruch, der Kampf und nicht der Krieg in seiner destruktiven Art als Motor der Veränderung. Konflikte sind unvermeidbar, ja sogar notwendig, denn sie ermöglichen auch Weiterentwicklung, Erkennen und Umdenken. Auch wünschenswerte Veränderungen können nicht ohne Konflikte erreicht werden. Mit „Panta rhei – Alles fließt" formulierte Heraklit das Prinzip der Veränderung als Normalität und Notwendigkeit.

Konflikte sind etwas ganz Normales, nicht nur in Projekten. Entscheidend sind der Umgang mit ihnen, die Einstellung und letztlich die Projektkultur, die etabliert wird.

Wie werden Konflikte ausgetragen? Muss eine Partei zur Lösung vernichtet werden, das Gesicht verlieren? Oder wird konstruktiv nach akzeptierten, nachhaltigen Lösungen gesucht?

Werden Konflikte positiv oder negativ gesehen? Sind Konflikte ein Tabuthema und werden sie unter den Teppich gekehrt? Oder wird regelmäßig – im Rahmen von sozialem Controlling – nach Konfliktpotenzialen gescannt, werden diese ähnlich thematisiert wie die Abweichungen im magischen Projektdreieck?

30. Konflikte aus systemischer Sicht

Soziale Systeme haben eine Tendenz zur Selbsterhaltung. Konflikte stellen eine enge Kopplung der AkteurInnen im System dar und wirken daher „systemerhaltend". Ein Projekt, verstanden als soziales System, besteht nicht nur aus einer Ansammlung von PTM und PMA, sondern stellt eine Verflechtung aus Kommunikationen und Entscheidungen dar. Diese Herausbildung neuer Eigenschaften und Strukturen im System benötigt die Betrachtung der Umweltbeziehungen nach außen und innen (auch die Personen der Projektorganisation werden als innere Projektumwelt gesehen). Ein Konflikt ist so auch ein System im Projekt, eine besondere Verkettung von mindestens zwei Menschen oder Parteien durch ein (Streit-)Thema. Solange gestritten wird, besteht das System. Hat man sich nichts mehr zu sagen, zerfällt es.

Systemische Ansätze zur Konfliktlösung

Das Verschwinden eines Konflikts braucht die Beteiligung aller KonfliktpartnerInnen an der Lösung. Eine nachhaltige Konfliktlösung erfordert die Einbringung der unterschiedlichen

Interessen und die Bearbeitung, die Verhandlung sowie das Reframen, um eine arbeitsfähige Situation sicherzustellen. Vor einem konstruktivistischen Hintergrund sind Wirklichkeiten soziale Konstruktionsleistungen, Interpretationen, die auch anders möglich sind. Insofern gilt das auch für Konflikte und Lösungen. Auch diese sind konstruiert. Konfliktlösungen lassen sich mit entsprechenden Techniken und Methoden bearbeiten und erreichen. Dazu zählen auch einige Instrumente aus dem PM-Tool-Koffer (Spielregeln, Rollendefinitionen, Funktionendiagramm, Kommunikationsstrukturen) und speziellere Konfliktlösungsschritte.

Gedächtnis sozialer Systeme
Gelöste wie ungelöste Konflikte wirken in Projektorganisationen auch dann nach, wenn sie vordergründig nicht mehr aufscheinen. Die Projektabschluss-Phase ist daher neben dem sachlichen Lernen eine gute Gelegenheit, Verletzungen, Kränkungen und Missverständnisse aufzuarbeiten. Auch Konfliktlösungen und vor allem der Weg dorthin stellen wertvolles Wissen für eine projektorientierte Organisation dar, um in zukünftigen Projekten Energie und Zeit zu sparen.

31. Konfliktausprägungen: heiße und kalte Konflikte

Hinter beiden Konfliktausprägungen stehen Emotionen. Diese können sich direkt oder indirekt bei PL, PTM, PAG sowie bei internen und externen Stakeholdern zeigen.

Typisch für **heiße Konflikte** sind übermotivierte AkteurInnen, die sich für ihre Ziele und Sichtweisen erhitzen und in sie hineinsteigen. Sie halten sich für überlegen, sind von ihrer Position überzeugt und suchen die direkte Konfrontation. In Diskussionen mit anderen Projektteammitgliedern explodieren sie leicht. Regeln und Strukturen werden als hinderlich empfunden. Die AkteurInnen im heißen Konflikt versuchen AnhängerInnen und Verbündete zu gewinnen.

Typisch für **kalte Konflikte** hingegen sind die gegenseitige Enttäuschung und der Zweifel an sich selbst. Die AkteurInnen äußern sich sarkastisch und zynisch über die Gegenpartei, empfinden tiefe Aversionen und behindern sich wechselseitig, wo nur möglich. Sie gehen einem direkten Kontakt aus dem Weg und ziehen sich auf Formalitäten zurück.

32. Konfliktverhalten und Strategien

Mit Konflikten sind wir alle seit unserer Kindheit konfrontiert. Mit den Eltern, Geschwistern, in der Schule, später im Arbeitsleben und auch in der Partnerschaft. Im Laufe der Zeit hat jede/r Muster und Strategien entwickelt, um damit umzugehen. Meist sind uns die eigenen Verhaltensweisen gar nicht bewusst. Dennoch sind sie da und steuern unser Verhalten – auch in Projekten.

Konfliktverhalten

Gerhard Schwarz[46] hat Konfliktverhalten entwicklungsgeschichtlich analysiert und in verschiedene Arten des Umgangs damit eingeteilt.

1. Flucht
Ist der/die GegnerIn zu mächtig und das Risiko zu groß, im Kampf getötet oder schwer verletzt zu werden, so besteht die Möglichkeit dem Konflikt auszuweichen, indem man flüchtet, das Feld räumt. Damit ist der Konflikt beendet, denn eine Partei hat sich aus dem Staub gemacht. In Projekten heißt das, das Team zu verlassen oder durch Kündigung sogar das Unternehmen.

2. Kampf
Im Kräfte-Messen wird geklärt, wer der/die Stärkere ist. Wer gewinnt, hat den Kampf und den Konflikt für sich entschieden. In Projekten können das direkte Angriffe oder Wortgefechte sein, Fachwissen oder höhere Überzeugungskraft. Es kann aber auch indirekter ablaufen: Verleumdung, Mobbing, Sabotage, Erpressung, Fehlinformation, Anschwärzen, verdeckte Info an PAG oder an Linienvorgesetzte. Letztendlich geht es darum, wer in der Gunst gewinnt oder verliert.

3. Unterwerfung/Anpassung
Diese Form der Konfliktauflösung bedeutet in Projekten die Unterordnung gegenüber der fachlichen Autorität oder einer Person mit mehr Macht. Das kann der/die PL sein oder auch ein PTM oder der/die PAG. Die Einsicht der Unveränderbarkeit und die Aussichtslosigkeit, den Kampf zu gewinnen, machen die Unterwerfung zu einer überlegten Variante. Resignation, innere Kündigung können negative Begleiterscheinungen sein.

4. Delegation
Damit wird die Entscheidung nicht innerhalb der Konfliktparteien geregelt, sondern an eine höhere Instanz verschoben. Andere Teammitglieder, SubteamleiterInnen, PL oder PAG können Schlichtungsinstanz innerhalb der Projektorganisation sein. Die Delegierung hinaus aus der Projektorganisation, in die Hände neutraler Dritter, soll nur als letzter Ausweg in Betracht gezogen werden. Die Autonomie des Projektteams wird damit gefährdet.

5. Kompromiss
Beide Seiten zeigen kooperatives Verhalten, wollen den Kampf vermeiden und gehen daher das Risiko, zu verlieren, nicht ein. Ansprüche werden von beiden Seiten teilweise aufgegeben und es wird zurückgesteckt. Es wird eine gemeinsame Lösung gefunden – dies muss nicht die optimale Lösung sein.

6. Konsens (nachhaltige gemeinsame Lösung)

Hier wird neben dem kooperativen Verhalten auch noch Nachhaltigkeit angestrebt und darauf geachtet, dass beide Konfliktparteien davon profitieren. Eine gemeinsame Lösung für alle Beteiligten mit hoher Akzeptanz wird gesucht.

Werden die sechs oben beschriebenen Konfliktbearbeitungsmöglichkeiten vor dem Hintergrund von Interesse an der Beziehung einerseits und Interesse an der Sache andererseits zugeordnet, so ergeben sich vier Ausprägungen. Die Delegation stellt eine spezielle Form der Anpassung oder Unterwerfung dar. Der Kompromiss kann als Mittelvariante verstanden werden. Der Konsens ist die Kooperation als Win-Win-Lösung.

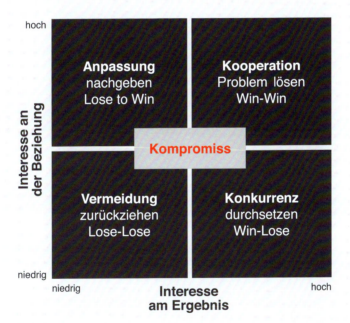

Abb. 37: Konfliktstrategien

Fritz Glasl beschreibt in seinem Eskalationsmodell 9 Stufen von der Verhärtung zweier Positionen (Stufe 1) bis hin zur totalen Vernichtung der Konfliktparteien (Stufe 9). Jede Stufe führt tiefer in primitivere Verhaltensmuster „hinab"[47]. Die Stufen 1 – 3 stehen noch im Rahmen von „Win-Win", 4 – 6 repräsentieren „Win-Lose" und bei 7 – 9 handelt es sich nur noch um „Lose-Lose". Da vor allem die letzten Stufen in Projekten kaum Bedeutung haben, gehen wir hier nicht näher auf dieses Modell ein.

Konflikt-Eskalationsstufen mit einem Projektteammitglied

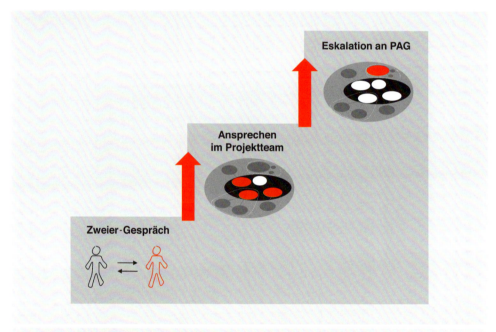

Abb. 38: Typische Eskalationsstufen in Projekten

PL haben immer wieder Probleme mit PTM, die sie wegen fehlender Linienkompetenz nicht direkt lösen können. Für diese Fälle gibt es die drei Eskalationsstufen in Projektteams. Die typischen Eskalationsstufen nach den Konfliktlösungs- bzw. Gesprächsebenen im Projekt lauten:
> Zweier-Gespräch (wiederholt)
> Ansprechen im Projektteam (ein bis drei Mal)
> Eskalation an den/die PAG als höhere Projektinstanz

In direkten Face-to-face-Gesprächen sollen als erste Stufe Konflikte oder erste Anzeichen davon diskutiert und besprochen, sollen Vereinbarungen erreicht werden. Auch wenn der/die PL mit wenig oder keiner formalen Macht ausgestattet ist, können im Vier-Augen-Gespräch Lösungen gesucht und Vereinbarungen über die dargelegte Abweichung getroffen werden. Diese Phase ist ganz wichtig und soll öfter durchlaufen werden.

Falls im direkten Gespräch, auch nach mehrmaligen Versuchen, keine Lösung zustande kommt, empfiehlt es sich, den Konflikt im Team zu thematisieren. Vor dem Hintergrund vereinbarter Spielregeln und/oder Rollenbeschreibungen sowie der Verantwortungsmatrix wird das Team in die Lösungsfindung eingebunden. Gelingt es auch so gemeinsam nach mehreren Versuchen nicht, eine nachhaltige, konstruktive Lösung zu finden, bleibt noch die dritte Stufe.

Die Eskalation an den/die PAG ist in Projekten die letzte Konsequenz. Der/die PAG ist für die Verfügbarkeit von Projektressourcen verantwortlich – und hat dies auch im Projektauftrag unterschrieben. Falls die Humanressourcen nicht ausreichend zur Verfügung stehen, ist ein klärendes Gespräch mit dem/der PAG notwendig. Der/die PL hat üblicherweise nicht die Personalhoheit und kann Teammitglieder nicht eigenständig austauschen.

Klärung des Einflussbereichs in Konflikten

Nicht alles ist von einem/einer PL gestaltbar, nicht alle Konflikte sind direkt lösbar. Um sich nicht in einen „Kampf gegen Windmühlen" einzulassen, ist es ganz entscheidend, die eigenen Einflussmöglichkeiten abzuklären. Wir unterscheiden in Projekten ganz pragmatisch folgende Einflussbereiche:

> **Direkter Einflussbereich:** Konflikte und Missverständnisse innerhalb des Teams hinsichtlich Rollenverständnis, Spielregeln, Inhalten des Projekthandbuchs, To-do-Listen, Teamkultur, …
> Diese Themen können direkt im Projekt gestaltet und bearbeitet werden.
> **Indirekter Einflussbereich:** Konflikte und Probleme, die sich auf die Ressourcen-Verfügbarkeit von PTM oder PMA beziehen, oder generell Meinungsverschiedenheiten mit der Linie. Aber auch die Teamentwicklung in einem Subteam, wenn nur der/die SubteamleiterIn direkt angesprochen werden kann. Ebenso Kritik an PM-Richtlinien und PM-Tools, die in der Hoheit eines PMO liegen. Hier kann mitgestaltet bzw. Hilfe für Veränderung/Verbesserung angeboten werden.
> **Außerhalb des eigenen Einflussbereichs:** Hierzu zählen Themen, die meist in der Unternehmensstrategie oder Kultur angelegt sind, wie zum Beispiel der Stellenwert vom PM im Unternehmen, das Gehaltsschema, Karrieremöglichkeiten, die Führungsleitlinien sowie die Unternehmenskultur.

KONFLIKTE

Abb. 39: Einflussbereiche bei Konflikten in Projekten

In Anlehnung an Gregory Bateson[48] formuliert, bedeutet dies:
Mögest du die Kraft haben, Dinge zu verändern, die zu verändern sind. Mögest du die Gelassenheit haben, Dinge zu akzeptieren, die nicht veränderbar sind. Und mögest du auch die Weisheit haben, den Unterschied zu erkennen.

In jedem Konflikt, in jeder Situation gibt es Handlungsoptionen. Sie lassen sich auf die Formel „Love it – Change it – Leave it" bringen.

Love it: Sich nach einem Nachdenk- oder Klärungsprozess mit der Situation voll und ganz einverstanden erklären.

Change it: Einen Veränderungsprozess einleiten – vom einfachen Gespräch bis hin zu einem komplexen Changeprozess.

Leave it: Die klare Entscheidung, auszusteigen. Das kann das Aussteigen aus einer Arbeitssituation (Arbeitspaket), das Hinausgehen aus der Projektorganisation oder letztlich aus einem Unternehmen sein.

Alle drei Optionen sind stets vor dem Hintergrund von anderen Alternativen zu betrachten.

Effekte von Konflikten

Projektkonflikte wirken sich auf vielfältige Weise und in unterschiedlichen Ebenen aus

> **Konflikte sind Störungen und haben Vorrang**
> Störungen wirken sich über die Beziehungsebene im Projektteam aus und belasten so die Arbeits- bzw. die Sachebene. Deshalb müssen sie auch vorrangig bearbeitet werden.

> **Konflikte wirken belastend**
> Es werden Energie und Aufmerksamkeit abgesaugt. Das wirkt stressfördernd und beeinträchtigt die Leistungsfähigkeit im Team.

> **Konflikte unterbrechen den normalen Handlungsablauf**
> Konflikte behindern die normale Arbeitsweise im Projektteam bzw. die sachorientierte Bearbeitung von Arbeitspaketen.

> **Konflikte erzeugen Lösungsdruck**
> Konflikte sind ein Erkennungszeichen für einen neuen, erwünschten Zustand, genannt Entspannung oder Auflösung.

> **Konflikte sind Voraussetzung für Weiterentwicklung**
> Konflikte sind der Motor für Veränderung und Weiterentwicklung. Sie sind eine Chance, persönlich und im Team besser zu werden.

> **Konflikte neigen zur Eskalation**
> Werden Konflikte nicht rechtzeitig erkannt, bearbeitet und gelöst, wirken sie weiter. Einmal nach innen in Form von Rückzug oder Depression eines PTM. Im anderen Fall nach außen, innerhalb der Projektorganisation mit neuen Konflikten oder auch in die Linienorganisation als Anschwärzen, Disziplinarmaßnahme und Ähnliches.

> **Konflikte polarisieren**
> Dadurch können die Effizienz des Arbeitens verschlechtert und die Arbeitsmoral untergraben werden. Beides gefährdet den Projektendtermin.

> **Konflikte fordern heraus**
> Konflikte können Ansporn und Herausforderung sein, Dinge besser oder anders zu machen. Adäquat angesprochen und in Energie umgelenkt, können Konflikte auch zu einer neuen, höheren Teamzufriedenheit beitragen.

social competence

> **Konflikte ermöglichen Neues**
> Konflikte stacheln zu höherer Qualität der Arbeitsergebnisse an. Das Gute ist der Feind des Besseren.

In Anspielung auf Paracelsus können wir sagen: Zu viele Konflikte lähmen, aber ohne Konflikte geht es auch nicht. Die richtige Dosis entscheidet zwischen Medizin und Gift.

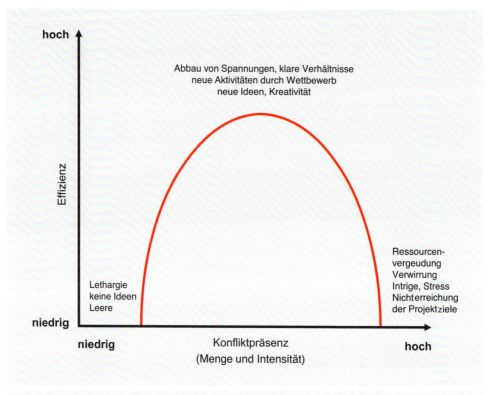

Abb. 40: Auswirkungen von Konflikten in Projekten nach Kast/Rosenzweig

33. Das Drama-Dreieck als Konfliktmodell

Das Drama-Dreieck ist eine Weiterentwicklung der Transaktionsanalyse durch *Stephen Karpman.* Zwei zentrale Annahmen liegen dem Modell zugrunde:

Menschliche Verhaltensmuster, genannt „Spiele der Erwachsenen", haben keinen klaren Anfang oder Einstieg und auch kein feststehendes Ende.

Eingenommene Positionen können sich rasch wieder verändern. Muster und Rollen wechseln im Laufe des „Spiels".

Das Drama-Dreieck besteht aus den drei Rollen:

> Opfer
> Verfolger oder Täter
> Retter

Das Opfer
Das typische Opfer schiebt die Verantwortung meist anderen zu, zum Beispiel Linienvorgesetzen, PL oder Stakeholdern. Es fühlt sich nicht in der Lage, die Situation zu ändern, und glaubt, dass ihm/ihr selbst sowieso immer nur Negatives passiert. Dadurch fühlt sich „das Opfer" sehr stark in der Defensive und wird bzw. wirkt oft handlungsunfähig. Auch die persönliche Ausstrahlung leidet unter dieser inneren Haltung. Häufig wirken „Opfer" still, zurückhaltend und pessimistisch.

Der Verfolger oder Täter
Personen, die häufig mit einer gewissen Härte anderen gegenüber auftreten, werden schnell als VerfolgerInnen gesehen. Diese Rolle festigt sich, wenn sie insbesondere das Opfer aktiv anklagen. Dabei wirkt es sehr oft so, als wisse der/die VerfolgerIn die „richtige" Lösung. Durch das harte Auftreten „des Verfolgers" vermeidet das Opfer in der Regel die Auseinandersetzung und fügt sich, ohne tatsächlich hinter „der (vermeintlichen) Lösung" zu stehen.

Der Retter
Jemand, der in dieser Rolle agiert, hat oft den inneren Impuls helfen zu wollen. Dabei meint diese Person häufig schon die „richtige" Lösung zu kennen und versucht dem Opfer aktiv beizustehen. Dabei merkt „der Retter" in der Regel nicht, dass er/sie sich eigentlich über das Opfer stellt und es dadurch bevormundet. Durch dieses Verhalten wird dem anderen aber die Verantwortung genommen. Daher passiert es sehr oft, dass das Opfer intuitiv die Lösungswege des Retters offen oder heimlich ablehnt.

KONFLIKTE

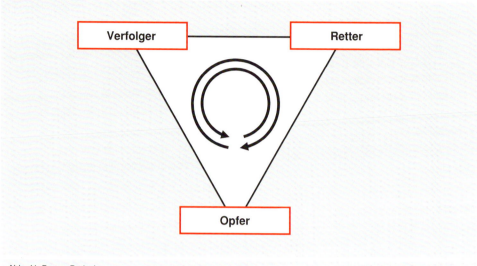

Abb. 41: Drama-Dreieck

Ein Beispiel aus dem Projektalltag ...

Zwei Projektteammitglieder streiten über unterschiedliche Vorgehensweisen im Projekt und eines setzt sich durch. Der/die Besiegte wird zum „Opfer" und der/die Sieger/in zum „Täter". Der/die PL kommt dem vermeintlichen Opfer als „Retter" zuhilfe. Das „Opfer" solidarisiert sich mit dem ursprünglichen „Täter" und behauptet, das sei alles nur „Spaß" gewesen sei. Der/die PL hätte sich unerwünscht eingemischt, sei sogar schuld an der Eskalation. Somit wird der „Retter" nun zum „Täter" und der ursprüngliche „Täter" wird zum „Opfer". Die Positionen werden weiter getauscht, wenn das ehemalige Opfer zusammen mit dem ehemaligen Täter zum „Täter" gegen den/die PL wird. Der/die PL ist nun in der Opferrolle. Meist wird er/sie das nicht auf sich sitzen lassen wollen und seinerseits/ihrerseits zum „Täter" werden – und sei es, dass er zuhause den Hund anbrüllt oder ein anderes PTM oder den/die AssistentIn anschnauzt.

34. Konfliktbewältigung

Vier Schritte zur Lösung bei einfacheren Konflikten

Weitergehend als die Analyse ist die Konfliktbewältigung. Hier stellen 4 Schritte einen strukturierten Weg zu einer nachhaltigen Lösung dar. Die Dauer der einzelnen Schritte differiert je nach Komplexität und Heftigkeit des Konflikts.

Schritt 1: Probleme beschreiben

Dieser Schritt kann gemeinsam oder getrennt passieren. Jede Konfliktpartei ist dabei aufgefordert, ihre ganz persönliche, individuelle Sicht des Konflikts darzulegen. Damit liegen dann die zwei unterschiedlichen Ausgangspositionen vor. Eine systemische Variante ist das Beschreiben des Konflikts aus der Sicht der anderen Konfliktpartei, das heißt, jede Partei schlüpft in die Rolle des „Gegners" und nimmt dessen Sichtweise ein. Das ist bereits eine Intervention in Richtung Lösung und kann daher auch erst später eingesetzt werden.

Schritt 2: Konsens herstellen

Diese Phase, auch wenn sie meist recht kurz ist, ist sehr wichtig. Damit wird der Grundstein für eine Gemeinsamkeit gelegt, die sich schlussendlich in einer stabilen, konfliktfreien neuen Situation/Beziehung manifestieren soll. Folgende Punkte sollen geklärt und vereinbart werden:

> Es besteht ein Problem! Einsicht ist der erste Schritt in Richtung Änderung.
> Das Problem soll gelöst werden! Der Änderungswille wird bekundet.
> Das Problem soll gemeinsam gelöst werden! Der Wille zur Kooperation wird festgehalten.
> Was kennzeichnet eine positive Lösung? Woran würden es die Konfliktparteien merken, dass der Konflikt nicht mehr besteht?

Schritt 3: Lösungsalternativen

In dieser Phase werden Lösungen entwickelt, bewertet und ausgewählt. Wie im Brainstorming werden erst verschiedene Ideen für Lösungen genannt. Diese werden ohne Bewertung gelistet und visualisiert. In einer zweiten Runde werden die einzelnen Varianten bewertet. Entweder jede/r für sich oder nach gemeinsam entwickelten Bewertungskriterien. Und letztlich wird die beste Variante – für beide! – ausgewählt.

Schritt 4: Umsetzung

Diese Phase wird oft vernachlässigt, obwohl dies gerade der entscheidende Link in Richtung Veränderung und Auflösung des Konflikts ist. Es geht um die konkreten Schritte zur Implementierung der ausgewählten Lösung. Dazu braucht es einen Plan. Es muss nicht gleich ein Projekthandbuch sein, doch oft ist das Definieren von Zwischenergebnissen im Sinne von Meilensteinen sehr hilfreich und bringt Orientierung. Ein regelmäßiges Controlling bewertet die Erfolge hinsichtlich der Durchführung und gibt Möglichkeiten für Fein- und Nachjustierungen.

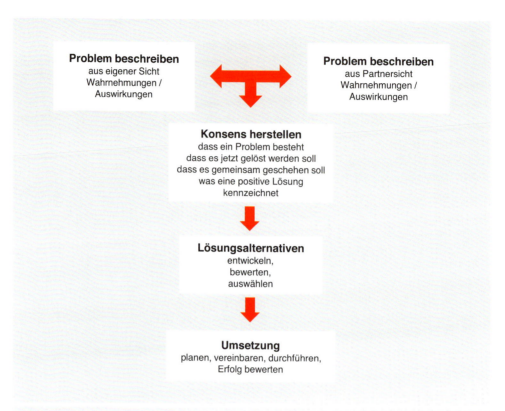

Abb. 42: Konfliktbewältigung in vier Schritten

Fünf Schritte zur Lösung bei komplexeren Konflikten

Wenn Konflikte bereits länger bestehen, mehrere Bereiche des Unternehmens oder unterschiedliche Stakeholder darin verwickelt sind, dann wird für die Konfliktlösung ein gründliches Konfliktlösungsdesign benötigt.

Ein wichtiger Teil davon ist die Konfliktanalyse, die oft schon Teil der Konfliktlösung ist. Wir greifen daher speziell den Analyseteil heraus.

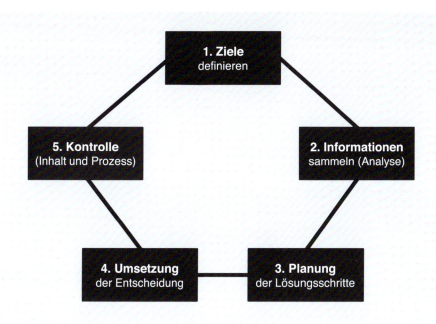

Abb. 43: Konfliktbewältigung für komplexe Konflikte

Konfliktanalyse

Konflikte zu vermeiden – nicht zu verleugnen! – ist besser und weniger zeitaufwendig, als sie zu lösen. Ist ein Konflikt aber einmal da, empfiehlt es sich, etwas Zeit für die Analyse zu verwenden und nicht einfach drauf los zu agieren. Folgende Schritte bzw. Fragen können für ein Verstehen der Konfliktsituation hilfreich sein. Diese 5 Punkte sind nicht isoliert zu verstehen, sondern hängen zusammen und voneinander ab.

> **Die Streitpunkte**
>
>   Worum geht es eigentlich? Um welche Art von Konflikt (Ressourcen, Werte, Ziele, ...) handelt es sich? Was ist Sache? Versuchen Sie das Konfliktthema in einem oder zwei Sätzen zu beschreiben oder gar in einem Schlagwort zu benennen.

> **Die Konfliktparteien**
>
>   Wer sind die KonfliktgegnerInnen, die Betroffenen und die Beteiligten? Geht es um zwei oder mehrere Personen aus dem Projektteam oder mehr um die Abteilungen, die diese vertreten? Wer ist von dem Konflikt direkt oder indirekt betroffen? Sie können dafür auch die Methode der Stakeholderanalyse nützen.

> **Die Form**
> Wie äußert sich der Konflikt? Was sind die erkennbaren Auswirkungen, was die Veränderungen im Vergleich zur normalen Projektarbeit? Was sind weniger greifbare Auswirkungen, z.B. in den Bereichen Gefühle, Emotionen, Motivation? Versuchen Sie, die Auswirkungen nach Fakten und Interpretationen zu listen[49].

> **Der Verlauf**
> Wie entwickelt sich der Konflikt? Versuchen Sie, Phasen oder markante Unterschiede in der Konfliktgeschichte zu finden. Sie können das auch in Form eines Balkenplans mit Meilensteinen visualisieren.

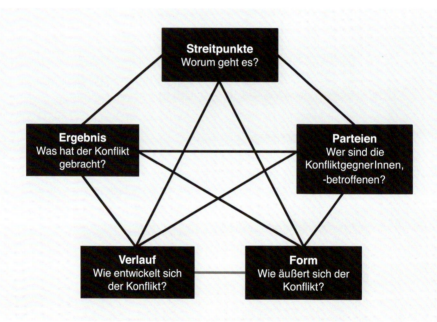

Abb. 44: Konfliktanalyse – Klärung

> **Das erwartete Ergebnis**
> Was wird der Konflikt bringen? Listen Sie alle Aspekte auf, die sich auf den Konflikt beziehen und als (neue) Zustände von den Konfliktparteien erwartet werden. Vergessen Sie nicht darauf, dass es auch positive Aspekte geben kann, z.B.: Endlich wurde dieses Sicherheitsrisiko angesprochen.

35. Bewältigung unter Berücksichtigung der Beziehungen im Projekt

In Konflikten spielen Emotionen und Gefühle meist eine große Rolle. Dieser Aspekt ist auch für eine erfolgreiche Konfliktbewältigung von Bedeutung. Daher ist die Betrachtung der Beziehungsebenen eine wichtige Voraussetzung, um auf der Sachebene eine Lösung zu finden. Insofern hat es sich bewährt, die Dreiheit Person – Beziehung – Sache in genau dieser Reihenfolge zu bearbeiten (siehe Abb. 45).

Zuerst müssen die Personen beruhigt und deren Emotionen sichtbar gemacht werden (z.B. durch eine neutrale, vertraute Person). Erst dann kann an der Beziehung gearbeitet und vertrauensbildende Maßnahmen gesetzt werden. Darauf aufbauend ist eine offene Kommunikation möglich. Eine allparteiliche Begleitung (Mediation) kann mit Techniken, wie z.B. dem kontrollierten Dialog, unterstützen. Dies wiederum ermöglicht es, an der Sache zu arbeiten und das Problem zu lösen.

Ebenfalls auf der Sachebene befindet sich das Vereinbaren der nächsten Schritte hinsichtlich Implementierung und Konfliktlösung.

Letztendlich schließt sich der Kreis wieder auf der persönlichen Ebene, indem Kränkungen und Verletzungen individuell aufgearbeitet werden müssen.

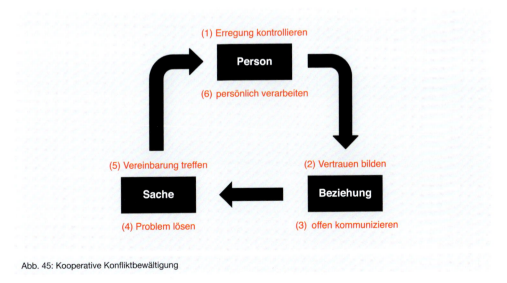

Abb. 45: Kooperative Konfliktbewältigung

36. Ansätze zur Konflikt-Deeskalation

Aggressionen zeigen sich in Gesprächen durch typische Killerphrasen, wie „Das war immer so" oder „Mit Ihnen zu reden hat eh keinen Sinn", aber auch weniger dominant, durch Zwischenreden, abweisende nonverbale Signale oder das Totschweigen beziehungsweise Totreden von anderen Standpunkten.

Verzichte auf Gegenaggression und Manipulation!
Es ist gar nicht so einfach, sich nicht provozieren zu lassen, aber ganz entscheidend für eine Deeskalation. Alles andere wäre Öl ins Feuer zu gießen, auch wenn Sie sich noch so sehr im Recht fühlen.

Spiegeln Sie dem/der GesprächspartnerIn, was Sie gehört und gesehen haben, und geben Sie ihm/ihr Feedback!
Indem Sie sich auf den/die andere/n einlassen, zeigen Sie Empathie und Einfühlungsvermögen. Sie interessieren sich für das Gegenüber. Das kann in Form von synchronisierter Körpersprache geschehen oder auch mit sprachlichem Feedback. Machen Sie den Konflikt zum Thema, indem Sie über den Konflikt reden. Sie begeben sich damit auf eine Metaebene und kommunizieren somit, wie gerade kommuniziert wird, z.B. in Form von Zwischenzusammenfassungen: „Habe ich dich richtig verstanden, du meinst also ...?"

Versuchen Sie die Bedürfnisstruktur des/der Gesprächspartners/Gesprächspartnerin zu erkennen!
Was ist dem/der KonfliktpartnerIn besonders wichtig? Das muss nicht mit Ihren Werthaltungen übereinstimmen.

Identifizieren Sie schwer vereinbare Standpunkte!
Wenn die wirklichen Differenzen einmal auf dem Tisch liegen, können sie auch bearbeitet werden.

Gliedern Sie das Problem in leichter zu bearbeitende Teilprobleme auf!
Kleine überschaubare Häppchen lassen sich leichter bearbeiten als das überdimensionale galaktische Superproblem.

Entschärfen Sie den Konflikt durch Feststellung der in Übereinstimmung geklärten Teilprobleme!
Das Betonen und Wertschätzen von bereits erreichten Teillösungen und geklärten Punkten unterstützt den Prozess der Konfliktlösung. Es bestätigt, am richtigen Weg zu sein.

37. Checkliste zur Zieldefinition für Konfliktlösungen

Definierte Ziele können mit folgenden 4 Kriterien die Basis für eine gute Konfliktlösung sein und gleichzeitig das anschließende Controlling erleichtern.

Sinn und Zweck:
Warum soll ein Problem gelöst werden?
Welcher Zweck wird damit verfolgt?

AdressatIn:
Für wen soll das getan werden?
Wer sind die NutznießerInnen der Lösung?

Ergebnis:
Wie soll die Situation danach aussehen?
Was soll erreicht werden?

Qualität:
Wie gut muss das Lösungsergebnis sein?
Welche Erfolgskriterien können wir festlegen?

In Konfliktsituationen und besonders in der Konfliktbewältigung sind eine einfühlsame Kommunikation und ein sorgsamer Umgang mit der eigenen Sprache ein wesentlicher Erfolgsfaktor. Marshall Rosenberg[50] empfiehlt gewaltfreie statt dominante Sprache:

Verzichten Sie auf beurteilende und vor allem verurteilende und abwertende Formulierungen.

Unterscheiden Sie zwischen Ihren Wahrnehmungen/Beobachtungen und Ihren Interpretationen/Bewertungen.

Ergründen Sie jenes Bedürfnis/Motiv, dessen Erfüllung oder Nichterfüllung bei Ihnen Gefühle auslöst. Versuchen Sie das Gefühl, das der Bewertung zugrunde liegt, klar auszudrücken. Versuchen Sie empathisch zu ergründen, was andere fühlen und brauchen. Respektieren Sie die Autonomie des/der anderen, indem Sie keine Forderungen stellen, sondern Bitten formulieren.

38. Empfehlungen für das Ausverhandeln von Konfliktlösungen[51]

Beginnen Sie mit leichten Punkten, die eine rasche Einigung zulassen. Erste Fortschritte ermutigen, gemeinsam fortzufahren. Stimmen Sie Ihrem Gegenüber auch zu und lassen es gelten. Streben Sie rasche Resultate, „Quick Wins", an.

> Legen Sie zuerst einen allgemeinen Rahmen fest und arbeiten Sie dann Details aus.
> Trennung von Diskussion und Lösung.
  Zeit nehmen für eine breite und auch kontroversielle Diskussion der Konfliktthemen und erst dann Lösungen suchen.
> Gegeneinander gerichtete und kooperative Konfliktbewältigung auf verschiedene Personen verteilen.
  Durch das Splitting von Optionen und ein entsprechendes Personalisieren (Pro/Contra, Good Cop/Bad Cop) können Rollenkonflikte der VerhandlerInnen minimiert oder reduziert werden. Unnachgiebige verlieren dabei auch kaum ihr Gesicht!
> Gefühlsgeladenen Konfliktausdruck zulassen.
  Gefühlsgeladene Gesten zeigen, wie wichtig Ihnen die Sache ist. Verstecken Sie sie nicht, machen Sie daraus aber auch keine Show.
> Sorgen Sie für eine entspannte Atmosphäre.
  Die Umgebung soll angenehm sein, möglichst außerhalb der Büroräume. Kurze Unterbrechungen mit humorvollen Episoden zum „Kopf auslüften" schaffen Leichtigkeit.
> Rollentausch praktizieren.
  Laden Sie dazu ein, die Standpunkte der anderen Seite wechselseitig zu formulieren.
  Schlüpfen Sie in die Haut des/der anderen und erkennen Sie seine/ihre Bedürfnisse, Motive und Werte. Dies ist einerseits ein Ausdruck von Empathie und bringt andererseits Bewegung in die Sache.
> Gehen Sie gedanklich „auf den Balkon".
  Versuchen Sie dadurch Abstand zu gewinnen und wenn nötig, Ihre Emotionen abzukühlen.

> Bauen Sie Ihrem Gegenüber eine goldene Brücke.
> Versuchen Sie Angebote zu machen, die eine Änderung der Haltung ermöglichen, ohne das Gesicht zu verlieren. Führen Sie Ihrem Gegenüber die Kosten seiner/ihrer Ablehnung vor Augen und streichen Sie Ihre beste Alternative heraus.
> Bitten Sie um Entschuldigung.
> Zeigen Sie Größe und entschuldigen Sie sich für Aussagen oder Taten, die Ihr Gegenüber gekränkt oder verletzt haben.
> Warnen Sie, aber drohen Sie nicht!

39. Konfliktursachen in Projekten erkennen und lösen

Zu einer guten Projektplanung gehören die Stakeholderanalyse und das Risikomanagement ebenso wie dynamische Spielregeln und regelmäßiges soziales Controlling im Team. Sie alle reduzieren das Auftreten von Konflikten. Zum Abschluss fassen wir nochmals zusammen, in welchem Kontext Konflikte entstehen können und welche Unterstützungen bei der Lösung hilfreich sind.

Im Projektdreieck

In vielen Projekten fallen durch länger andauernde und vor allem durch schwelende, nicht gelöste Konflikte höhere Kosten (externe Unterstützung, zusätzliche und aufwändigere Lösungsprozesse) an. Ressourcen ziehen sich zurück oder werden ausgetauscht. Dadurch müssen meist Zeitverzögerungen und Leistungseinbußen hingenommen werden.

Oft schlittern Projekte in Krisen, weil sie durch die Konfliktbelastungen ihre ursprünglichen Aufgaben vernachlässigen, in eine negative Spirale nach unten gezogen werden. Nicht gelöste Ziele-, Verteilungs- oder Mittelkonflikte in der Projektorganisation, aber auch mit Stakeholdern lösen so eine Tendenz zum Projektabbruch aus.

Vor allem, wenn Ziele und Ressourcen adaptiert werden, ist die Abstimmung der alten und neuen Eckpunkte des Projektdreiecks im Team enorm wichtig. Bei Unstimmigkeiten kann gleich an den Ursachen gearbeitet werden. Werden diese nicht erkannt, tauchen sie später als Konflikte auf.

KONFLIKTE

Die gemeinsame Ausarbeitung eines Risikomanagements beugt diesen Gefahren vor: Risiken werden im Team erkannt und bewertet, risikomindernde Maßnahmen geplant. Auch die Projektmanagement-Methoden gemeinsame Planung, regelmäßiges Controlling, Rollenklärung, Spielregeln, …. sind konfliktvermeidend.

Im Team

Mit einfachen Methoden können das Wohlbefinden und die Teamzufriedenheit abgefragt werden. Veränderungen auf der Beziehungsebene, aber auch Belastungen, die nicht direkt mit dem Projekt zu tun haben, zeigen sich zuerst in Veränderungen des Wohlbefindens.

Spricht der/die PL diese Veränderungen rasch an, können spätere Beziehungs-, Werte-, oder Rollenkonflikte früh erkannt und ausgeräumt werden. Je nach Intensität der auftretenden Störungen sind dafür Vier-Augen-Gespräche, Teamgespräche, neue Rollenbeschreibungen oder die Anpassung der Spielregeln notwendig.

Die regelmäßige Durchführung der Stakeholderanalyse im Team – nach innen zu den Personen der Projektorganisation – ist das wichtigste Instrument im Projektmanagement, um im Team die Ursache von Konflikten möglichst frühzeitig zu erkennen und mit den festgelegten Maßnahmen gegenzusteuern.

In den Beziehungen nach außen

Projekte werden nicht auf der „grünen Wiese" abgearbeitet, sie haben eine Vorgeschichte und jede Menge Beziehungen nach außen. Bewusst oder unbewusst haben Personen, andere Projekte, Organisationen, Unternehmen oder Institutionen andere Interessen, die uns im Projekt beeinflussen oder behindern.

Hier sind die regelmäßigen Stakeholderanalysen das adäquate Instrument im Projektmanagement, um im Team die Ursache von Konflikten möglichst frühzeitig zu erkennen und wieder mit konkreten Maßnahmen gegenzusteuern.

Unterstützung, wenn die Konfliktlösung im Team nicht gelingt

Wie bereits bei den Eskalationsstufen für Projekte dargestellt, bleibt stets die Möglichkeit, den/die PAG für eine Konfliktentscheidung heranzuziehen, bzw. sich die Freigabe von projektverändernden Maßnahmen zu holen.

KONFLIKTE

H

Manchmal ist es sinnvoll, externe Unterstützung zu nützen. Dabei ist vor allem auf die Freiwilligkeit und Akzeptanz der Konfliktparteien zu achten. Dazu gibt es verschiedene Abstufungen:

> In der Lösungssuche die Sicht eines Außenstehenden einholen
> Lösungsfokussierte, systemische Konfliktaufstellung (mit StellvertreterInnen, mit Symbolen oder mit den Teammitgliedern)
> Eine/n KonfliktberaterIn engagieren, Auftrag für ein Konfliktlösungsdesign ausarbeiten und begleitend umsetzen
> Mediation in Anspruch nehmen (allparteiliche Unterstützung durch eine neutrale Person)
> Lösungsfokussierte, systemische Therapie bei problematischen Verhaltensmustern und längerer Dauer eines Projekts
> Schiedsstelle zur Entscheidung anrufen und Entscheidung abgeben (PersonalchefIn, BetriebsrätIn, RichterIn, …)

Der Sturm bricht los (Fortsetzung)

Noch vor dem Termin mit Katharina am 2. Juli trifft Walter das ehemalige Teammitglied Norbert Schmolz im „Salettl" im 19. Bezirk.

Norbert erzählt ihm den Grund für seinen Rauswurf: Er habe – wie alle anderen der zweiten Managementebene auch – ein Aktienpaket von € 120.000,– für den Fall angeboten bekommen, dass sie als ProjektleiterInnen die Personalreduktions- und EBIT-Ziele von SPIRIT 2012 bis 31.12.2011 erfüllen. In 12 Monaten sollten quer über den gesamten österreichischen Standort 20% des Personals abgebaut werden. Er habe dem nicht zugestimmt und das Ergebnis kenne Walter ja. Ob er das nicht gewusst habe, fragte er ihn noch.

Walters ursprüngliche Wut und Enttäuschung schlägt noch während des Gesprächs in Widerstandsgedanken und Kampfgeist um. Er kann zuerst gar nicht antworten, nach einem kräftigen Schluck Bier sagt er nur: „Dieser …, ich hatte keine Ahnung, das ist alles hinter meinem Rücken gelaufen, ich denke, da werde auch ich nicht mitmachen." Er ist von Schmolz sehr positiv überrascht. Wer hätte gedacht, dass hinter der zynischen Maske ein so sozial denkender junger Mensch steckt? Doch das hilft diesem nun auch nichts.

Zerknirscht und etwas lethargisch kommt Walter zum Coachingtermin mit Katharina. Auch sie reagiert betroffen. Ihren ersten Vorschlag, dass sie eine Mediation für Hans und Walter anbieten könnte, verwerfen sie bald. Walter kann sich nicht vorstellen, momentan irgendetwas gemeinsam mit seinem Chef mediieren zu lassen.

Katharina gibt zu: „Walter, du hast recht. Das war kein guter Vorschlag von mir. Lass uns zuerst deine Fragen zum Artikel über Konflikte durchgehen, damit gewinnen wir etwas Abstand zur heißen Situation. Danach arbeiten wir die 7 Tipps aus, um anschließend mit einem eigenen Konfliktdesign für dich und SPIRIT 2012 zu beginnen."

„Einverstanden", sagt Walter und atmet nochmals kräftig durch, „für mich wäre wichtig, bald zu einer Strategie zu kommen. Kannst du kommenden Mittwoch, den 7. Juli, nachmittags?"

„Ja, notfalls sage ich etwas ab. Ich werde dich jetzt nicht hängen lassen. Setzen wir uns heute eine Konfliktanalyse zum Ziel, dann können wir kommenden Mittwoch einen Interventionsvorschlag konkretisieren."

7 Tipps für die ProjektleiterInnen

> Die angenehmsten Konflikte sind die, die vor dem Ausbrechen gelöst werden, die besten Konflikte sind die, die dich und das Projektteam weiterbringen.
> Mit relationalen Rollenbeschreibungen, einer Verantwortungsmatrix und mit abgestimmten Spielregeln klärst du Zuständigkeiten, Verantwortungen und Umgang. Unnötige Konflikte werden vermieden.
> Konflikte sind ganz normal in Projekten. Decke sie nicht zu, sonst kommen sie morgen in verschärfter Form wieder.
> Jeder Konflikt braucht seine Strategie, jede Lösung braucht alle Konfliktparteien.
> Konflikte haben immer eine Geschichte, beleuchte sie, sie ist meist Teil der Lösung.
> Konflikte haben meist eine Sach- und eine Beziehungsebene, die oft gegengleich ausgetragen werden.
> Finde heraus, an welchen „Konfliktspielen" du beteiligt bist und welche Rolle du spielst und reflektiere sie offen in den Projektcontrollings.

ABSCHNITT I

INTERVENTIONEN

Was kann ich tun?

Wieder einmal bekommt Walter von Katharina Lesestoff für seine Vorbereitung für den Coachingtermin am 7. Juli. Er benötigt diesmal keine Lesemotivation, die Vorgangsweise des Vorstands und noch mehr die Enttäuschung über Hans Fornach sind Antrieb genug.

Immer wieder hat Walter die möglichen Interventionen gelesen und überlegt, was er tun könnte. Schon aus der Konfliktanalyse war zu erkennen: Hans ist nicht der Antreiber für diese Aktion. Er hat die Situation für sich genützt und er hat bei Walter tiefe Betroffenheit und Wut ausgelöst.

Seiner ersten Reaktion, alles hinzuwerfen, ist Katharina mit drei Fragen begegnet:

„Kannst du gut damit weiterleben, wenn du jetzt das gerade wachsende Team alleine lässt?"
„Willst du genau jenen, die versuchen dich zu missbrauchen, das Feld überlassen?"
„Unterstützt du mit einem Rücktritt nicht Hans Fornach in seiner neuen Funktion als Abteilungsleiter und wer von den anderen hat noch den Mut, Hans zu widersprechen?"

4. Juli 2010, 22:15 – So leicht gebe ich nicht auf
Die Fragen von Katharina hatten es wieder einmal in sich! Warum wollte ich flüchten? Freiwillig gebe ich nicht auf und wenn mich Katharina weiter unterstützt, werden wir einige Interventionen entwerfen, die den Vorstand noch einige Zeit beschäftigen werden.

Es stimmt, der Vorstand braucht mich. Sie haben niemanden, dem das kommende Programmteam vertraut, und wenn ich Hans seine eigene Ethik vorführen kann, wird mir das auch eine Genugtuung sein – ein wenig hoffe ich immer noch, dass sich das Verhalten von Hans doch erklären lässt.

Ich werde mit Katharina an der Fortführung arbeiten. Das „Projekt-Café" als Beteiligungsintervention reizt mich besonders. Es tauchen bereits einige Ideen auf, wie wir die Belegschaft in SPIRIT 2012 einbinden können.

40. Die Definition im Großen

Nach Andreas Hasenclever[52] ist Intervention die wie auch immer geartete äußere Beeinflussung der inneren Angelegenheiten eines Staats.

Intervention leitet sich vom lateinischen *intervenire* ab und bedeutet „sich einmischen, sich einschalten". Der Begriff wird auch in der Medizin, in der Wirtschaft, im Finanzgeschäft, im öffentlichen Raum, in der Sozialarbeit, in humanitären Fragen und Ähnlichem verwendet und leicht unterschiedlich definiert. In unserem Zusammenhang können wir Intervention als „zielgerichtete Kommunikation …, welche die Autonomie des intervenierten Systems respektiert", bezeichnen[53].

Ein Projekt an sich ist eine Intervention, da es Handlungen setzt, die einen Zustand verändern oder neuen Zustand erreichen sollen.

Interventionen können …

> genau die beabsichtigte Wirkung erzielen,
> gar keine Auswirkung haben, oder
> das genaue Gegenteil bewirken.

In Projekten sind Interventionsmethoden und -techniken im Rahmen der Führungsaufgabe des/der PL sowie bei übertragener AP-Verantwortung an PTM und nicht zuletzt bei der Auflösung von Konflikten hilfreich. Im Projektcoaching werden Interventionen vor einem systemisch-konstruktivistischen Hintergrund[54] als zielorientierte Hilfestellung zur Lösung eines Problems/Konflikts oder eines erwünschten Soll-Zustands eingesetzt.

PL nützen ihre Sozialen Kompetenzen, um im Team oder gegenüber Einzelpersonen mit adäquaten Methoden zu intervenieren: Sie setzen Maßnahmen zur effizienten Zielerreichung und zur Teamentwicklung im Projekt.

INTERVENTIONEN

41. Die Definition im Zusammenhang mit Führen:

Interventionen sind „Eingriffe" in ein bestimmtes Verhalten, um

> das gezeigte Verhalten bewusst zu machen,
> neue Lernmöglichkeiten aufzuzeigen, und
> Verhaltensänderungen zu erreichen.

Interventionen werden als Kraft oder als Handlung am effizientesten in dieser Reihenfolge eingesetzt, um einen gegebenen Zustand zu ändern.

Die Intervention kann sich in Projekten (als soziale Systeme) auf Individuen, das Team, den/die AuftraggeberIn oder auf das Projekt selbst beziehen. Die Kommunikation aus dem Projekt nach außen initiiert Interventionen bei Stakeholder oder Umwelten.

Die Umwelt- oder Stakeholderanalyse ist eine Interventionsmethode, um die Außenbeziehungen zu analysieren und laufend zu aktualisieren und um konkrete Handlungen umzusetzen[56]. Interventionen können daher an das Team, an das Individuum oder an Stakeholder gerichtet werden. Z.B. ist das Rückspiegeln einer Teamstimmungsabfrage[24] eine Intervention, wenn es zumindest bei einem Mitglied zu einem „Aha"-Erlebnis führt, wenn die Darstellung des Teamgefühls analysiert wird und daraus auch nur ein Veränderungsschritt (wie ein neuer Punkt bei den Spielregeln) abgeleitet werden kann.

42. Teambildungsinterventionen

Der Zweck von Teambildungsinterventionen ist

> Vertrauen zu verbessern
> die Wirksamkeit eines Projektteams durch den Bau neuer und intensiverer Arbeitsbeziehungen zu erhöhen
> ein besseres Verständnis und eine Angleichung zwischen den Teammitgliedern zu erreichen
> die Kommunikation zu verbessern.

Wenn diese Ziele erreicht sind, wird ein Projektrisiko, die fehlende Teamentwicklung, erheblich vermindert. Es gibt dabei 4 Grundformen von Teambildungs-Interventionen:

Problemlösungsorientierte Teambildung

Teammitglieder lösen anstehende Projektprobleme nicht einzeln, sondern in gemeinsamer Arbeit, je nach Entwicklungsstand des Teams (siehe Teamphasen in Kapitel 16). Das Team soll in der Forming- und Storming-Phase dabei stark angeleitet werden (durch professionelle, externe Moderation oder von der Projektleitung), um in der Norming- und in der Performing-Phase sowie als Hochleistungsteam die Probleme weitgehend selbstständig lösen zu können. Die ständige Aufgabe des/der PL ist es, die Teambildungspraxis zu fördern und bei Problemen mit Interventionen die Problemlösungsschritte anzustoßen.

Skillorientierte Teambildung

Teammitglieder haben in Workshops oder speziellen Trainings spezifische Teamfähigkeiten (z.B. Kommunikationstechniken, Umgang mit Konflikten, Feedback-Techniken, Vertrauen aufbauen, ...) erlernt und praktizieren diese Fähigkeiten in der Projektarbeit. Je nach Grad der erworbenen Skills werden die Interventionen für Teambildungsmaßnahmen vom Team selbst eingesetzt oder vom/von der PL eingebracht.

Vor allem in Projektworkshops können Fähigkeiten unmittelbar in der Projektarbeit erworben und wieder eingesetzt werden. Soziale Kompetenzen werden gemeinsam in Projektteams erlernt. Die adäquate Anwendung der Teambildungsinterventionen ist aber auch eine Frage der Projektkultur, die vor allem vom/vor der PL initiiert und vom Team getragen werden muss.

Persönlichkeitsorientierte Teambildung

Hier füllen die Mitglieder des Teams einen Persönlichkeitsfragebogen aus und legen ihn offen. Sie lernen sich so selbst und die Persönlichkeiten ihrer TeamkollegInnen kennen. Das Team nutzt dann unter Anleitung (PL oder externe ExpertInnen) die Ergebnisse als Grundlage für Diskussionen zur Entwicklung von Maßnahmen und für spezielle Vereinbarungen in den Projektspielregeln. Unterschiedliche Fähigkeiten, Haltungen, Belastbarkeiten, Sensibilitäten und Konfliktverhalten wirken nach einer Teamoffenlegung im Sinne einer Diversität leistungs- und effizienzsteigernd. Persönlichkeitsbasierte Konflikte im Team werden durch die Anerkennung der Diversität meist im Vorfeld verhindert.

Aktionsorientierte Teambildung

Teams wachsen durch das Erledigen herausfordernder, gemeinsamer Tätigkeiten (z.B. experimentelle „Seilaufgaben" oder ein Outdoor-Abenteuer wie Wildwasser-Rafting, Klettern, Survivalkurs oder Boot Camp). Diese Tätigkeiten erfordern die Zusammenarbeit des Teams, um Erfolg zu erzielen. Die Übungen sind auf spezifische Bedürfnisse der Teams aufgebaut und bein-

INTERVENTIONEN

halten Problemlösung, Risikobereitschaft, Vertrauen, das Brechen eines Paradigmas. Die zugrunde liegende Philosophie dieses Ansatzes ist das Erleben eines gemeinsamen Teamerfolgs in anspruchsvollen Outdooraufgaben. In schwierigen Projektsituationen kann das Team dann auf diese Erfahrungen zurückgreifen, lösungsorientierte Einstellungen werden so übertragen und erhöhen die Effizienz des Projektteams.

Nicht nur weil dem/der PL meist die hierarchischen Kompetenzen zum Führen fehlen, sollte er/sie stärker auf Soziale Kompetenzen setzen. Es ist auch enorm wichtig, dem Team ausreichende Freiräume zu lassen, damit es die Selbstorganisationskräfte entwickeln kann. Die Steuerung des Teams wird mehr und mehr kontextbezogen – im Vertrauen auf die innere Wirkungsweise im Team (im System) werden Impulse Reaktionen in die gewünschte und geplante Richtung auslösen. Wir reden dann von einer Kontextsteuerung oder auch von einer Kontextführung.
„Der Verzicht ist ein großer Schritt, der Demut und Mut zugleich erfordert, denn eine Führungskraft, die nach systemischen Prinzipien handelt, setzt sich dem Feedback der anderen aus, der Mitarbeitenden, der Kunden, der Kooperationspartner. Sie verlässt die Immunität des Vorgesetztenstatus und praktiziert Leadership, indem sie ihre Verantwortung in vorbildlicher Weise wahrnimmt."[57]

43. Einzelinterventionen

Ein/e erfolgreiche/r PL führt nicht nur das Team, sondern auch die einzelnen Teammitglieder. Die Berücksichtigung der individuellen Unterschiede ist mit individuell dosiertem Leadership möglich. Dabei werden zwei Führungsinstrumente eingesetzt, die für jedes Teammitglied in Abhängigkeit von dessen Entwicklungsstadium „wie ein Medikament dosiert" werden müssen.

Anleitung und Unterstützung
Die Anleitung verbessert die Qualifikation des Teammitglieds, die Unterstützung als extrinsische Motivation verstärkt die Eigenmotivation (intrinsische Motivation) beim Teammitglied. Ein/e PL mit Sozialer Kompetenz verkörpert dabei selbst die Aufgaben und Vereinbarungen seines/ihres Teams. Diese Vorbildwirkung ist eine wichtige Voraussetzung, um Einzelinterventionen erfolgreich umsetzen zu können.

Je nach Teamentwicklungsstand können Einzelinterventionen im Team offen oder im Zweiergespräch durchgeführt werden. Die Projektkultur (z.B. die Offenheit im Umgang mit Feedback) ist dabei ausschlaggebend – im Zweifelsfall ist aber (vor allem bei Anleitungen) das Zweiergespräch vorzuziehen. Anerkennende Unterstützung wird in neuen Teams wohlwollender aufgenommen als kritisches Feedback oder straffe Anleitungen.

Sind allerdings Einzelinterventionen nicht erfolgreich (z.B. Teammitglied liefert auch nach mehreren Einzelgesprächen die Ergebnisse oder Berichte nicht ab) und ist das Team davon betroffen, muss auch die Einzelintervention vor einer notwendigen Eskalation nach außen (PAG oder Linienvorgesetzte/r) im Team offengelegt werden (Ausnahmen sind hier nur der Schutz von Personendaten). Siehe Abb. 38, Seite 182.

44. Fragetechniken

Fragen sind wichtige und mächtige Werkzeuge. Damit können Informationen gesammelt, Veränderungen sichtbar gemacht und angeregt werden. Fragen erzeugen andere geistige und emotionale Zustände. Sie können die Personen stärker zum Thema hinführen und erhöhen damit die innere Beteiligung. Fragen können auch die Person das Thema mit Abstand erleben lassen und damit den Prozess abkühlen. Dabei können in Projekten folgende Fragetypen verwendet werden:

Fragen nach Ausnahmen
lenken den Fokus auf „störungsfreie" bzw. erwünschte Zeiten hin, z.B. „Wann war das letzte Mal, dass das Problem nicht auftrat?"

Erklärungs-/Zukunftsfragen
zielen darauf ab, mögliche Ziele bzw. die Zukunft zu konkretisieren und Phänomene „greif"-bar zu machen, z.B. „Was wäre das erste Anzeichen dafür, dass es Ihnen besser geht?"

Hypothesen-Fragen
loten Möglichkeiten aus, nach dem Motto „Was wäre, wenn …?", z.B. „Wenn ich Ihnen sagen würde, der Konflikt hat diese und jene Ursache, was wäre dann anders?"

Zirkuläre Fragen
fordern den Befragten auf, die Frage aus der Sicht eines anderen zu beantworten und damit die Beziehung zwischen den Mitgliedern eines Systems sichtbar zu machen, z.B. „Was würde Ihr/e PAG zu diesem Ergebnis sagen?"

Fragen aus der Zukunft
(oder in die Vergangenheit) verschieben die Zeitperspektive. Sie sollen einen Perspektivenwechsel ermöglichen und dadurch neue Sichtweisen eröffnen, z.B. „Wenn wir uns in einem halben Jahr wieder zu einem Gespräch hier treffen und ich Sie frage, was aus Ihrem Problem geworden ist, was werden Sie mir dann antworten?"

INTERVENTIONEN

Wunder-Fragen
simulieren den gewünschten Zielzustand und hinterfragen dessen Auswirkungen, z.B. „Nur mal so angenommen, über Nacht würde ein Wunder geschehen und Ihr Konflikt wäre gelöst, was wäre dann anders für Sie? Woran würden Sie das zuerst merken?"

Paradoxe Fragen
verwenden Widersprüche, Absurditäten, Unlogik und Ähnliches, wenn eine Situation aussichtslos erscheint, z.B. „Was könnten Sie persönlich dazu beitragen, dass der Konflikt so richtig eskaliert?" Eine spezielle Form ist die Verschlimmerungsfrage, mit der vor Augen geführt wird, welche Möglichkeiten es gibt, die Situation noch schlimmer zu machen. Daraus ergeben sich oft neue Sichtweisen für Verbesserungen.

45. Spezielle Interventionsmethoden

Jede Frage, die beim/bei der ZuhörerIn einen Nachdenkprozess auslöst, ist bereits die Einleitung einer Intervention (Bewusstmachen als erster Schritt). Unterschiedliche Fragetechniken werden zur Feststellung von Unterschieden und zur daraus ableitbaren Lösungsfindung eingesetzt. Jede Handlung oder auch eine Nichthandlung, die Verhaltensänderungen bewirkt, ist eine Intervention.

Beispiel
Wenn der/die PL während eines Teammeetings steigende Unruhe oder Unaufmerksamkeit bemerkt, löst er/sie durch bewusstes Innehalten in der Moderation Aufmerksamkeit im Team aus, das Teammeeting kann mit der Aufmerksamkeit aller fortgesetzt werden. Er/sie hat mit einer Nichthandlung (Sprechpause) interveniert.

Komplexere Situationen im Projekt erfordern meist auch komplexere Methoden, um zielführendes Verhalten zu erreichen. Nachfolgend einige spezielle Methoden für Interventionen in Projekten.

Das lösungsorientierte Gespräch

Die Wurzeln dafür liegen in der lösungsfokussierten Therapie nach Steve de Shazer, nach der dem/der KlientIn mit einem Fragenset der Weg von einer Problemorientierung hin zu einer Lösungsorientierung aufgezeigt wird.

Gleiches kann auch bei projektbezogenen Gesprächen eingesetzt werden. Wir bringen dazu ein Beispiel aus der Projektpraxis.

Ausgangssituation

Projektteammitglied Y hat in den letzten beiden Teammeetings eine zu erwartende Verzögerung bei der Erledigung seines Arbeitspakets angekündigt und mit Problemen bei Ressourcen und dem Auftauchen von unerwarteten technischen Schwierigkeiten argumentiert. Der Projektleiter hat daraufhin mit ihm – noch während des Teammeetings – einen Einzeltermin für den nächsten Tag vereinbart, bei dem sie darüber im Detail reden werden.

Im Zweiergespräch eröffnet der Projektleiter mit der Frage: „Kannst du mir erklären, wie die Situation aus deiner Sicht sein muss, damit du dein Arbeitspaket wie geplant abschließen kannst?"
Das Teammitglied nennt die Ergebniszustände seines Arbeitspakets, der PL notiert in Schlagworten am Flipchart mit und stellt anschließend die nächste Frage:
„Du hast gestern über Probleme berichtet, warum sich dein Arbeitspaket verzögern wird. Stell dir vor, all die Probleme existieren nicht mehr, woran würdest du das merken?"

Die beiden tauchen daraufhin immer besser in ein lösungsorientiertes Gespräch ein. Welche Ressourcen für das AP noch zur Verfügung stehen würden, wie der AP-Verantwortliche es bisher geschafft hat, in seiner Lösung so gute Fortschritte gemacht zu haben, welche Schritte notwendig sein werden, um das Ergebnis zu erreichen, welche Faktoren den geplanten Fortschritt sonst noch positiv verstärken können und woran er es merken wird, wenn ein Großteil der Probleme verschwunden sein wird.

Der Projektleiter führt „sein" Teammitglied mit einer wertschätzenden Grundhaltung von seiner Problem-Trance-Haltung zu einer Lösungshaltung. Gegen Ende des Gesprächs besprechen die beiden noch anhand von Skalierungsfragen die nächsten Schritte. Vom Skalenbeginn 1 (Problemzustand) bis zum anderen Ende 10 (Lösungszustand) arbeiten sie sich gemeinsam voran, indem sie festschreiben, was notwendig ist, um die jeweils nächste Stufe zu erreichen. Sie planen den offenen AP-Fortschritt gemeinsam. Beim Teammitglied wird dadurch eine erste Haltungsänderung angestoßen: Das kreative Nachdenken über Lösungen bringt in der Regel auch kreative Schritte für die Umsetzung[59].

Projekt-Café

In Anlehnung an das „World Café"[60] von Juanita Brown und David Isaacs kann diese Methode in größeren Projekten – vor allem wenn es um Organisationsentwicklung, Fusionen oder um die Entwicklung neuer Produktlinien geht – als bewusstseinsbildende Begleitmaßnahme eingesetzt werden. Es ist ein beteiligungsorientierter Prozess, in dem für anstehende Probleme neue Lösungen auf breiter Basis gesucht werden sollen.

Was kann ich tun? (Fortsetzung)

Bereits beim Lesen hat Walter diese Beteiligungsintervention besonders gut gefallen. Nachdem ihn Katharina beim Coaching am 7. Juli nochmals fragte, ob er gegen die Vorgangsweise seiner Auftraggeber wirklich etwas unternehmen wolle, und er dies klar mit „Ja" beantwortet hat, beginnen sie mit der Planung für das Projekt-Café:

„Klären wir zuerst die Vorbedingungen, die Ressourcen und die nötigen Materialien", steigt Katherina ein, formuliert die Fragen vorerst auf ihrem Laptop und projiziert die Zeilen an die Wand.

Vorbedingungen:
„Ist eine Veränderung der jetzigen (Geheim-)Ziele möglich?"
„Willst du es wirklich, und darf es auch nicht gelingen?"
„Kannst du dich auf dein künftiges Programmteam verlassen, wird es solch eine Widerstandsaktion mittragen?"

„Ein dreifaches Ja", entgegnet ihr Walter mit kämpferischem Unterton.

„Du brauchst die Freigabe deines Auftraggebers, eventuell auch die deines Chefs. Warum sollten sie dich diese Methode anwenden lassen?"

Walter muss nicht lange nachdenken: „Ich könnte dem Vorstand schmackhaft machen, dass sowohl die EBIT-Ziele als auch die Kostenreduktionen ohne Personalabbau erreichbar sind, wenn wir die Belegschaft einbinden und damit für Veränderungen motivieren. Aber ich könnte ihnen auch klarmachen, dass ich unter diesen Bedingungen die Programmleitung nicht mache, und ich denke, sie brauchen mich dringend. Als weitere Möglichkeit könnte ich ihnen erklären, dass ich mich schon aus ethischen Gründen verpflichtet sehe, die Belegschaft über die Geheimziele zu informieren – und da könnten dann Informationen auch leicht an die Öffentlichkeit sickern."

„Da bin ich beeindruckt, Walter, deine Antworten überzeugen mich. Gehen wir davon aus, du bekommst die Freigabe für einen Projekt-Café-Nachmittag."

Die weitere Planung machen wir am Flipchart:

**Planung Projekt-Cafe
1, Ressourcen**

- 5 oder 6 Deiner Teammitglieder (SPIRIT 2012) als Tischgastgeber - müssen in einem Planungsmeeting ausführlich vorbereitet werden
- Moderation: ~~Walter Punkt~~ Katharina Berghof
- 25-40 TeilnehmerInnen aus unterschiedlichen Abteilungen, die vom Thema betroffen sind
- Freigabe vom Management einholen (Walter Punkt)

**Planung Projekt-Cafe
2. Materialien**

- Raum:
  - zentral und leicht erreichbar
  - 5 Projekt-Cafe-Tische (mindestens 3m Abstand zwischen den Tischen)
  - je Tisch 8 Sessel (bequeme Stühle)
- Arbeitsmaterialien:
  - Tische zum Zeichnen und Schreiben mit Papier bespannen
  - ausreichend Zeichen- und Schreibstifte, Kärtchen
  - Die 5 Tischthemen (schriftlich) - werden von den GastgeberInnen an- und weitermoderiert

WAS KANN ICH TUN?

Planung Projekt-Cafe
3. Der Ablauf

1) **Klären von Sinn und Zweck**
   Vorab: Walter lädt per mail ein, erklärt die Ziele von SPIRIT 2012 und seine Chance mitgestalten zu können (vorsichtiger Hinweis, dass ohne Beteiligung der Eingeladenen Personalabbau droht.)
   Ablauf und Zeit: 4 Tischrunden à 30 Minuten (3 Wechsel) 60 Minuten für die Schlussrunde (Wechsel)

2) **Je Tisch ein Thema,**
   je TeilnehmerIn 1-3 Fragen stellen (auf Kärtchen)

3) **Diskussion an den Tischen**
   Ergebnisse werden am Tisch festgehalten (Zeichnungen erwünscht) - unterschiedliche Positionen fördern, sie bleiben für die nächste Tischrunde stehen

4) **Die Schlussrunde** fasst neue Erkenntnisse zusammen und schreibt Umsetzungsvorschläge auf das Tischpapier, eventuell auch auf neuem Papier

5) **Die Ergebnisse** und Umsetzungsvarianten werden von den Organisatoren ausgewertet und allen Beteiligten zur Verfügung gestellt

Planung Projekt-Cafe
4. Cafe-Etikette
Spielregeln

▶ Fokus auf das, was wichtig ist

▶ Eigene Ansichten und Sichtweisen beitragen

▶ Sprechen und Hören mit Herz und Verstand

▶ Hinhören um wirklich zu verstehen

▶ Ideen verlinken und verbinden

▶ Wege und Verantwortliche für die Umsetzung vorschlagen

Beinahe vier Stunden haben sie an diesem Interventionsdesign gearbeitet. Walter lässt sich zufrieden in den Sessel fallen:

„Fein, dass du die Moderation machst, da würde ich mich noch nicht wirklich drüber trauen und außerdem sollte ich für alle Fälle bei den Tischen zur Verfügung stehen. Aber Katharina, den Hans kann ich da nicht als Tischgastgeber nehmen?"

Sie muss lachen: „Verstehe, aber andererseits, wenn er mitmacht, hat er auch unsere Vorgangsweise akzeptiert. Jedenfalls würde ich mir den Ablauf von ihm freigeben lassen. So muss er die Methode doch mittragen. Sag mir Bescheid, wen du als GastgeberIn auswählst, mit diesen fünf werden wir die genauen Themen, die Fragen und den Ablauf besprechen."

Bereits am darauffolgenden Montag, den 12. Juli, bekommt Walter einen Termin mit Hans und Hannes Ruhs. Am Tag nach dem Fußball-WM-Finale hat also er sein eigenes Endspiel. Walter hatte den Eindruck, dass sich Hans extra bemüht hat. Geht es ihm doch nicht so gut mit seiner Vorgangsweise?

Einleitend erklärt er den beiden, warum er meint, dass die Einbindung und Beteiligung der Belegschaft in die Zielefindung des Programms sowohl den EBIT erhöhen, als auch die Gesamtkosten senken können. Sein Wissen von der geplanten Personalreduktion verschweigt er.

Anhand der Flipcharts legt er noch den Ablauf offen und zieht am Ende noch die Motivationskarte: „Mit dieser Methode sichern wir uns die innovativen Kräfte im Unternehmen für das Programm. Sie werden wichtige Garanten für das Gelingen sein."

Walters Vermutung, dass Hans wegen der Sache mit Schmolz ein schlechtes Gewissen hat, wird immer mehr zur Gewissheit. Er unterstützt Walter mit „Spannend, interessante Methode, das ist gut ausgearbeitet" und nonverbal mit Kopfnicken. Am Ende schauen sich die beiden an und Hannes Ruhs formuliert die Freigabe: „Klar, Herr Punkt, machen Sie das und die Moderatorin können Sie natürlich beauftragen. Nur: Die Ergebnisse werden Sie uns noch im Steering präsentieren. Die endgültige Freigabe werden wir uns dann von unserer Vorsitzenden Martha Wiener in München holen."

Walter ist verblüfft. Die beiden Drohungen waren gar nicht nötig. Sofort ruft er Katharina an und vereinbart die nächsten Termine fürs „Projekt-Café".

Strategische Projektvision[61]

Ein Projektteam kann mit anspruchsvollen, bewegenden und gemeinsamen Bildern über die Projektvisionen die Vorgaben für die tägliche Projektarbeit liefern. Die gemeinsame Entwicklung einer Projektvision, inklusive der Bilder, die über das Projektende hinausgehen, stärken die Projektidentifikation und das Teamgefühl enorm.

Ausgehend von einem vorgegebenen, strategischen Ziel (AuftraggeberIn, Projekt-Steering-Team, …) werden in einer Planungssequenz Visionen, Werte und der Zweck des Handelns der Teammitglieder und Stakeholder abgeleitet. Es ist dabei wichtig, das Team nicht einzuschränken. Visionen, was das Projekt 2 Jahre nach Ende des Projekts bewirkt haben wird, oder auch neue strategische Ziele, die dem/der AuftraggeberIn rückgemeldet werden, sind nicht nur erlaubt, sondern erwünscht.

INTERVENTIONEN

Ablauf:

Ein/e externe/r BeraterIn oder der/die PL leitet das Team in eine geführte Fantasiereise[62], um in jedem Teammitglied die innere Bereitschaft zur Visionsentwicklung zu stärken. Danach werden acht Stationen bearbeitet, wobei jeweils 2 Stationen zu einem Schritt zusammengefasst werden. Laut Abbildung 46: 1 + 2, dann 3 + 4, dann 5 + 6 und zuletzt 7 + 8.

Die Bearbeitung der jeweils zwei Stationen benötigt eine kurze Einführung in die jeweiligen Stationen (es wird ein gemeinsames Verständnis hergestellt), die Ausarbeitung der beiden Stationen in 3 oder 4 Kleingruppen und den Austausch und Abgleich der Ergebnisse (Visualisieren auf Flipchart).

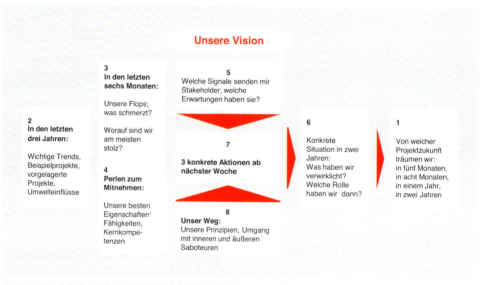

Abb. 46: Die 8 Stationen der strategischen Projektvisionen

Diese Projektvisionsarbeit kann gut in Planungsworkshops eingesetzt werden und benötigt ca. 4 Stunden Zeitaufwand. Oft entwickeln sich aus dem Team neue strategische oder operative Ziele. Diese werden nach dem Planungsworkshop vom/von der PL mit den AuftraggeberInnen abgestimmt. Es kann auch sinnvoll sein, PAG in die Methode „Strategische Projektvision" mit einzubinden.

Projektaufstellungen

Wo Menschen zusammen leben, arbeiten oder sonstige gemeinsame Ziele verfolgen, entwickeln sich komplexe Systeme. Diese Systeme können mit Figuren oder Personen (RepräsentantInnen) nachgestellt, eben aufgestellt werden.

In der systemischen Aufstellungsarbeit, einem Verfahren der Systemischen Therapie, führen Körperempfindungen der RepräsentantInnen zu überraschenden Einsichten in die Strukturdynamik und die Entwicklungsmöglichkeiten des Systems.
Aufstellungen nach Bernd Hellinger wurden ursprünglich vorwiegend familientherapeutisch eingesetzt. Insa Sparrer und Matthias Varga von Kibéd[63] haben die Methoden zu systemischen Strukturaufstellungen weiterentwickelt, wodurch diese Vorgehensweise auch außerhalb therapeutischer Anwendungen Verbreitung gefunden haben. In Beratungen, Coachings, Kreativitätstrainings, Planungsphasen oder in der Konfliktarbeit ermöglichen systemische Strukturaufstellungen den Beteiligten aus Organisationen oder auch nur dem/der KlientIn als „Fragesteller und Fallbringer" erstaunliche, neue Erkenntnisse, Einsichten und „Auf-Lösungen". In Organisationsaufstellungen werden durch angeleitete Umstellungen vom Ursprungsbild (Aufstellung der Ist-Situation, bzw. wie sie von dem/der KlientIn aufgestellt wurde) Lösungsszenarien (in dem sich die aufgestellten Personen merklich wohler fühlen) entwickelt.

Diese Methode ist eine Simulation und Visualisierung eines Systems. Für eine Abteilung, ein Projekt oder einen konkreten Konflikt wählt der/die AufstellerIn (FallbringerIn) anwesende Personen aus und stellt sie im Raum als RepräsentantIn für eine Person aus dem System auf. Die Aufgestellten können die AkteurInnen aus dem Projekt (PL, PAG, PTM) oder auch relevante Stakeholder repräsentieren. Im Falle einer Konfliktaufstellung wird der Konflikt durch die Beziehung bestimmter Personen zueinander sichtbar. Der Konflikt kann auch von einem/einer Betroffenen selbst dargestellt werden. Es können auch andere Aspekte, wie Ressourcen, Macht, Geheimnisse etc., durch Figuren aufgestellt und bearbeitet werden.
Durch Veränderung der Stellung der Figuren zueinander entsteht Dynamik. Die Figuren können auch verdeckt aufgestellt werden, das heißt, sie wissen gar nicht, wer oder was sie sind. Durch das Befragen der Figuren über Wohlbefinden und ihre spontanen Wünsche, die Position verändern zu wollen, gewinnt der „Aufsteller" neue Erkenntnisse über seine Situation oder den Konflikt. In einer gemäßigten und pragmatisch einfacheren Form können Konflikte und Projektsituationen auch mithilfe von Brettfiguren anstelle von leibhaftigen Menschen aufgestellt werden.

Während in der ursprünglichen Aufstellungsarbeit ein System mit RepräsentantInnen auf- bzw. umgestellt wird, können vor allem in Team- und Projektaufstellungen auch die real beteiligten Personen aufgestellt werden. Hier ist aber darauf zu achten, dass nicht andere Rollen oder Themen das aufgestellte System überlagern.
Die Aufstellungsarbeit in und mit Organisationen ist inzwischen anerkannt und bewährt. Sie sollte aber jedenfalls von erfahrenen und ausgebildeten AufstellungsleiterInnen durchgeführt werden.

INTERVENTIONEN

Die SWOT-Analyse[64] im Projektmanagement

Die klassische SWOT-Analyse wird auf Grundlage strategischer Erfolgsfaktoren dargestellt. Die Methode wird zwar mit den Anforderungen der jeweiligen Umwelten abgestimmt, wenn sie aber ein Instrument des Managements bleibt, ist sie für die Teamarbeit kontraproduktiv.

Da im Projektmanagement ebenfalls interne und externe Faktoren für den Erfolg eines Projekts verantwortlich sind, kann die SWOT-Analyse ein einfacher Ausgangspunkt der Strategiefindung oder der Potenzialanalyse in der Planungsphase sein.

Bewertete SWOTs zu wichtigen KonkurrentInnen, LieferantInnen, PartnerInnen, aber auch zu den Teammitgliedern sind eine nachvollziehbare Darstellung möglicher Risiken und Lösungsstärken, wenn sowohl die Analyse als auch die Ergebnisse im Team offengelegt werden. Eine offene SWOT-Analyse im Team ist sowohl erfolgs- als auch teamfördernd. Im Ergebnis sollte das Projektteam weiters beurteilen können, inwieweit und wie es mit den gegebenen Ressourcen in der Lage ist, auf zu erwartende externe Veränderungen zu reagieren.

Das Team bekommt ein Bild, welche Stärken und Kernkompetenzen es gemeinsam hat, wo Stärken und Kernkompetenzen bei einzelnen Teammitgliedern liegen und wo auf Grund fehlender Stärken oder Schwächen Nachholbedarf besteht.

Dreiergespräch zur Relationalen Rollendefinition

Im Projektteam kann zum Beispiel die Klärung der Kompetenzen, Befugnisse und Erwartungen zwischen PAG und PL in einem rotierenden Dreiergespräch nachvollzogen werden. Eine Methode, die die Identifikation des Teams erhöht, aber auch dem/der PL neue Sichtweisen liefert. Einzusetzen in der Projektplanungsphase oder bei Neuplanungen von Projekten.

Ziele des Gesprächs:

> Verantwortlichkeiten, Kompetenzen und Erwartungen zwischen PL und PAG klären
> Schaffung einer handlungsorientierten Beziehung zwischen PAG und PL
> Vorbeugung von Konflikten durch unterschiedliche Sichtweisen bei PAG und PL

Vorgehen für Rollenübung:

Schritt 1 (3 min):
PL erklärt den Status (Auftragsklärung hat stattgefunden, provisorischer P-Auftrag liegt vor, wir sind mit der Projektplanung beauftragt).

Schritt 2 (5 min):
Einzelarbeit (alle im Team): Vorbereitung des Gesprächs

> Was möchte ich als PL mit dem/der PAG vereinbaren, welche Unterstützungen erwarte ich von ihm/ihr?
> Was möchte ich als PAG mit dem/der PL vereinbaren, welche Berichte und welche Unterstützungen erwarte ich von ihm/ihr und wie werden wir kommunizieren?

Schritt 3 (15 min):
Tatsächliches Durchführen eines Vereinbarungsgesprächs in Kleingruppen mit Rollentausch und eventuell mit einer dritten Person als Beobachterin, wobei auch auf Gestik, Mimik, Körperhaltung und Stimme geachtet werden soll.

Schritt 4 (20 min):
Austausch der Erfahrungen aus dem Rollenspiel und Präsentation neuer Erkenntnisse. Die wichtigsten Beobachtungen und Ergebnisse werden auf Flipcharts dokumentiert.

Skalierungen

Skalierungen sind eine Frage- und Visualisierungstechnik, die Unterschiede erlebbar und damit leichter bearbeitbar macht. Die Unterschiede können sich auf Gegensätze wie Soll/Ist, besser/schlechter, derzeit/angestrebt, schon erreicht/noch offen und viele andere Differenzen beziehen. Wesentlich ist dabei, wertschätzend auf das schon Erreichte einzugehen und damit das Ist zu würdigen. Mit der Skalierung wird eine erste Bewegung in Richtung Lösung des Problems angestrebt. Was wäre ein nächster Schritt, um eine höhere Zufriedenheitsstufe zu erreichen oder der Lösung ein Stück näherzukommen?

Beispiele:
Wie schätzen Sie derzeit Ihre Fähigkeiten ein, eine Projektteamsitzung bei diesem Konflikt zu leiten/steuern?

Was würden Sie sich realistischerweise nach unserer heutigen Coachingsitzung oder Besprechung wünschen? Wohin sollte sich Ihre Einschätzung verändern?
Was müssten Sie tun/ändern, dass Sie von 3 auf, sagen wir, 4 kämen oder gar 5?

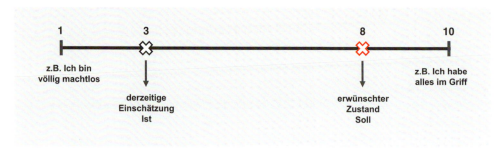

Abb. 47: Beispiel für eine Skalierungsbewertung

Reframing

Bei dieser Technik geht es um die Kunst der Umdeutung einer Situation, nicht um Manipulation! Was ist das Gute im Schlechten? Jedes Problem, jeder Konflikt hat auch einen nützlichen Aspekt. Damit ist kein sektenhaftes „Positiv Denken" um jeden Preis gemeint. Es geht darum, andere Interpretationen der Realität anzuregen. Reframing (Neurahmen) ist stets ein Angebot an jemanden, etwas aus anderen Blickwinkeln zu betrachten, die positiven Aspekte zu beleuchten, ohne dass diese angenommen werden müssen oder „richtig" sind. Es ist somit eine Einladung zu einer anderen Wirklichkeitskonstruktion, die einen neuen Sinn ergibt.

Der Blickwinkel wird dadurch erweitert. Probleme stellen sich oft als verkleidete Möglichkeiten dar. Werden Situationen oder Geschehenes in einen anderen Rahmen gestellt, so ergeben diese für den/die KundIn oder die Konfliktpartei einen neuen Sinn.

Beispiele:
„Wenn Sie so viel zu tun haben, ist das doch ein Ausdruck dafür, wie wichtig Sie für die Firma sind".
„Der Ausfall von Herrn XY als Kernteammitglied bietet Ihnen die Chance, Teambildung nachzuholen und neue Spielregeln zu definieren".

Metapher

Das Arbeiten mit Metaphern heißt, sich Sinnbilder oder einleuchtender Geschichten zu bedienen. Der Konflikt wird vom realen Geschehen abstrahiert und durch eine Metapher ersetzt. Erkenntnisse und neue Sichtweisen werden anschließend auf die Konfliktsituation rückgebunden.

INTERVENTIONEN

Eine bekannte, viel strapazierte Metapher ist jene: „Wir sitzen alle im selben Boot." Damit soll eine Abhängigkeit oder ein gemeinsames Interesse ausgedrückt werden.

Die indische Parabel vom Elefanten und den sechs blinden Menschen thematisiert das Thema individuelle versus ganzheitliche Sicht bzw. den Konflikt Abteilungsinteressen versus Projektziele.

Wichtig beim Verwenden von Metaphern ist es, diese vom/von der KundIn/Konfliktpartei entwickeln zu lassen und nicht selbst vorzugeben. Oft ist es auch hilfreich, ein Bild am Flipchart zu entwerfen und die Metapher so visuell wirken zu lassen.

ABSCHNITT J

LERNEN

Lernen heißt auch vergessen und loslassen!

„Es tut gut, ein paar Schritte zu gehen und frische Luft zu schnappen", sagt Walter und kickt einen Kieselstein weg.
Katharina schlendert neben ihm her. „Du hast absolut recht. Ich habe es im Büro auch nicht mehr ausgehalten." Sie nimmt das Kieselsteinspiel auf und schießt das Steinchen mit der Fußspitze elegant ein paar Meter nach vor, genau in den Weg von Walter. Er überlegt, ob er etwas sagen soll, ihr ein Kompliment machen soll für ihr offensichtliches Fußballtalent, doch schon ist er an der Reihe und schiebt den Kiesel mit dem Außenrist wortlos in ihre Richtung. Sie hören die Kirchenglocken aus Neustift am Walde.
„Schon so spät", bemerkt Walter. „Bereits nach acht." Mit dem Design für das Projekt-Café kann ich mehr als zufrieden sein, denkt er. Die fünf Stunden Fine-Tuning und die Detaildiskussion haben sich voll ausgezahlt. Katharina hat es wieder mal geschafft, mir eine neue Methode zu erläutern, indem wir sie gleich ausprobiert haben. Hat mir sehr beim Denken und Strukturieren geholfen. Der Kiesel ist in der Zwischenzeit ein paar Mal hin- und hergegangen. Irgendwie bildet dieses kleine Steinchen ein intimes Band zwischen den beiden, eine unausgesprochene Verbindung, ein Bild, wie gut sie harmonieren, denn das Doppelpassspiel funktioniert ganz natürlich im Gehen. Wie von Zauberhand geleitet landet der Kieselstein immer genau ein paar Schritte entfernt im Weg des anderen.
„Waren echt fleißig heute. Mehr als ein halber Tag intensive Arbeit. Denke, wir sind gut gewappnet für diese so wichtige Veranstaltung nächste Woche", wirft Katharina ein.
Walter nickt etwas müde. „Hätte ich nie gedacht, dass ich mal mit dir so durch die Weinberge spaziere. Jedenfalls nicht nach dem ersten Coachingtag", gesteht er und grinst Katharina an.
„Du hast wohl gedacht, was will die nur von mir? Dieses Sozialgetue kann mir gestohlen bleiben, oder?"
Ertappt lacht Walter. Er bleibt kurz stehen und schmunzelt: „Ja, so ähnlich und mehr …"
„Danke! Du bist wenigstens ehrlich." Sie kickt den Stein nach vorne und geht weiter. Für einen kurzen Augenblick runzelt Katharina die Stirn, sie wirkt nachdenklich. „Was hat sich nun bei dir verändert, seit damals?"
Walter erwischt das Steinchen falsch, dieses rollt vom Gehsteig und verschwindet unter einem parkenden Auto. Er bleibt stehen, versucht zu ignorieren, dass dieses geheime Spielchen zwischen ihnen nun zu Ende ist, dass er es verbockt hat. Man soll das nicht überbewerten, denkt er, es ist nicht alles ein Zeichen im Leben. Er konzentriert sich auf ihre Frage und antwortet: „Ich

bin dir jedenfalls sehr dankbar. Vor allem für deine Geduld mit mir in der Anfangszeit und für die Dosierung der Lernportionen. Du hast mich gut abgeholt."
Katharina sieht Walter schweigend an und wartet.
„Soziale Kompetenz ist nicht alles, aber ohne sie sind alle Bemühungen im Projekt weit weniger effektiv. Ich habe die Bedeutung von Kommunikation und Führungsverhalten völlig unterschätzt. Im Nachhinein betrachtet ist mir klar geworden, dass manche Schwierigkeiten in meinen Projekten gar keine Sachprobleme, sondern Beziehungsprobleme waren."
Doch sie lässt nicht locker: „Was machst du jetzt anders? Was wären nun deine persönlichen zehn goldenen Regeln zum Führen in Projekten, die du mir nennen würdest?"
„So aus dem Stehgreif ist das schwierig. Drei vielleicht oder vier fallen mir ein, aber zehn …"
Katharina nickt aufmunternd.
„Wirklich gute Projektarbeit und Höchstleistungen sind erstens nur möglich, wenn das Projektteam die Performance-Phase erreicht hat. Zweitens: Es ist die Aufgabe des PL, eine Feedbackkultur zu etablieren und Konflikte rechtzeitig zu erkennen. Hm. Und natürlich drittens: Die Rolle der Projektleitung ist eine Führungsaufgabe, auf Zeit halt, wobei der Führungsstil situationsspezifisch anzupassen ist."
„Sehr gut! Was noch?", hakt Katharina nach.
„Motivation ist auch wichtig! Besser gesagt: Schaue darauf, dass du dein Projektteam nicht demotivierst. Damit haben wir Regel Nummer vier."
„Wie machst du das konkret?", fragt sie.
„Was? Ach, du meinst das Projektteam motivieren? Hm. Letztens habe ich mir vor dem Planungsworkshop mit den PL überlegt, was ich alles tun könnte, um sie im Programm so richtig zu demotivieren. Du hast bei den Interventionstechniken mal so was Ähnliches erwähnt. Ich habe mir alles aufgeschrieben, was mir selbst eingefallen ist, quasi ein Brainstorming exklusiv mit mir."
Walter lacht kurz auf, fährt aber nach einem kurzen Blick zu Katharina weiter fort. „Und dann habe ich mir vorgenommen, im Programm darauf zu achten, all die Sachen nicht zu machen. Und im Workshop habe ich in die Runde gefragt, was die Programmteammitglieder von mir erwarten, was ich tun soll, aber auch was ich unterlassen soll, sodass ihre hohe Motivation erhalten bleibt."
„Und? Wie haben sie reagiert?", fragt Katharina neugierig nach.
„Es war sensationell. Zuerst Staunen. Dann wurden einige Punkte genannt, wie rechtzeitig über Neuigkeiten und Änderungen informiert werden sowie Freiraum für die Gestaltung der eigenen Projekte. Ich habe alles auf einem Flip mitnotiert. Ab dann war die Stimmung weit entspannter und die Teilnehmer viel konzentrierter. Zumindest kam mir das so vor. An so etwas hätte ich früher

LERNEN HEISST AUCH VERGESSEN UND LOSLASSEN!

nie gedacht, noch hätte ich solch einen Punkt wie Motivation extra auf die Agenda gesetzt."

Sie gehen für kurze Zeit schweigend nebeneinander. „Lernen kann manchmal aber auch ganz schön weh tun", seufzt Walter.

„Wie meinst du das?" Katharina sieht ihn fragend an.

„Also, die Sache mit Hans hat mich schon etwas mitgenommen. Ich habe immer geglaubt, ich kann mich zu hundert Prozent auf ihn verlassen. War schon eine herbe Enttäuschung."

„Walter, ich verstehe dich. Mich hat das auch sehr betroffen gemacht. Ich hatte mit ihm sogar …"

„Ich weiß. Er hat es mir erzählt", unterbricht sie Walter.

„Was?!" Katharinas Gelassenheit verfliegt schlagartig. Sie bleibt stehen und sieht Walter fordernd an. „Was hat er dir erzählt? Sag schon!"

„Egal. Vergiss es." Das hätte ich mir wohl sparen können, denkt Walter. Sieht verdammt nach Fettnäpfchen aus. Mit betont ruhiger Stimme antwortet er ihr ganz nebenbei. „Nur, dass ihr einige Zeit zusammen wart. Damit hat er geprotzt und es gerne herumerzählt."

„Dieser … Ist ja nicht zu glauben …"

Walter berührt Katharina sachte an der Schulter. Wieder trägt sie ein ärmelloses Kleid, er ist erstaunt, wie weich ihre Haut ist. Es ist wahrscheinlich das erste Mal, dass er sie außer beim Begrüßen und Verabschieden berührt, denkt er. Seine Hand bleibt etwas länger als geplant auf der pfirsichzarten, sinnlichen Schulter liegen. „Ist doch egal jetzt. Nicht mehr wert sich zu ärgern. Sieh mal dort die freche Amsel …"

„Ein Vertrauensbruch ist es jedenfalls. Noch bei der Beauftragung hat er mir versichert, dass dies nichts mit unserer Kurzbeziehung zu tun hätte."

„Hake es einfach ab. Du musst ja nicht mit ihm arbeiten", versucht Walter, sie zu beruhigen.

„Du hast recht. Zu lange her. Vergessen ist eine gute Strategie, um Neues zu ermöglichen. Danke jedenfalls für den netten Spaziergang", sagt Katharina. „Ich habe mich schon wieder beruhigt. Den Artikel über das Lernen schicke ich dir – wie versprochen. Bevor ich los muss, erzähle ich dir noch eine kleine Parabel von Bertrand Russel[65]. Irgendwie passt das gerade zu meiner Stimmung."

Katharina dreht sich vorher noch kurz zur Seite und schnäuzt sich. „Es war einmal ein Huhn namens Rosi", beginnt sie zu erzählen. „Dieses Huhn lebte glücklich und zufrieden auf einem kleinen Bauernhof. Täglich wurde es vom Bauern gefüttert. Es freute sich sehr darüber, dass es ihm so gut erging. Weil der Bauer täglich für sein Futter sorgte, sagte sich das Huhn: Der Bauer ist mein Wohltäter. Er kümmert sich um mich und mein Wohlergehen. Diese Annahme wurde täglich bestätigt und erhärtet. Die Liebe Rosis zum Bauern wuchs von Tag zu Tag. Es war an einem sonnigen Sonntagmorgen, da kam der Bauer und hatte kein Futter dabei, stattdessen aber ein langes Messer. Rosi landete im Suppentopf."

Katharina streift eine Haarsträhne aus ihrem Gesicht. „Ruf mich an, wenn dir noch was einfällt. Sonst treffen wir uns am Donnerstag beim Projekt-Café", sagt sie und winkt ihm zu. „Jedenfalls ein schönes Wochenende."

Walter spaziert noch eine Weile gedankenversunken weiter. Bin ich jetzt das Huhn, oder meinte sie die gesamte Belegschaft …? Als es schon so dunkel ist, dass er kaum noch etwas sehen kann, fährt er heim und verzieht sich in sein Arbeitszimmer. In seiner Inbox findet er den versprochenen Artikel und wundert sich über Katharinas Schnelligkeit.

46. Lernen in Projekten

Lernen bedeutet Entwicklung, Veränderung, Einstellung auf Neues. Wir lernen von unseren Eltern, dann in der Schule und später im Beruf. Lebenslanges Lernen (LLL) begleitet uns als Schlagwort bis zur Pension und darüber hinaus. Es ist eine unverzichtbare Aufgabe, um nicht den Anschluss zu verlieren. Im Berufsleben bedeutet das, die Arbeitsfähigkeit sicherzustellen, die Kompetenzen für die künftigen Herausforderungen in Projekten rechtzeitig zu erwerben. Immer öfter sollen sich PL auch darum kümmern. Die Projektmanagement-Organisationen IPMA und PMI sind bestrebt, die aktuellen und zukünftigen Anforderungen im Projektmanagement zu adaptieren, sie in den jeweiligen Referenzdokumenten (ICB 3.0 und PMBOK) zu verankern. Diese sind die Grundlage für eine Personenzertifizierung von ProjektmanagerInnen. Für die IPMA stellt eine Projektmanagement-Zertifizierung einen unabhängigen Kompetenznachweis dar (Assessment), für PMI ist es eine Wissensabfrage. Die Rezertifizierung kann als kontinuierlicher Anreiz zum Lernen, zum Refresh im Kontext Projektmanagement angesehen werden.

Ein wichtiger Aspekt beim Lernen ist das Ent-Lernen, das Loslassen von alten, überholten Anschauungen. Mit drei Jahren hat man so viele neuronale Verknüpfungen wie nie wieder im Leben. In den ersten Lebensjahren versucht das Gehirn die Welt zu verstehen und entwickelt dazu eine Menge von Theorien, die zu diesen Verknüpfungen führen. Ab dem vierten Lebensjahr muss das Kleinkind nun schön langsam die offensichtlich falschen Theorien aussortieren und die Verknüpfungen werden wieder gelöscht.

Erst durch das Befreien von altem Wissen kann sich neues Wissen entfalten, durchsetzen und wirksam werden. Das heißt also, dass wir erst durch das Ent-Lernen Neues lernen können. Eine wesentliche Voraussetzung für das Lernen ist die Selbstreflexion als Fähigkeit, über das eigene Verhalten zu reflektieren und nachzudenken. Das Modell „des reflektierten Handelns" erklärt den Zusammenhang von operativem Tun und Selbstreflexion auf der Metaebene.

Ähnlich wie bei den Projektcontrollingschleifen wird zwischen Planen und Durchführung auf der operativen Handlungsebene und dem Analysieren und Lernen auf der Metaebene unterschieden. Mit Metaebene ist ein „Beobachten von oben" gemeint, indem man das eigene Handeln im Nachhinein Revue passieren lässt und bewertet. Dabei können die folgenden Fragen helfen: Was habe ich geplant und was habe ich erreicht? Was ist gut gelaufen und was weniger? Was möchte ich beibehalten und was möchte ich ändern oder neu ausprobieren? Ähnlich wie beim Projektabschluss ermöglichen hier persönliche Lessons learned neue Erkenntnisse und neues Verhalten. Erkenntnisse und Einsichten verändern schließlich das zukünftige (Führungs-) Verhalten in Projekten.

Lernen von und in Projekten kann grundsätzlich in personales und organisationales Lernen unterschieden werden. Personales Lernen bezieht sich auf das individuelle Lernen von Personen, den Projektteammitgliedern, und organisationales Lernen bezieht sich auf das Lernen des Projekts als soziales System sowie in weiterer Folge auch auf das Lernen des Unternehmens. Durch die Trennung der beiden Systemtypen Organisation und Organisationsmitglieder kommt es auch zu unterschiedlichen Wissensbasen. So können intelligente, lernfähige Personen in „dummen", d.h. lernunfähigen, Projekten agieren und umgekehrt[66].

Es können fünf Typen organisationalen Wissens unterschieden werden

> Begriffswissen: projekt- oder fachspezifische Sprache (Abkürzungen und Spezialbegriffe)
> Handlungswissen: Wer hat was, mit wem, bis wann, wie zu tun (PSP, Verantwortungsmatrix)?
> Methodenwissen: Mit welchen Methoden wickeln wir Projekte ab, wo und wie wird das PHB geführt? Kenntnisse der PM-Prozesse (Start, Controlling, Abschluss)
> Rezeptwissen: Regeln über das Zusammenarbeiten und den Modus hinsichtlich Änderungen (Spielregeln und Controllingschleifen)
> Grundsatzwissen: letzte Gründe und Erklärungen über Nutzen und Zweck des Projekts sowie über die Unternehmensexistenz

Ein/e PL muss sicherstellen, dass diese fünf Wissensarten im Projektteam vorhanden sind. Zur Förderung von personalem Lernen stehen dem/der PL folgende Möglichkeiten zur Verfügung: individuelles Lernen durch Übung und Wiederholung oder Nachahmung, Einschulung oder gezielte Anweisungen, interne und externe Trainings. Mit der Etablierung einer Fehlerkultur, in der Fehler nicht tabuisiert sind oder nur als Abweichung aufgefasst werden, kann im Team und individuell gelernt werden. Fehler sind explizite Lernchancen. Feedback und Teamreflexion stellen eine weitere Möglichkeit für individuelles Lernen dar.

Projektcoaching[67] bietet sich für die gezielte Weiterentwicklung und das Lernen Einzelner sowie auch für ein ganzes Projektteam an und ist ein Unterstützungsansatz, welcher Partnerschaftlichkeit und Freiwilligkeit zwischen Coach und KlientInnen voraussetzt. Im Projektmanagement ist die Rolle von jener des/der PL getrennt zu sehen. Die Projektcoach-Rolle kann von einer externen Person oder auch intern (z.B. aus dem PM-Office) wahrgenommen werden.

47. Action Learning und Die Lernende Organisation

Das Phänomen, dass sich Einzelne der Gruppenmeinung anpassen und die Gruppe auf diese Art verhängnisvolle Entscheidungen trifft, nennt man Gruppendenken (groupthink). Dem will Action Learning entgegenwirken, indem in einem Team Menschen aus verschiedenen Bereichen zusammenarbeiten und kritische Fragen aus ihren unterschiedlichen Perspektiven stellen.

Action Learning ist ein Ansatz, der negativen Auswirkungen von Teams gegensteuern möchte. Teams unterliegen vor allem zwei Phänomenen der Gruppendynamik, die zu katastrophalen Auswirkungen führen können. Einerseits weisen Gruppen ein höheres Risikobewusstsein auf als einzelne Entscheidungsträger. Und zusätzlich erzeugen Gruppen sogenannte Gruppen- und Teamnormen und unterwerfen Mitglieder dementsprechend[68].

Typische Symptome von Gruppendenken

> Gefühl von Unverwundbarkeit, überzogener Optimismus
> starke Überzeugung von der absoluten Richtigkeit des eigenen Handelns, Stereotypisierung von Außenstehenden oder GegenspielerInnen
> Rationalisierung schlechter Entscheidungen („Schön-Reden")
> extremer Gruppendruck (Anpassung an die Gruppe, Zurückhalten von Zweifeln, Einwänden oder Kritik) und Stigmatisierung von „AbweichlerInnen"
> Kontrolle von Informationen über die Gruppe und Informationsfluss nach „draußen"
> Druck zur einstimmigen Entscheidungsfindung

Das Gruppendenken als selektive Wahrnehmung kann zu riskanten Entscheidungen, zur Missachtung von ExpertInnenmeinungen sowie zu einem Ausblenden von Alternativ- oder Notfallplänen führen.

Wesentliche Aspekte eines Action-Learning-Programms zur Verhinderung von Group-Risks:

> Learning by Doing
> Alle Beteiligten verstehen sich als Lernende, die nicht über absolute Wahrheiten verfügen und daher eine offene Haltung einnehmen.
> Verbindung von ExpertInnenwissen und explorativem[69] Erkunden von Neuland, wobei tendenziell der explorative Anteil steuert, welches ExpertInnenwissen benötigt wird.
> Reflexion und Erproben neuer Lösungen sowie Ermöglichen persönlicher Entwicklungen
> gleichzeitige Ausrichtung darauf, Probleme zu lösen und davon zu lernen
> Einsetzen eines Advocatus Diaboli (bewusste Gegenposition bei Entscheidungsfindungen einnehmen)

Die Lernende Organisation ist ein Konzept, das individuelles und organisatorisches Lernen verknüpft. Vor allem im projektorientierten Unternehmen besteht die Herausforderung, neues Wissen (Lessons learned) aus Projekten in die permanente Organisation „einzuschleusen" und so für zukünftige Projekte nutzbar zu machen. Lernen und Entwicklung werden als kritischer Erfolgs- und Wettbewerbsfaktor für Unternehmen gesehen. Daher sollen strategische, strukturelle und kulturelle Rahmenbedingungen gesetzt werden, die ein kontinuierliches Lernen auf allen Ebenen ermöglichen und fördern. Nach Peter Senge[70] handelt es sich dabei um fünf Kompetenzen, die etabliert werden sollen:

1. individuelle Reife (reife Persönlichkeit)
2. mentale Modelle (Innere Landkarten, um die Welt zu erklären)
3. gemeinsame Vision (das Big Project Picture und die gemeinsam geteilten Ziele)
4. Lernen im Team
5. Denken in System-Zusammenhängen

48. Changemanagement

Eine besondere Herausforderung stellen sogenannte Changeprojekte dar, bei denen es im Wesentlichen darum geht, (interne) Veränderungen zu gestalten. Diese Changes können neue Prozesse oder Strukturen sein, die Einführung einer neuen Software oder eine Organisations- oder Kulturänderung. Es geht hier weniger um das Lernen des Projektteams, sondern um Änderungen für Stakeholder. „Betroffene zu Beteiligten machen" ist ein Slogan der Organisationsentwicklungspraxis. Prinzipiell gilt es, sich im Rahmen der Projektplanung Gedanken über die Gestaltung der nötigen Veränderungsprozesse und relevanter Personengruppen zu machen und basierend darauf ein geeignetes Interventionsdesign zu konzipieren. Konflikte und Widerstände gehen immer einher mit Veränderungsprojekten. Daher ist Soziale Kompetenz hier besonders gefragt.

Ein Grundprinzip jeder Veränderung geht auf Kurt Lewin zurück: unfreeze – move – freeze. Als Prozess mit drei Schritten verstanden, muss zuerst Altes, Bestehendes aufgetaut werden. Es muss weich werden, um bewegt, verändert werden zu können. Nach der Veränderung wird das Neue, im Sinne gewünschter Normen und Verhaltensweisen, wieder eingefroren und verankert.

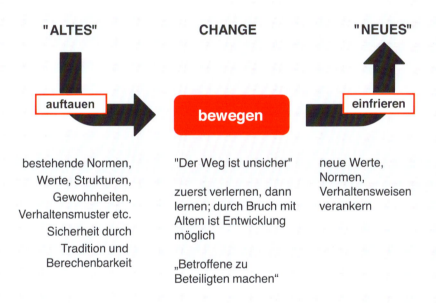

Abb. 48: Change als Prozess

Prävention ist besser als Deeskalation. Veränderungsprojekte laufen nach ähnlichen Mustern und Phasen ab (siehe Abb. 49). Je besser es gelingt, sich darauf einzustellen, desto kürzer und weniger gravierend wird die Phase der Frustration und Enttäuschung ausfallen. Das sogenannte „Tal der Tränen" muss aber immer durchschritten werden. Mit entsprechender Sozialer Kompetenz der/des PL wird es jedoch leichter erträglich. Besonders gefordert sind hier Interventionstechniken, Konfliktmanagement und der konstruktive Umgang mit Widerständen.

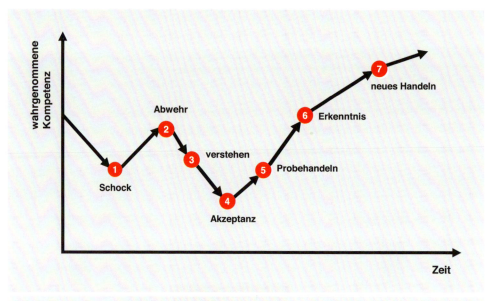

Abb. 49: Typische Phasen bei Veränderungen / Change

Die typischen Phasen in einer Veränderung können wie folgt beschrieben werden: Eine Veränderung kann über einen Zeitraum hinweg von den Betroffenen verdrängt oder ignoriert werden. Dabei besteht eine gewisse Sorglosigkeit, es wird so getan, als gebe es gar kein Problem. Die Bewusstwerdung wird meist als Schock erlebt. Darauf folgt eine Phase der Verneinung und Verleugnung, gekennzeichnet durch Statements wie „Das muss ein Irrtum sein", „So schlimm wird es schon nicht werden", „Es wird nicht so heiß gegessen wie gekocht". Erst mit der Einsicht, dass die Veränderung nicht abwendbar ist, stellt sich das Bewusstwerden der realen Situation ein. Mit der Akzeptanz der Tatsachen kommt es zu einem Tiefpunkt der subjektiv empfundenen Selbstständigkeit und Kompetenz. Dies ist meist gepaart mit Hoffnungslosigkeit und starker Frustration. Mit der Akzeptanz wird aber auch der Weg in Richtung Veränderung möglich. Erste kleine Schritte des Auslotens und Ausprobierens von Neuem werden gewagt. Mit der Erkenntnis, dass das Neue auch Chancen und neue Möglichkeiten bietet, steigt das Selbstvertrauen wieder stark an und auch die Stimmung hebt sich deutlich. Die letzte Phase ist das Verankern des Neuen und das endgültige Verabschieden vom Alten. Damit ist die Integration der Veränderung gelungen, der „Change ist verdaut".

Lernen heißt vergessen und loslassen! (Fortsetzung)

Walter ist das ganze Wochenende über ziemlich unentspannt. Dauernd muss er an das bevorstehende Projekt-Café denken. Nicht gerade zur Freude seiner Frau. Er ist schweigsam und hat nicht die geringste Lust, irgendetwas zu unternehmen. Sein Lieblingsessen, Schweinsbraten mit Waldviertler Erdäpfelknödeln, hat er lustlos hinuntergewürgt und zur Hälfte übrig gelassen. Am Nachmittag serviert ihm seine Frau einen liebevoll angerichteten Eiskaffee an seinen Arbeitsplatz. Im Glas zeichnet das gelbe Vanilleeis anmutige Linien in den dunkelbraunen Kaffee. Die große Schlagobershaube ziert ein kleiner Papiersonnenschirm, wie bei einem Cocktail an einer Strandbar. Zerstreut bedankt sich Walter, zieht fest am Strohhalm an, lächelt seiner Frau zu und blickt wieder auf den Bildschirm. „Heute ist der 1. August, vor 24 Jahren ist Niki Lauda am Nürburgring verunglückt", meint sie. Walter nickt und sagt, ohne zu ihr zu blicken, „Ja, dann wollte er mit dem Kreisfahren aufhören." „Und?", fragt sie. „Und was?", antwortet Walter mit einer Gegenfrage. „Mit wie großen Zaunpfählen soll ich denn sonst noch winken?", entgegnet seine Frau entrüstet. „Erst koch ich dir dein Lieblingsessen, dann servier ich dir einen Eiskaffee und dann sag ich dir auch noch das Datum und trotzdem klingelt es nicht. Was ist denn los mit dir???" Da fällt endlich der Groschen. „Hochzeitstag! Meine Liebe, wir haben ja heute Hochzeitstag! Wie konnte ich das nur vergessen? Verzeih mir, verzeih mir! Und tausend Dank für den Eiskaffee, er ist wirklich köstlich. Es ist nur, ich bereite gerade ein Projekt-Café vor, wenn dieses nur halb so gelingen würde wie dein Eiskaffee, dann wäre ich schon mehr als zufrieden." Seine Frau schüttelt nur den Kopf. Dann lächelt sie ihm zu und verschwindet durch die Tür.

Walter weiß nicht, ob er sie tatsächlich besänftigt hat oder ob er ihr nachgehen soll und etwas Zeit mit ihr verbringen sollte. Doch es ist ja eigentlich nur der 23. Hochzeitstag, kein runder, und ist Hochzeitstag nicht so etwas wie der Muttertag? Jeden Tag sollte Muttertag sein, jeden Tag Hochzeitstag. Er löffelt etwas Eis und Schlagobers und nimmt noch einen Schluck vom kräftigen Kaffee. Lecker. Er will noch unbedingt seine zusammenfassenden Tipps für PL fertigstellen und damit Katharina überraschen. Spätestens am Montag sollte sie diese in ihrer Mailbox finden, damit sie sieht, dass er auch am Wochenende an sie gedacht hat. Natürlich weiß Walter, dass er das Projekt Ehe gerade etwas nachlässig behandelt. Vielleicht kann er ja später ein paar seiner Ideen für das SPIRIT-Programm auch privat anwenden. Doch jetzt ist keine Zeit dafür. Seine Frau würde das sicher verstehen, nicht umsonst kennen sie sich schon über ein Vierteljahrhundert.

social competence

LERNEN HEISST AUCH VERGESSEN UND LOSLASSEN!

Da gibt es nun einmal verschiedene Phasen, das hat ja nichts damit zu tun, ob die Ehe gut oder schlecht geht, es ist nur eine Phase, redet sich Walter ein. Dann konzentriert er sich auf die Arbeit, formuliert sieben Tipps für PL und schickt sie anschließend an Katharina mit der Bitte um Kommentare.

7 Tipps für die ProjektleiterInnen

> Sorge dafür, dass sich eine konstruktive Lernkultur entwickelt, indem du Lernen in den Spielregeln thematisierst.
> Als PL musst du auch altes Wissen infrage stellen, um neues Lernen im Team zu ermöglichen.
> Definiere Wissens- und Lernziele in deinem Projekt, um dadurch Aufmerksamkeit deiner PTM und die Akzeptanz beim/bei der PAG zu bekommen.
> Vergiss nie, dass es sowohl die personale als auch die organisatorische Ebene des Lernens gibt, und fördere beide.
> Berücksichtige bei Changeprojekten Lernen und Veränderung sorgsam, denn diese sind zentrale Erfolgsfaktoren.
> Habe Mut zum Ent-Lernen und wirf Annahmen über Bord, die du zu Beginn des Projekts aus Unwissenheit treffen musstest.
> Lerne und akzeptiere, dass 7 nicht immer die optimale Zahl für Tipps ist …

ABSCHNITT K

SONSTIGE RELEVANTE
SOZIALE-KOMPETENZ-THEMEN

Auf den Punkt gebracht

Der große Tag des Projekt-Cafés beginnt damit, dass sich Walter den Frühstückskaffee über sein weißes Hemd schüttet. „Weil du immer auf die Uhr schauen musst", kommentiert seine Frau den Fleck trocken. Mit einem sanfteren Ton fügt sie dazu: „Du brauchst gar nicht so nervös zu sein, dummer Bub. Ich weiß, dass du das Ding schon schaukeln wirst. So wie immer." Sie drückt ihm einen Kuss auf die Wange und treibt ihn an, sich umzuziehen.

Der Tag vergeht wie im Flug. Walter fühlt sich sehr wohl in seiner Rolle als Programmleiter. Bei der Eröffnung spürt er eine leichte Anspannung in der Luft. Er bedankt sich für das zahlreiche Erscheinen und die Bereitschaft aller sich auf dieses Experiment einzulassen. „Wir werden die Themen heute mit unseren Diskussionen etwas erhellen", sagt er und gießt etwas Milch in seine Kaffeetasse, gibt dann etwas Zucker dazu. Demonstrativ rührt er um und balanciert dabei das Mikro elegant in seinen Händen. „Und wir werden uns das Ganze versüßen, so gut es geht jedenfalls. Es ist auch unser Kaffee, es geht uns alle an. Das Projekt-Café SPIRIT 2012 ist hiermit eröffnet. Die Moderation übergebe ich einer lieben Kollegin, Frau Dr. Katharina Berghof", sagt er mit einem Lächeln ins Publikum. Für seinen kleinen Kaffee-Scherz erntet Walter einen Sympathieapplaus. Katharina erläutert kurz die Regeln und den Modus des Tages anhand der vorbereiteten Flips. Sie bringt mit ihrer gewinnenden Art Schwung in die Runde der 40 Teilnehmenden. Der Spirit beginnt zu knistern.

Walter genießt es, da und dort den Diskussionen zuzuhören, sich einzubringen, Fragen zu beantworten. Wie lange ist es her, dass ich das letzte Mal auf einer Party war?, denkt er. Und mich noch dazu so gut unterhalten habe? Das nenne ich Arbeit, die Spaß macht. Katharina macht das ganz großartig. Hat die Gruppendynamik voll im Griff, so kann ich mich unbesorgt auf die Sache konzentrieren. Bin wirklich froh, dass sie sich dafür freimachen konnte.

Bei Kaffeetisch 3 sind die Zielsetzung und die entsprechende Messbarkeit von SPIRIT 2012 das Thema. Als Walter mit einer neuerlichen Tasse Kaffee in der Hand kurz vor 16:00 Uhr dazustößt, hört er gerade einen jungen Mann mit strähnigen blonden Haaren sagen: „Also, ich weiß nicht genau, wie weit wir die Ziele ändern dürfen."

„Interpretieren auf jeden Fall", erläutert Hans, der diesen Stand moderiert.
„Ich lese da gerade ein Buch von Umberto Eco und da geht es um Zahlenmystik …"

AUF DEN PUNKT GEBRACHT

Ein, zwei leise Lacher hört man aus der Runde. Doch keiner entzieht dem jungen Mann das Wort. „Und da habe ich mir gedacht, … also … wir könnten SPIRIT 2012 doch folgendermaßen interpretieren."
Er geht zum Flipchart und schreibt sein Zahlenspiel in blauer Farbe auf: **12% Umsatzsteigerung in 20 Monaten.**

Ein kurzes Schweigen entsteht. „Eigentlich sollte es ja um deutliche Kosteneinsparungen gehen", sagt Hans. „Aber warum nicht auch auf die Einnahmenseite schauen? Das ist ja genau der Zweck von diesem Projekt-Café, dafür sammeln wir Ideen."

„Da kann ich Hans Fornach nur voll und ganz zustimmen", sagt Walter mit betont ruhiger Stimme. „Wir sollten uns hier wirklich die Freiheit nehmen und in Alternativen denken. Zum Wohle des Unternehmens und auch zu unserem eigenen."

Freut mich wirklich, dass er so viel Offenheit zeigt und voll hinter den neuen Ideen steht, der Hans. Die wahren Ziele von SPIRIT 2012 sollten wir alle möglichst schnell vergessen. 20% der Belegschaft entlassen, innerhalb von 12 Monaten. Einfach ein Wahnsinn. Hoffe, das erfährt nie jemand.

Bei der Schlusspräsentation fassen die drei Moderatoren und zwei Moderatorinnen der fünf Tische ihre Ergebnisse zusammen. Walter übernimmt mit Hans gemeinsam den Abschluss, indem sie die neuen Programmziele erläutern. Hans fasst die „Tischergebnisse" nochmals zusammen:

„Es sind viele neue Ideen für das Programm aufgetaucht und der Großteil davon wurde in der bisherigen Planung noch nicht diskutiert. Wir werden alles zusammenfassen, es in unserem Programmteam nochmals reflektieren und dann dem Steering zur Freigabe vorlegen. Ganz besonders möchte ich aber die neu entstandene Formel unterstreichen:

SPIRIT 2012 = 12% Umsatzsteigerung in 20 Monaten bei 8% Kostenreduktion

Walter bedankt sich bei allen Beteiligten und bekräftigt seine Zuversicht, dass mit all den heute erarbeiteten Maßnahmen und Vorschlägen die vorgegeben EBIT-Ziele der Geschäftsführung erreicht werden können. Das Geklatsche hält einige Sekunden an und drückt wie ein

social competence

K AUF DEN PUNKT GEBRACHT

Applauso-Meter eindrucksvoll die Intensität des Spirits aus. Als sich alle dem Buffet zuwenden wollen, ertönt die laute Stimme von Personalchef Ruhs durch den Raum. „Und warum gerade 8%?" Alle drehen sich zu ihm um. Dann wenden sich die Gesichter fragend an Walter. Gute Frage, denkt Walter. Es sollte eine Zahl sein, die nicht zweistellig ist, aber auch nicht so lächerlich klein … Was will der bloß? Den Erfolg vom Projekt-Café gleich jetzt zunichtemachen?

„Lieber Herr Ruhs", ergreift Katharina das Wort. „Es muss 8 sein. Alle Ziele stecken als Zahlen im Namen. Die 20 und die 12. Auch die 8 als Differenz zwischen 20 und 12."

Herr Ruhs lächelt. „Frau Dr. Berghof, nie um eine Antwort verlegen. Lieber Herr Punkt, ich möchte der Präsentation übermorgen im Steering gar nicht vorgreifen. Bin schon sehr gespannt. Und wünsche Ihnen allen einen gemütlichen Abschluss nach der intensiven Arbeit. Guten Abend."

Walter und Katharina nutzen noch die Gelegenheit, beim Buffet mit verschiedenen Leuten zu sprechen und die Stimmung auszuloten. Als die meisten gegangen sind, fragt ihn Katharina: „Sollen wir noch schnell auf einen Abschiedstrunk gehen? Eigentlich ist hiermit der größte Brocken für uns geschafft." Walter lächelt, „Es ist das erste Mal, dass du auf ein Getränk gehen willst. Kannst du dich erinnern? Im Frühling hast du mir regelmäßig einen Korb gegeben. Ich bin offensichtlich freundlicher als du, denn gerne gehe ich mit dir noch auf einen kleinen Drink." Sie wollen nicht weit gehen und entschließen sich deshalb für die nächste kleine Bar, nicht besonders schön zwar, aber leer. Der Barkeeper, ein tätowierter, wild aussehender Biker-Typ grüßt sie so gutgelaunt, dass sie sich trotz ihrer Business-Outfits nicht fehl am Platz fühlen. Walter bestellt ein Seidel, Katharina einen Spritzer[32]. Beim Anstoßen sagt Katharina: „Ich habe den Eindruck, die Stimmung war heute sehr positiv. Und das Vorhaben erscheint mir realistisch." Walter nickt. „Übermorgen entscheidet es sich, wie es weitergeht, oder?", sagt Katharina. Wie wird es wohl weitergehen?, denkt Walter und bemerkt, dass er dabei mehr die Zeit ohne Katharina meint als SPIRIT.

Er sieht Katharina bewundernd an, wie sie in ihrem simplen, doch ungemein elegantem Kostüm jugendlich wirkend vor ihm steht und ihren Spritzer trinkt. Sie beugt sich zu ihm und flüstert lachend: „Gar nicht so gut, der Wein hier." Walter spürt ihre Nähe, die bei ihm Sinnlichkeit auslöst. Er zieht sie ein bisschen näher an sich heran, ohne zu wissen, was er eigentlich vorhat. Doch Katharina bleibt stehen, sie sieht ihm fest in die Augen, schüttelt leicht den Kopf und sagt leise,

social competence

fast flüsternd, doch ungemein bestimmt: „Mach nicht alles kaputt. Dummer Bub." Das sitzt. Er hält sie noch immer am Arm, schaut ihr in die Augen und fühlt plötzlich, dass es stimmt, er würde alles kaputt machen. Es überrascht Walter selbst, dass er dabei nicht an seine Freundschaft mit Katharina denkt, sondern an die Liebe zu seiner Frau. Er weiß nicht, was Katharina eigentlich sagen wollte, aber er weiß, dass sie recht hat. Und dass er froh ist, dass sie so ehrlich mit ihm ist. Das zweite Mal, dass heute jemand dummer Bub zu ihm gesagt hat. Er brauchte sie als Coach, als brillante Lehrerin für Soziale Kompetenz, aber nicht als Lebenspartnerin, denn da hatte er schon eine, und zwar die beste, erleuchtet ihn der Gedanke an seine Frau. Wie geduldig seine Frau in den letzten Monaten mit ihm war. Wie sie alle seine Launen ertragen hat und sogar über sein pubertäres Schwärmen für seine hübsche Lehrerin großzügig hinweggeschaut hat. Das war großartig von ihr. Sie ist die Liebe seines Lebens, und das spürt er so stark und bestimmt in sich wie schon lange nicht mehr oder wie vielleicht überhaupt noch nie. Ja, es ist meine Frau, denkt Walter und ist über sich selbst ein wenig erstaunt. Lässig lässt er Katharinas Oberarm wieder los. Er ist wie gewandelt, nicht mehr die begehrenswerteste Frau der Welt sieht er vor sich, sondern einen tollen Coach, der gleichzeitig auch noch hübsch ist. „Katharina, danke", sagt er. „Ich meine das ganz ernst und aus ganzem Herzen: Danke. Für alles, auch für den ‚dummen Bub'. Genau das habe ich jetzt gebraucht. Nichts für ungut, aber ich muss jetzt schnell nach Hause, ich hoffe, du verstehst!" Katharina nickt nur und Walter hat erstmals das Gefühl, dass sie ihn nicht versteht, dass sie keine Ahnung hat, was in den letzten Sekunden alles in ihm passiert ist. Sie sieht auf ihre zarte Armbanduhr und sagt: „Auch ich muss los. Schicke mir bitte eine SMS oder ruf mich an, wenn du mehr über den Fortgang des Programms weißt. Bin schon ganz gespannt." Walter zahlt beide Getränke, der Barkeeper zwinkert ihm zu, auch er hat die Situation wohl anders interpretiert.

Als er sich vor der Bar von Katharina verabschiedet, sagt sie: „Übrigens, du hast doch übernächste Woche deine erste Zertifizierungsprüfung?" „Ja", entgegnet er, „gibt es noch wichtige Punkte dafür, die wir nicht besprochen haben?" „Ich glaube, wir sind im Großen und Ganzen durch, einen abschließenden Text zu einigen ergänzenden Punkten schicke ich dir heute noch. Toi, toi, toi! Ich bin ab morgen mit Laura für zwei Wochen in Tirol auf Urlaub, werde mich dann bei dir melden." Die beiden umarmen sich kurz und gehen, ohne sich umzudrehen, auseinander. Zufrieden mit sich und der Welt fährt Walter schließlich nach Hause und er ist dabei so aufgeregt und voller Vorfreude, als stünde ihm das erste Date mit seiner Frau bevor.

49. Selbstmanagement

Voraussetzung dafür, andere führen zu können, ist, sich selbst führen und managen zu können. Dazu gehören Delegieren, Zeitmanagement, Vorbildwirkung für andere, Selbstdisziplin und Haushalten-Können mit der eigenen Energie. Auch Selbstkontrolle lässt sich hier einordnen. Damit ist die Fähigkeit gemeint, mit den eigenen Emotionen umgehen zu können und sich auch in angespannten Projektsituationen unter Kontrolle zu haben.

Zeitmanagement bekommt im Projektmanagement einen besonderen Stellenwert, da Projekte meist schon aufgrund der Befristung unter Zeitdruck stehen. Eine effektive Terminsteuerung im Projekt setzt ein ebenso gutes Management der Zeit und der verfügbaren Ressourcen des/der PL voraus.

Eine gängige Strukturierung von Aufgaben ist die Unterscheidung in wichtig und dringend. Dies lässt sich in einer Zeitmanagementmatrix, auch bekannt als Eisenhower-Quadrat, visualisieren. Die Herausforderung für jede/n PL lautet, effektiv mit seiner Zeit umzugehen und sich auf die wesentlichen Aufgaben zu konzentrieren. Unwesentliches soll delegiert werden – entweder an andere Menschen oder an die Zeit, sprich in die Zukunft verschoben.

Abb. 50: Selbstmanagement

Empfehlung:

> **Q I:** sofort (selber) machen
> **Q II:** fokussieren: Zeit schaffen dafür (aus Q III und IV schöpfen)
> **Q III:** delegieren
> **Q IV:** ignorieren oder zumindest minimieren

Typische Gefahren und Zeitfresser für PL sind:

> alles selber machen wollen („Mädchen für alles")
> Rückdelegieren von PTM
> Verzetteln in Details
> keine klaren Kommunikationsstrukturen und Spielregeln
> unechtes P-Team macht PL zur Info-Drehscheibe

Ein weiterer wesentlicher Aspekt des Selbstmanagements ist die regelmäßige „Erneuerung" oder Sicherstellung der „Arbeitsfähigkeit". Covey[71] nennt es „die Säge schärfen" gemäß der Parabel eines Mannes, der sich abmüht, einen Baum zu fällen. Auf den Vorschlag eines Passanten, eine Pause einzulegen und die stumpfe Säge zu schärfen, antwortet er: „Ich habe keine Zeit, die Säge zu schärfen. Ich muss heute noch so viele Bäume fällen."

Zur Erneuerung zählen einerseits physische Aspekte, wie richtige Ernährung, Ruhe und Entspannung, regelmäßige Bewegung, aber auch mentale Dimension, wie Weiterbildung, Lernen und Lesen.

50. Meetings managen

Eine besondere Form von Selbstmanagement ist das effiziente und wirksame Organisieren von Meetings. Wer unvorbereitet in Besprechungen geht und nicht weiß, was am Ende herauskommen soll, was anders sein soll, darf sich nicht wundern, wenn nichts herauskommt.

Meeting/Workshop vorbereiten:
Agenda definieren, zu erreichende Ergebnisse benennen, Design für Veranstaltung konzipieren, Einladung rechtzeitig ausschicken und ggf. TeilnehmerInnen persönlich von der Wichtigkeit ihrer Teilnahme überzeugen. Zur Vorbereitung gehört es auch, die notwendigen Unterlagen zu sichten, erstellen und ggf. vorab zu verteilen.

K — SONSTIGE RELEVANTE SOZIALE-KOMPETENZ-THEMEN

Meeting/Workshop moderieren:
Ein gutes Meeting hat auch eine Dramaturgie wie ein Theaterstück. Bei der Einleitung werden die Erwartungen gesetzt oder nachjustiert. Gleich zu Beginn soll geklärt werden, was zu erreichen ist (Ziele) und wie das geschehen soll (Vereinbarungen/Spielregeln). Mit dem Flipchart ist es leichter, Aufmerksamkeit zu fokussieren und zu führen als mit dem Beamer, gemäß dem Motto: Wer schreibt, der führt. Es ist für PL nicht entscheidend, perfekte Präsentationsfähigkeiten zu haben, aber ein Mindestmaß an Fertigkeiten muss beherrscht werden, sonst gestalten sich Veranstaltungen uneffektiv und damit unprofessionell.[72]

Meeting/Workshop nachbereiten:
Mindestens so wichtig wie die Vorbereitung und Durchführung eines Meetings ist die effektive Nachbereitung. Dazu gehört vor allem ein nachvollziehbares Protokoll, mit Entscheidungen und offenen Punkten, inklusive Verantwortlichkeiten.

51. Burnout

Burnout ist ein struktureller Erschöpfungszustand im Arbeitsprozess, der sich nicht mehr von alleine auflöst. Burnout ist somit ein Krankheitsbild, welches durch Stress und Enttäuschungen im Projekt im Wesentlichen von 3 Konfliktarten genährt wird:

1. Rollen- und Zielekonflikte:
Ergeben sich aus Mangel an Autonomie, Konflikten und Widersprüchen aus Ansprüchen von Linie und Projekt, zu hohen Erwartungen, Unklarheiten in den hierarchischen Strukturen, inadäquaten Zielen und Konzepten sowie aus unzureichender Unterstützung durch den/die PL bzw. PAG.

2. Beziehungskonflikte:
Entstehen vor allem, wenn im Team sehr eng zusammengearbeitet wird (nächtelange Entwicklungen), aber auch bei KundInnen/Beteiligten aus dem Sozialbereich (Kranke, Behinderte etc.). Man kann sich einfach nicht mehr ausstehen, jede Kleinigkeit oder Marotte des anderen geht einem auf die Nerven.

3. Erwartungskonflikte (als innere Zielekonflikte):
Entspringen aus der Diskrepanz zwischen dem anfänglich hohen Engagement („Lodern im Projekt"), verbunden mit irrealen persönlichen Erwartungen und/oder der desillusionierenden Realität. Vor allem BerufseinsteigerInnen oder junge PL oder PTM können mit ihrem Willen, „sich zu beweisen", sehr leicht verbrannt werden.

Es liegt daher in der Verantwortung des/der PL, ein Burnout rechtzeitig zu erkennen und präventive Maßnahmen zu ergreifen:

> regelmäßiges Beobachten des Teams und einzelner PTM und PMA
> Raum und Zeit für Soziales Controlling schaffen
> Zeichen erkennen (Leistungsabfall, Kommunikationsstörungen, Abwesenheiten, …)
> Konflikte erkennen und Konfliktlösungsstrategien anbieten
> erreichbare Ziele und „menschliche" Zeiten je nach Leistungspotenzial vorgeben
> für ausgleichende Bewegung sorgen, zu Aktivitäten außerhalb der Arbeit, regelmäßigem Essen und Schlafen anregen
> Bedürfnisse abfragen und damit Selbstwertgefühl steigern (Loben tut besonders gut)
> Wenn sich die Anzeichen hinsichtlich Minderung des Selbstwertgefühls bis hin zum Leistungseinbruch verdichten, sollten Sie das als PL unbedingt ansprechen und professionelle Hilfe anraten, notfalls auch organisieren.

52. Diversity und Interkulturalität

Diversity zielt darauf ab, einen konstruktiven Umgang mit Unterschieden jeglicher Art in Projekten zu gestalten und zu nutzen. Damit sind Geschlecht, Kultur, Nationalität, Religion, Gewohnheiten und sexuelle Orientierung gemeint. Diese Unterschiede stellen PL oft vor große Herausforderungen. Missverständnisse und Auffassungsunterschiede können leicht in Misstrauen und Ablehnung umschlagen und zu massiven Konflikten und destruktiven Aktionen führen. Gerade weil Projekte keine Routineaufgaben mit eingefahrenen Wegen sind, bieten unterschiedlich zusammengesetzte Projektteams auch große Chancen. Wird die Unterschiedlichkeit zielorientiert und bewusst eingesetzt, so ergeben sich dadurch auch neue, ungeahnte Lösungsansätze.

Anregungen im Umgang mit interkulturellen Teams:

> Spielregeln sorgsam diskutieren und regelmäßig adaptieren
> Wertschätzung für unterschiedliche Sichtweisen
> Denken in Varianten Raum und Zeit geben
> Minderheitenmeinungen ebenfalls berücksichtigen und festhalten
> Missverständnisse und Irritation als Anlass zur Reflexion nutzen

53. Ethik[73]

Ethik leitet sich vom griechischen Wort „ethos" ab, welches übersetzt die konkret gelebte, anerkannt richtige Lebenspraxis bedeutet. Von Ethik kann dann gesprochen werden, wenn diese Lebenspraxis nicht mehr selbstverständlich ist und auf sie reflektiert wird. Die Ethik wird als Lehre und Reflexion des gelebten Ethos gesehen, die die Richtigkeit und Angemessenheit der Lebenspraxis hinterfragt. Die griechische Auffassung von Ethik beinhaltet positive und negative Ethik, das bezeichnet die Ethik des Gebots einerseits und des Verbots andererseits. In der positiven Ausformung sind das Soll-Vorschriften, die durch ein „Mehr oder Weniger" gekennzeichnet sind und nicht bloß „entweder/oder" darstellen. Sie lässt mehr Freiheit zu. Aufgabe der Ethik ist die Reflexion, das Zur-Sprache-Bringen des jeweils erkennbaren „Ethos"[74].

Die umfassende Perspektive von Ethik versucht die möglichen Folgen und Nebenfolgen einer Entscheidung, Maßnahme oder Handlung auch für das Gebiet jenseits unseres unmittelbaren Umfelds einzubeziehen. Es impliziert ebenso, die Interessen aller von der Entscheidung potenziell Betroffenen zu berücksichtigen. Das richtige Maß an Moralität zu finden ist „nicht eine Sache von ‚ja' oder ‚nein', sondern eine Sache der Grenzziehung". Der Mensch oder ein Unternehmen muss sich Grenzen setzen, bis zu denen zu gehen man sich je nach Umständen erlaubt. Die Herausbildung von Grenzen hat viel mit persönlichem Charakter oder auch mit Identität zu tun. Überträgt man den Begriff „Ethos" auf Projekte, so könnte dort mit der Kultur ein geeigneter Ansatzpunkt für unternehmensinterne ethische Reflexion gefunden werden. Projekte als temporäre Organisation haben eine gewisse Handlungsfähigkeit und -autonomie. Insofern kann auch eine „Moralfähigkeit" eingefordert werden.

Somit haben sich Projekte der Frage hinsichtlich ihrer Auswirkungen und Konsequenzen zu stellen. Das gilt für das Projekt als soziales System im Kollektiv und individuell für den/die PL und den/die PAG, aber auch für alle anderen Projektbeteiligten. Wird Ethik als Hinterfragen des aktuellen Tuns verstanden, so wird sich das in zwei Aspekten im Projekt wiederfinden: im regelmäßen Hinterfragen von Zielen und Nutzen des Projekts einerseits und im Reflektieren über die Art und Weise der Zusammenarbeit andererseits, jeweils im Rahmen des Projektcontrollings.

Auf den Punkt gebracht (Fortsetzung)

Das Handy piepst. Walter drückt auf den grünen Knopf und hört Katharinas fröhliche Stimme.
„Hallo. Ich bin wieder zurück und bin brennend interessiert, wie es gelaufen ist", sagt sie.
„Danke für deine nette Karte aus Tirol. Ich hoffe, du hattest eine gute Zeit mit Laura", entgegnet Walter.

AUF DEN PUNKT GEBRACHT

„Ja, danke. Erzähle ich dir später. War super für uns beide, mal abzuschalten und Zeit für einander zu haben. Aber jetzt möchte ich die SPIRIT-Story hören", drängt Katharina ungeduldig.

„Das Steering hat zugestimmt. War mit allen Vorschlägen aus dem Projekt-Café einverstanden. Auch mit der neuen SPIRIT-2012-Formel. Nur wollte der Vorstand noch zusätzlich eine offizielle Freigabe von der Konzernzentrale in München. Und dort durfte ich vorgestern präsentieren. 30 Minuten auf höchster Ebene, im Konzern-Weekly. Das weißt du aber ohnehin schon alles. Habe ich dir doch per SMS geschickt."
Katharina schweigt ein paar Sekunden.
„Walter, ja das hast du. Kurz und präzise. Soll ich es dir vorlesen?" Ohne Walters Reaktion abzuwarten, fährt sie fort. „Donnerstag, 5.8, 07:33: ‚Steering ok. Muss nach München. Lg Walter.' Und am Freitag, 13.8., 12:04: ‚Freigabe SPIRIT_2012. Lg Walter.' Das war alles, was ich von dir bekommen habe."
„Genau. Habe dich voll informiert und am Laufenden gehalten, du wolltest doch eine SMS bekommen, und heißt das nicht short messages?"
Katharina lässt trotzdem nicht locker. Sie will wissen, was im Steering und in München diskutiert wurde und wie die Stimmung war.
Walter berichtet von seiner kurzen Präsentation im Konzernmanagement. „Sie haben auch alles akzeptiert und ich bereite bereits das Kick-off für den 10.10.2010 vor." Er holt tief Luft. „Eine Änderung gibt es jedenfalls. Sie haben darauf bestanden, die neuen Umsatzziele mindestens drei Jahre lang sicherzustellen. Deshalb jetzt mit ‚Underline zwischen SPIRIT und 2012'. Es steht für Nachhaltigkeit."
Katharinas Kichern dringt an sein Ohr. „Gratuliere! Und ärgere dich nicht. Das Management muss eben immer noch was verändern. Und sie müssen das letzte Wort haben, um sich als Entscheider zu legitimieren."
In Walters Gesicht macht sich ein Lächeln breit. „Ärgern? Keine Spur. In diesem Fall war sogar ich es, der die letzte Änderung vorgenommen hat …"
Für einen kurzen Moment kostet er die Stille aus.
„Na sag schon. Was denn?"
„Im Protokoll der Sitzung oder zumindest im Auszug, den ich erhalten habe, steht der Programmname mit Underline wie besprochen und danach ein Punkt. War wohl ein Tippfehler. Aber ich verwende es jetzt immer in dieser Schreibweise: ‚SPIRIT_2012.' Somit kann ich sagen, ich/wir habe/n das Programm schließlich doch auf den Punkt gebracht."

social competence

ABSCHNITT L

WAS WEITER GESCHIEHT

Was weiter geschieht ...

Walter Punkt schafft beide Zertifizierungsprüfungen IPMA und PMI auf Anhieb. Das Programm „SPIRIT_2012." läuft gut an. Es gelingt Walter, den Spirit aus dem Projekt-Café ins Programm zu übertragen und bis zum Ende 2011 zu sichern. Die Programmziele werden voll erreicht, der Wert „earnings before interest and taxes" (kurz: EBIT) verbessert sich sogar schon früher als geplant. Bei der Weihnachtsfeier 2011 wird Walter zur Person des Jahres im Konzern gekürt. Trotz anfänglicher Skepsis nimmt Walter die Ehrung und die Prämie von 2012 Euro an und arrangiert für das gesamte Programmteam eine exzessive Abschlussfeier um besagte 2012 Euro.

Katharina Berghof veröffentlicht im Frühjahr 2011 ihr Buch über Soziale Kompetenz im Projektmanagement. Binnen 3 Monaten klettert es auf Platz 5 der Projektmanagement-Bestseller-Liste. Sie unterstützt Walter bei ein paar weiteren Events im ersten Halbjahr 2011 und klinkt sich dann weitgehend aus dem Programm aus. Walter und Katharina stehen in regelmäßigem Kontakt, SoCo-Café nennen sie ihre monatlichen Frühstückstreffen im „Landgraf" in der Wiener Innenstadt. Katharina ist als Beraterin und Trainerin weiterhin sehr gefragt, für ihre Work-Life-Balance waren die Arbeit mit Walter und ihr Erlebnis mit Laura ausschlaggebend, erzählt sie immer wieder.

Hans Fornach kann sich weiterhin als Vater von „SPIRIT_2012." und der Entwicklung von Walter sehen. Die Akzeptanz von PM und dem PMO nimmt kontinuierlich zu. Die Turbulenzen zwischen Walter und ihm sind bald vergessen und beide können mit dem nötigen Abstand wieder darüber scherzen. Wozu hat man denn Freunde, die auch bei Verletzungen vergeben können, aber immer gut für ein kritisches Feedback zum richtigen Zeitpunkt sind?, hat Hans beim letzten After-Work-Bier mit Walter räsoniert.

Hannes Ruhs ist in den Konzernvorstand nach München aufgerückt. Er schätzt die Arbeit von Walter Punkt so sehr, dass er ihn nach Abschluss von „SPIRIT_2012." unbedingt zum Abteilungsleiter befördern will. Als Walter ihm höflich, aber bestimmt eine Abfuhr erteilt, ist Ruhs einige Tage beleidigt, versteht aber dann, dass dies das falsche Zeichen der Wertschätzung gewesen wäre. Der Konzern würde einen wichtigen und ausgebildeten Projektmanager verlieren und einen halbherzigen Abteilungsleiter gewinnen, hat ihm Walter offen und ehrlich gesagt. Ruhs setzt seine ganze Macht ein, um die Projektorientierung im Konzern weiter voranzutreiben.

Sandra Lorenzo folgt Hannes Ruhs als Personalvorständin in Wien nach. Walter hat sie Hannes Ruhs vorgeschlagen. Mit Martha Wiener als Konzernchefin in München war eine Wiener Vorstandsfrau auch leicht durchzusetzen. Das anfängliche Gerede über Revolution und Machtübernahme des Matriarchats beruhigt sich schnell, denn einerseits wird das Klima zwischen Österreich und Deutschland viel konstruktiver und freundlicher und andererseits können viele Vorhaben im Human-Relations- und Organisationsentwicklungsbereich kurzerhand umgesetzt werden – im Rahmen von „SPIRIT_2012." und auch darüber hinaus.

Gerald, Walters Sohn, absolviert das Praktikum am Burgtheater erfolgreich. Er hat Glück und bekommt sein erstes Engagement in Reichenau an der Rax in einem Schnitzler-Stück, darf den Assistenten von Professor Bernhardi spielen und erntet positive Kritiken. Bei der Unternehmensweihnachtsfeier 2010 führt er mit zwei Freunden ein ironisch-nachdenkliches Kabarettstück zu „SPIRIT_2012." auf. Die Leute biegen sich vor Lachen und spenden lange anhaltenden Beifall.

Laura wandelt sich zur Musterschülerin und beginnt mit der Ausbildung zur Wirtschaftsingenieurin. Sie genießt es, dass ihre Mutter mehr Zeit für sie findet und eine tiefe Freundschaft zwischen den beiden entstanden ist. Beide erinnern sich gerne an die schöne Wanderwoche in Tirol und vereinbaren, künftig jedes Jahr gemeinsam dort hinzufahren.

Walters Frau ist sehr stolz auf ihren erfolgreichen Mann. Der Stress während der Konzeptionsphase hat sich gelegt. Nun hat sie wieder mehr von ihrem Ehepartner. Das Wochenende gehört ausschließlich der Familie und damit vor allem ihr. Sie hat Walter davon überzeugt, dass die Familie der wichtigste Ort zum Aufladen der eigenen Batterien ist.

Die Belegschaft hat seit dem Projekt-Café erkannt, wie ernst die Lage am Standort Wien ist. Eine Handvoll MitarbeiterInnen hat das Unternehmen verlassen. Eine große Anzahl aus allen Bereichen arbeitet in geeinter Solidarität an der Umsetzung von „SPIRIT_2012." mit und trägt somit zum tatsächlichen Gelingen des Programms maßgeblich bei.

Abkürzungsverzeichnis

AP	Arbeitspaket(e)
EBIT	Gewinn vor Zinsen und Steuern (earnings before interest and taxes)
GPM	Deutsche Gesellschaft für Projektmanagement
ICB	Competence Baseline von pma und IPMA
IPMA	International Project Management Association
P-	Projekt-…
PAG	ProjektauftraggeberIn(nen)
PHB	Projekthandbuch
PL	ProjektleiterIn(nen)
PM	Projektmanagement
pma	Projekt Management Austria
PMBOK	Project Management Body of Knowledge
PMI	Project Management Institute
PMO	Projektmanagement Office
PSP	Projektstrukturplan
PMA	ProjektmitarbeiterIn(nen)
PTM	Projektteammitglied(er)
QM	Qualitätsmanagement
SPIRIT 2012	hier: Programmname zur Umorganisation
TZI	Themenzentrierte Interaktion

Stichwortverzeichnis

abfragender Führungsstil	**74**
Action Learning	**229**
Adjourning Phase	109
analoge Kommunikation	55
Antreiber-Modell	116
Appellebene	56
autonom	**75**
autoritär	**74**
autoritärer Führungsstil	**73**
Axiome der Kommunikation	**54**
Bedürfnisse	135
Beobachten	39
Beobachtungsraster	45
Beziehungskonflikte	**175**
Beziehungsebene	56
Blinder Fleck	**120**
Blitzlicht	59, **123**
Brainstorming	101
Burnout	**244**
Changemanagement	**230**
Changeprozess	184
Coachee	37
Coaching	**29**
delegativer Führungsstil	**75**
demokratischer Führungsstil	**73**
direkter Einflussbereich	**183**
Diversity, Diversität	46, 107, **245**
Drama-Dreieck	**186**
Durchsetzungskompetenz	25
Einstellungen	132
Einweg-Kommunikation	**48**

Stichwortverzeichnis

Eisberg-Modell	100
Eltern-Ich	114
Erklärungs-/Zukunftsfragen	209
Erwachsenen-Ich	114
Ethik	**246**
Fähigkeiten	**133**
Feedback	**118**
Feedback-Regeln	**121**
Feedback-Kultur	121
Forming-Phase	109
Fragen aus der Zukunft	209
Fragen nach Ausnahmen	209
Fragetechniken	**209**
Führungsanspruch	**67**
Führungserfolg	68
Führungsmodelle	**76**
Gesprächsführung	24
Globe	112
Gruppe	**104**
Team	**104, 198**
Projektteam	**104**
Gruppendenken	229
Halo-Effekt	**46**
heiße Konflikte	**179**
Hochleistungsteam	**104**
Hypothesen-Fragen	209
Identität	**133**
indirekter Einflussbereich	**183**
Innere Landkarte	**47**
Interaktionen	107
Interkulturalität	**245**

Stichwortverzeichnis

Interpretation	45
Interpunktion	55
Interventionen	**208**
JoHarl-Fenster	98, **119**
kalte Konflikte	**179**
Kindheits-Ich	114
Kommunikation	39
Kommunikationsstrukturen	59
Konflikt	52
Konfliktanalyse	**191**
Konfliktkultur	**178**
Konfliktlösungen	**195**
Konfliktursachen	**197**
Konfliktverhalten	180
konsultativer Führungsstil	**74**
Kontext	**133**
Kontrollierter Dialog	**51**
Laissez-faire	**73**
laterales Führen	65
Lernende Organisation	**229**
Lerntagebuch	40
lösungsorientiertes Gespräch	**210**
Machtbasen	81
MbD	83
MbE	83
MbO	83
Mediation	**52**
Metaebene	59
Metakommunikation	**54**
Metaprogramme	45
Mission	**133**

Stichwortverzeichnis

Mittelkonflikte	**175**
Moderation	**51**
Motivation	**131**
Motive	**131**
nonverbale Kommunikation	53
Norming-Phase	109, 144
Opfer	187
Organisationskompetenz	25
paradoxe Fragen	210
partizipativer Führungsstil	**75**
patriarchalisch	**74**
Performing-Phase	109
PM-Zertifizierung	30
Primacy-Recency-Effekt	**46**
Projekt-Café	**211**
Projekt-Coaching	29, 31
Projektdreieck	**197**
Projektionen	**46**
Ressourcenkonflikte	**175**
Retter	187
Rollenkonflikte	**175**
Sachebene	56
Selbstmanagement	**242**
Selbstoffenbarung	56
Selbstreflexion	24, 118
Sender-Empfänger-Modell	**48**
soziale Diagnosefähigkeit	24
Soziale Kompetenzen	23
Soziales Controlling	59
Spielregeln	33, 52, 59, 133, 143, 234
Stakeholderanalyse	33, 197

Stichwortverzeichnis

Stimmungsbarometer	124
Storming-Phase	109, 144
Täter	187
Teambildung	**97**
Teamentwicklung	**97**, 98
Teamentwicklungsphasen	**109**
Teamfähigkeit	24
Teamkultur	**107**
Themenzentrierte Interaktion (TZI)	98, **111**
Transaktionsanalyse	114
Umwelt	112
Verhalten	**133**
Vier-Ohren-Kommunikationsmodell	**56,** 64
Vision	**133**
Vorbildfunktion	25
Wahrnehmen	39, **44**
Wahrnehmungseffekte	**46**
Werte	132, **133**
Wertekonflikte	**174**
Wunder-Fragen	209
Zielekonflikte	**175**
zirkuläre Fragen	209
Zweiweg-Kommunikation	**48**

Abbildungsverzeichnis

Abbildung 1:	Wahrnehmung	44
Abbildung 2:	Einweg-Kommunikation	49
Abbildung 3:	Zweiweg-Kommunikation	50
Abbildung 4:	Verbale / Nonverbale Kommunikation	53
Abbildung 5:	Kommunikationsebenen	55
Abbildung 6:	4-Ohren-Modell Praxisbeispiel	56
Abbildung 7:	Die 4 Seiten einer Nachricht	57
Abbildung 8:	Führungsschema	68
Abbildung 9:	PM-Methoden und Soziale-Kompetenz-Matrix	72
Abbildung 10:	Kontinuum der Führung	74
Abbildung 11:	Universelle Führungstheorie nach Blake/Mouton	76
Abbildung 12:	Situative Führungstheorie nach Hersey/Blanchard	78
Abbildung 13:	Verantwortungsmatrix	84
Abbildung 14:	Normatives Entscheidungsmodell	88
Abbildung 15:	Teamausprägungen	106
Abbildung 16:	Teamentwicklung	111
Abbildung 17:	TZI – 4-Faktoren-Modell	112
Abbildung 18:	TZI – Eisberg-Modell	113
Abbildung 19:	Transaktionsanalyse	115
Abbildung 20:	Der OK-Corral	117
Abbildung 21:	JoHarl Fenster	119
Abbildung 22:	Entwicklung JoHarl-Fenster	121
Abbildung 23:	Grundmodell (Kreislauf) der Motivation	133
Abbildung 24:	Pyramide der logischen Ebenen	134
Abbildung 25:	Bedürfnispyramide nach Maslow	136
Abbildung 26:	Zwei-Faktoren-Theorie nach Herzberg	137
Abbildung 27:	Gleichgewichtstheorie nach Adams	138
Abbildung 28:	Praxisbeispiel Gleichgewichtstheorie	138
Abbildung 29:	Job-Characteristics-Theory nach Hackman/Oldham	140
Abbildung 30:	Konstruktivismus	156
Abbildung 31:	Triviales vs. komplexes System	158

Abbildungsverzeichnis

Abbildung 32:	Soziales System	160
Abbildung 33:	Steuerung von Sozialen Systemen	163
Abbildung 34:	Konfliktpotenzial in Projekten	174
Abbildung 35:	Konfliktarten in Projekten	176
Abbildung 36:	Verantwortungsverteilung PL – Team	177
Abbildung 37:	Konfliktstrategien	181
Abbildung 38:	Typische Eskalationsstufen in Projekten	182
Abbildung 39:	Einflussbereiche bei Konflikten in Projekten	184
Abbildung 40:	Auswirkungen von Konflikten in Projekten nach Kast/Rosenzweig	186
Abbildung 41:	Drama-Dreieck	188
Abbildung 42:	Konfliktbewältigung in vier Schritten	190
Abbildung 43:	Konfliktbewältigung für komplexe Konflikte	191
Abbildung 44:	Konfliktanalyse – Klärung	192
Abbildung 45:	Kooperative Konfliktbewältigung	193
Abbildung 46:	Die 8 Stationen der strategischen Projektvisionen	216
Abbildung 47:	Beispiel für eine Skalierungsbewertung	220
Abbildung 48:	Change als Prozess	231
Abbildung 49:	Typische Phasen bei Veränderungen/Change	232
Abbildung 50:	Selbstmanagement	242

Literaturverzeichnis

Baecker, Dirk (Hrsg.) (1993): Kalkül der Form, Frankfurt/M; Suhrkamp

Baumfeld, Leo / Hummelbrunner, Richard / Lukesch, Robert (2009): Instrumente systemischen Handelns – eine Erkundungstour, Leonberg; Rosenberger Verlag

Bateson, Gregory (1990): Geist und Natur, Frankfurt/M; Suhrkamp

Bateson, Gregory (1992): Ökologie des Geistes – Anthropologische, psychologische, biologische und epistemologische Perspektiven, Frankfurt/M; Suhrkamp

Bennis, Warren / Nanus, Burt (1990): Führungskräfte – die 4 Schlüsselstrategien erfolgreichen Führens, Frankfurt/M; Campus Verlag

Covey, Stephen R. (2000): Die sieben Wege zur Effektivität – ein Konzept zur Meisterung Ihres beruflichen und privaten Lebens, Frankfurt/M; Campus-Verlag

Dilts, Robert (1993): Die Veränderung von Glaubenssystemen, Paderborn; Junfermann Verlag

Engel, Claus / Menzer, Marcus / Nienstedt, Daniela (2006): Ergebnisse der Projektmanagement-Studie „Konsequente Berücksichtigung weicher Faktoren"; Gemeinsame Studie von GPM Deutsche Gesellschaft für Projektmanagement e.V. und PA Consulting Group (http://www.softwareresearch.net/fileadmin/src/docs/teaching/SS05/PM/GPM_2004_Ergebnisse_final.pdf)

Fisher, Roger / Ury, William / Patton, Bruce (2001): Das Harvard-Konzept – sachgerecht verhandeln – erfolgreich verhandeln, Frankfurt/M; Campus Verlag

Glasl, Friedrich (2004): Konfliktmanagement: Ein Handbuch für Führungskräfte und Berater, Stuttgart; Haupt Verlag

Hierhold, Emil (2005): Sicher präsentieren – wirksamer vortragen, Heidelberg; Redline Wirtschaft Verlag

Hiller, Christina / Majer, Christian / Minar-Hödel, Peter / Zahradnik, Hansjörg (2007): Projektcoaching – bringt mich einfach weiter!, Wien; Goldegg Verlag

Holtz, Karl-Ludwig (1994): Geistige Behinderung und soziale Kompetenz – Analyse und Integration psychologischer Konstrukte, Heidelberg; HVA-Edition Schindele

Literaturverzeichnis

Kasper, Helmut / Mayrhofer, Wolfgang (Hrsg.) (2009): Personalmanagement, Führung, Organisation, Wien; Linde Verlag

Kasten, Erich (2007): Einführung in die Neuropsychologie, München; Reinhardt Verlag

von Kibéd, Matthias Varga / Sparrer, Insa (2009): Ganz im Gegenteil, Heidelberg; Carl-Auer Verlag

Luhmann, Niklas (1992): Paradigma lost: Über die ethische Reflexion der Moral, Frankfurt/M; Suhrkamp

Malik, Fredmund (2006): Führen, Leisten, Leben – Wirksames Management für eine neue Zeit, Frankfurt/M; Campus Verlag

Mayrhofer, Wolfgang (2009): Motivation und Arbeitsverhalten; in Kasper, Helmut / Mayrhofer, Wolfgang (Hrsg.): Personalmanagement, Führung, Organisation, Wien; Linde Verlag

Mayrhofer, Wolfgang / Schneidhofer, Thomas / Steyrer, Johannes (2009): T.E.A.M – „Together Everyone Achieves More" oder „Toll, ein anderer machts?"; in Kasper, Helmut / Mayrhofer, Wolfgang (Hrsg.): Personalmanagement, Führung, Organisation, Wien; Linde Verlag

McGregor, Douglas (1986): Der Mensch im Unternehmen, Hamburg; McGraw-Hill Verlag

Neuberger, Oswald (2002): Führen und führen lassen – Ansätze, Ergebnisse und Kritik der Führungsforschung, Stuttgart; UTB Verlag

Rosenberg, Marshall B. (2009): Gewaltfreie Kommunikation – eine Sprache des Lebens, Paderborn; Junfermann Verlag

Sandner, Karl (1990): Prozesse der Macht – Zur Entstehung, Stabilisierung und Veränderung der Macht von Akteuren in Unternehmen, Berlin; Springer Verlag

Schwarz, Gerhard (2010): Konfliktmanagement – Konflikte erkennen, analysieren, lösen, Wiesbaden; Gabler Verlag

Schulz von Thun, Friedemann (2008): Miteinander reden 1 – 3, Berlin; Rowohlt

De Shazer, Steve (1992): Der Dreh – überraschende Wendungen und Lösungen in der Kurzzeittherapie, Heidelberg; Carl-Auer Verlag

Literaturverzeichnis

Senge, Peter (1996): Die fünfte Disziplin: Kunst und Praxis der lernenden Organisation, Stuttgart; Klett-Cotta Verlag

Spencer-Brown, George (1997): Laws of Form – Gesetze der Form, Lübeck; Bohmeier Verlag

Sterrer, Christian / Winkler, Gernot (2009): setting milestones – Projektmanagement Methoden, Prozesse, Hilfsmittel, Wien; Goldegg Verlag

Steyrer, Johannes / Meyer, Michael (2010): Welcher Führungsstil führt zum Erfolg?, Zeitschrift für Führung und Organisation (ZFO) 79 (3): 148 – 155

Watzlawick, Paul / Beavin, Janet H. / Jackson, Don D. (2007): Menschliche Kommunikation – Formen, Störungen, Paradoxien, Bern; Huber Verlag

Watzlawick, Paul (2010): Wie wirklich ist die Wirklichkeit? – Wahn, Täuschung, Verstehen, München; Piper

Willke, Helmut (1998): Systemisches Wissensmanagement, Stuttgart; Lucius & Lucius Verlag

Willke, Helmut (2005): Systemtheorie 2 – Grundzüge einer Theorie der Intervention in komplexe Systeme, Stuttgart; Fischer Verlag

Wittgenstein, Ludwig (1984): Tractatus logico philosophicus, Frankfurt/M; Suhrkamp

Wunderer, Rolf (2009): Führung und Zusammenarbeit – eine unternehmerische Führungslehre, Köln; Luchterhand

Wunderer, Rolf / Grunwald, Wolfgang (1980): Führungslehre, Berlin; de Gruyter Verlag

Bücher, die Walter Punkt besonders gut gefallen haben

Goffee, Rob / Jones, Gareth (2006): Authentizität – Führen mit Charakter; in: Harvard Business manager, 2006 (3)

Kasper, Helmut / Mayrhofer, Wolfgang (Hrsg.) (2009): Personalmanagement, Führung, Organisation, Wien; Linde Verlag

Simon, Fritz B. (1997): Meine Psychose, mein Fahrrad und ich – zur Selbstorganisation der Verrücktheit, Heidelberg; Carl-Auer Verlag

Watzlawick, Paul (2009): Anleitung zum Unglücklichsein, München; Piper

Lackner, Tatjana / Triebe, Nika (2008): Be Boss – 33 Stolpersteine beim Führen & Kommunizieren, Wien; Manz Verlag

Baumfeld, Leo / Hummelbrunner, Richard / Lukesch, Robert (2009): Instrumente systemischen Handelns, Wien; Rosenberger Fachverlag

Anmerkungen

1 .... Hier: Erlernte und angeborene Anlagen und Fähigkeiten, die zu Verfügung stehen.
2 .... Holtz 1994
3 .... In der Literatur auch als Umweltanalyse bezeichnet, siehe auch Sterrer/Winkler 2009, S. 86 ff.
4 .... Engel/Menzer/Nienstedt 2006
5 .... Das Projekt- und Programmmanagement-Coaching dient der Weiterentwicklung von Individual- und Teamkompetenzen in projektorientierten Organisationen. Projekt- und Programmmanagement-Coaching ist als interaktiver personenorientierter Beratungs- und Begleitprozess zur Weiterentwicklung von Individual- und Teamkompetenzen zu verstehen (Hiller/Majer/Minar-Hödl/Zahradnik, 2007)
6 .... Eine Bezeichnung für einen schweren Entwicklungsrückstand bei Kindern, sowohl in körperlicher als auch in geistiger Hinsicht. Das Kaspar-Hauser-Syndrom wird durch eine andauernde Vernachlässigung, mangelnde Pflege und Liebesentzug im frühen Kindesalter verursacht.
7 .... Griechisch/Latein: Hof um eine Lichtquelle.
8 .... Claude E. Shannon und Warren Weaver prägten 1949 in der Schrift „The Mathematical Theory of Communication" (deutsch 1976) den neuen Informationsbegriff, welcher die Informationstechnik nachhaltig beeinflusste und die Digitaltechnik begründete.
9 .... Österreichischer Kommunikationswissenschaftler, Psychotherapeut, Psychoanalytiker, Soziologe, Philosoph und Autor. Prägte mit seinen Arbeiten die Kommunikationstheorie und den Konstruktivismus maßgeblich. Siehe zu den Kommunikationsaxiomen Watzlawick/Beavin/Jackson 2007 und allgemein Watzlawick 2010.
10 .... Axiom = unmittelbar einleuchtender Grundsatz.
11 .... Schulz von Thun 2008.
12 .... Wittgenstein 1984, Abs. 7, S. 85.
13 .... Sterrer/Winkler 2009, S. 18 ff.
14 .... Wunderer/Grunwald 1980, S. 4.
15 .... In Anlehnung an Wunderer 2009.
16 .... In Anlehnung an Malik 2006
17 .... Dieser viel zitierte Ausspruch stammt von Warren Bennis Ende der 1980er-Jahre.
18 .... Vergleiche dazu Bennis/Nanus 1995.
19 .... Siehe zum aktuellen Stand der Forschung Steyrer/Meyer 2010.
20 .... McGregor 1986.

Anmerkungen

21 .... Die sich selbsterfüllende Prophezeiung ist eine Vorhersage, die sich deshalb erfüllt, weil sich der Vorhersagende, meist unbewusst, so verhält, dass sie sich erfüllen muss.
22 .... Siehe dazu auch Kapitel 1: Wahrnehmen
23 .... Zu Machtbasen und Prozessen der Macht siehe Sandner 1990.
24 .... Neuberger 2002.
25 .... Siehe Kapitel 8: Projekte verwalten oder führen
26 .... Siehe Kapitel 16: Teamentwicklungsphasen
27 .... Friedrich Glasl, österreichischer Ökonom, Dozent für Organisationsentwicklung an der Universität Salzburg.
28 .... Eine Hierarchie und Rangordnung in Gruppen, die ursprünglich bei Hühnern beobachtet wurde (wer hacken darf).
29 .... Begründerin der Themenzentrierten Interaktion (TZI) basierend auf der Psychoanalyse von Sigmund Freud, eine der einflussreichsten Vertreterinnen der humanistischen und der psychodynamischen Psychologie.
30 .... US-amerikanischer Arzt und Psychiater (1910 bis 1970).
31 .... Reflecting-Team: Ein Teil des Projektteams hört der Diskussion des anderen Teils schweigend zu. Nach einiger Zeit (je nach Inhalt 5 bis 20 min) reflektieren die ZuhörerInnen den Anderen gegenüber über das Gehörte und die Form der Diskussion. Meist ergeben sich daraus für die DiskutantInnen „Aha-Erlebnisse", der blinde Fleck wird verkleinert.
32 .... Österreichisch für: sich beschweren und lamentieren.
33 .... Einen aktuellen, verständlich aufbereiteten Überblick zur Gehirnforschung bietet Kasten. Unser Gehirn vermittelt uns angenehme Gefühle, wenn wir Dinge tun, die uns die Biologie vorschreibt, wie Süßes naschen, weil dies für die Nahrungsaufnahme wichtig ist, oder wenn wir sexuelles Interesse zeigen, damit wir nicht aussterben. Auch selbstgesetzte Ziele, wie Schuhe putzen, honoriert das neuronale Selbstbelohnungssystem mit Stolz und ähnlichen Glücksgefühlen (Kasten 2007, S. 42 ff.).
34 .... Siehe für einen guten Überblick zu Motivation und vertiefende Überlegungen Mayrhofer 2009.
35 .... Mit Bezug auf Bateson 1990, S. 219 ff. u S. 362 ff.; in Anlehnung an Dilts 1998.
36 .... Französischer Schriftsteller, u.a. „Der kleine Prinz".
37 .... In dieser Position müsste jemand alles sehen können und alle Unterscheidungen in sich vereinen, und darüber hinaus in der Lage sein, diese gleichzeitig einzusetzen.

Anmerkungen

38 .... Bateson 1990, S. 274.
39 .... Siehe dazu vertiefend Spencer-Brown 1994 und Baecker 1993.
40 .... Hier ist Programm nicht im Sinne einer komplexen temporären Organisationsform gemeint, sondern als Programmatik.
41 .... Siehe zum zyklischen Controlling-Verständnis Sterrer/Winkler 2009, S.170 ff.
42 .... Glasl 2004.
43 .... Siehe auch Kapitel 3: Axiome der Kommunikation
44 .... Watzlawick/Beavin/Jackson 2007.
45 .... Siehe Kapitel 16: Teamentwicklungsphasen
46 .... Schwarz 1998.
47 .... Ein sehr gelungenes Film-Beispiel dafür ist der Rosenkrieg – bis dass der Tod uns scheidet von Danny De Vito. Hier werden alle Eskalationsstufen sehr anschaulich dargestellt.
48 .... Bateson 1992, S. 432.
49 .... Siehe dazu Kapitel 3 Wahrnehmung – Beobachtung – Kommunikation.
50 .... Rosenberg 2009.
51 .... Bekannt geworden sind diese Tipps als das Harvard-Konzept, siehe Fisher/Ury/Patton 2001.
52 .... Andreas Hasenclever ist Professor für Friedensforschung und Internationale Politik an der Universität Tübingen.
53 .... Willke 2005.
54 .... Siehe auch Abschnitt G. Konstruktivismus und Systemtheorie
56 .... Für eine ausführliche Beschreibung der Methode Stakeholderanalyse siehe Sterrer/Winkler, S. 84 ff.
57 .... Baumfeld/Hummelbrunner/Lukesch 2009, S. 33.
58 .... de Shazer 1992.
59 .... Die Anwendung der Methode setzt eine theoretische und praktische Auseinandersetzung mit systemischen Fragetechniken voraus. An einem Wochenende können dazu schon recht gute Fortschritte gemacht werden.
60 .... Ein Konversationsprozess, in dem sich Menschen über Themen, die sie betreffen, weltweit austauschen.
61 .... Methode „Strategische Vision" nach Baumfeld/Hummelbrunner/Lukesch 2009, S.158 ff.

Anmerkungen

62 .... Fantasiereisen sind „Reisen nach innen" – mit gesprochenem Text wird zuerst Entspannung erreicht, um positive Gedanken und Gefühle für Visionen in einem Projekt zu fördern. Fantasie und Kreativität helfen dabei, aus dem üblichen linearen Denken auszubrechen und Neues zuzulassen.
63 .... von Kibéd/Sparrer 2009.
64 .... Strengths, Weaknesses, Opportunities, Threats (Stärken, Schwächen, Chancen und Gefahren) – eine Methode aus dem strategischen Management.
65 .... Bertrand Russell (1872 – 1970) war ein englischer Philosoph und Mathematiker. Der liberale Rationalist, der eine Vielzahl von Werken zu philosophischen, mathematischen und gesellschaftlichen Themen verfasste, erhielt 1950 den Nobelpreis für Literatur.
66 .... Willke 1998.
67 .... Siehe ausführlicher über Projektcoaching in Hiller/Majer/Minar-Hödel/Zahradnik 2007.
68 .... Ein guter Überblick findet sich in Mayrhofer/Schneidhofer/Steyrer 2009.
69 .... Entdeckendes, handlungsorientiertes Lernen als pädagogisch-didaktische Methode.
70 .... Senge 1996.
71 .... Covey 2000.
72 .... Einen guten Überblick zu Präsentationstechniken bietet Hierhold 2005.
73 .... Begriffsgeschichtlich sind Moral und Sittlichkeit bloße Übersetzungen vom griechischen Wort Ethik ins Lateinische bzw. ins Deutsche. Bei der Übertragung kam es aber zu einer permanenten Begriffsverengung. Moral bezog sich nur mehr auf die negative Verbotsethik, und Sittlichkeit überhaupt nur noch auf anständige Sexualpraktiken.
74 .... Luhmann 1992.

Christian Sterrer
Gernot Winkler

setting milestones
Projektmanagement
Methoden – Prozesse – Hilfsmittel

2. Auflage 2010
317 Seiten
ISBN: 378-3-902729-20-0

setting milestones - ein operativer Leitfaden und praxisorientiertes Nachschlagewerk für das Management von Kleinprojekten, Projekten und Programmen.

Ob als punktuelle Informationsquelle oder umfassende Vorbereitung und Guideline durch Projekte: Die Darstellung erprobter Projektmanagement (PM)-Methoden mit zahlreichen Abbildungen und Beispielen sowie konkrete Beschreibungen der PM-Prozesse mit praxisbezogenen Handlungsempfehlungen sind die Basis eines modernen und erfolgreichen Projektmanagements. Vertiefungskapitel zu zeitgemäßen Projektcontrollingmethoden und zum adäquaten PM-Einsatz in Kleinprojekten und Programmen machen setting milestones zu einem umfassenden Handbuch zum Einzelprojektmanagement. Die unmittelbare Umsetzung in die eigene Projektumgebung sichern dabei zahlreiche Tipps und Tricks aus 15 Jahren Projektpraxis der Autoren sowie ein umfangreiches Set an Hilfsmitteln.

setting milestones – das Buch zum Einzelprojektmanagement: erhältlich im Buchhandel sowie unter: www.pmcc-consulting.com/buecher